Dieter Kramer

Von der Notwendigkeit der Kulturwissenschaft

Aufsätze zu Volkskunde und Kulturtheorie

Jonas Verlag

Inhalt

1. Einleitung: Wider den Kleinmut der Kulturwissenschaften

Nicht nur von marginaler Bedeutung für die Praxis

Vor einigen Jahren hat Gert Kaiser, Rektor der Düsseldorfer Heinrich-Heine-Universität, in der „Zeit" darüber geklagt, daß die Geisteswissenschaften zur Moderne nichts zu sagen hätten: „Schließlich wird unsere Zukunft voraussichtlich geprägt durch die Gentechnik, die Veränderung herkömmlicher Arbeits- und Wohlstandsformen, die Nachbildung neuronaler Netze, durch ethnische und religiöse Grundwellen, das Verhältnis der Armen dieser Welt zur Zeugung von Kindern und durch unsere Fähigkeit, die Sonnenenergie besser zu nutzen – all das nur beispielshalber ... Den hard sciences wird zunehmend mißtraut, den soft sciences hört niemand mehr zu."[1]

Schon lange an den Schnittstellen zwischen Wissenschaft und gesellschaftlicher Praxis arbeitend, bin ich inzwischen nicht ganz so pessimistisch, vor allem dann nicht, wenn es nicht nur um Geisteswissenschaften geht, sondern um Kulturwissenschaften: „Zukunft ist ein kulturelles Programm"[2] kann der Präsident des Goethe-Instituts 1997 einen Vortrag vor der Akademie Tutzing betiteln, und meint damit nicht die Instrumentalisierung kultureller Kräfte für Wirtschaft und Politik, sondern die zukunftsfähige Organisation der Lebensweise insgesamt.

Verantwortlich für diesen Optimismus sind nicht nur eher marginale Erscheinungen: Geistes- und Kulturwissenschaftler können z.B. mit amüsiertem Interesse beobachten, wie Informatiker sich abarbeiten an den erratischen Blöcken des Kulturellen. Über viele Jahre hinweg sitzen die Mitarbeiter der Microelectronics and Computer Technology Corporation in Austin, Texas, an dem Programm „Cyc", mit dem sie kulturelle Selbstverständlichkeiten nur einer einzigen, der europäisch-amerikanischen industriegesellschaftlichen Kultur so in die Sprache der künstlichen Intelligenz (KI) übersetzen, daß KI Geschichten von der Art verstehen kann, die hier für ein vierjähriges Kind problemlos nachvollziehbar sind.[3]

Ein eher bescheidener Beitrag zu Gegenwartsfragen ist es auch, wenn vor dem Hintergrund kulturwissenschaftlicher Sozialisationsforschung sich die Aufgeregtheit bezüglich der perversen Vorstellung, Menschen zu klonen relativieren läßt: Auch beim Menschenklon wäre seine konkrete Erscheinung vermutlich so stark von den sozialkulturellen Erfahrungen seiner Wachstumsphasen beeinflußt, daß schwerlich mehr als nur an der Oberfläche vergleichbare Individuen herauskämen. Das wird die Klonierungsversuche kaum verhindern; sie werden aber in absehbarer Zeit genausowenig wie die neuen Kommunikationstechnologien[4] wirklich eine neue Kultur produzieren.

Kultur und globale Akteure

Wichtigere Dimensionen der Kulturwissenschaften werden angeschnitten, wenn nach dem Ende des Ost-West-Konfliktes weltpolitische Akteure sich zunehmend unter bezug auf ihre traditionellen kulturellen Besonderheiten definieren. Zwar konnte auch der Ost-West-Konflikt als Kulturkonflikt definiert werden, weil die beiden Systeme unterschiedliche Kulturen der menschlichen Beziehungen propagierten und pflegten. Aber sie bezogen sich auf die gleichen Traditionen europäischer Aufklärung und Humanität. Heute dagegen orientieren sich weltpolitische Akteure wesentlich deutlicher an ihren überkommenen kulturellen und religiösen Besonderheiten bzw. Wertordnungen.[5]

In diesem Kontext werden vor dem Hintergrund nur oberflächlicher Universalisierung kulturelle Unterschiede instrumentalisiert: Sie sollen als Elemente des Wettbewerbs und der politischen Selbstbehauptung aufgewertet werden, werden aber nicht in ihrer eigenen Dynamik anerkannt. Wirtschaft folgt Kultur, diese hat sich jedoch den ökonomisch begründeten Machtinteressen unterzuordnen wie bei den „ostasiatischen Werten".[6]

Immerhin, je stärker sich die weltpolitischen Akteure kulturell definieren, desto mehr wird die Fähigkeit interkultureller Kommunikation Bestandteil einer internationalen Politik des „aufgeklärten Eigeninteresses", und insofern wächst das Interesse an den kulturellen Unterschieden und ihrer Bedeutung außerordentlich – etwa auch bezüglich ihrer Rolle im Entwicklungsprozeß.[7]

Entsprechend interessieren sich auswärtige Politik, Exportpolitik, Technische Zusammenarbeit und Entwicklungspolitik für Kultur. Auch die privatwirtschaftlichen globalen Akteure beschäftigen sich nicht nur mit Unternehmenskultur und instrumentalisiertem Kultursponsering, sondern auch mit der Verankerung ihrer Unternehmenstätigkeit im jeweiligen ethnisch-kulturellen Umfeld.

Kulturelle Grundwellen

In Gert Kaisers eingangs zitiertem Katalog sind ja freilich auch schon andere, noch wichtigere Themen enthalten, die nur kulturwissenschaftlich abgehandelt und verstanden werden können. Wohlstandsformen und „religiöse Grundwellen" sind keine Angelegenheiten der „hard sciences", sondern der sozialregulativen Ideen vom guten und richtigen Leben. Über deren Wirken und Zustandekommen können Kulturwissenschaften wie Ethnologie oder Historische Anthropologie etwas sagen. Sicher entstehen sie nicht ohne Bezug zu materiellen Prozessen in einer Gesellschaft, aber sie entwickeln Eigendynamik.

Jacob Burckhardt war es, der die Kultur neben der Religion und der Politik als dritte „universalhistorische Potenz" gewichtete und damit „kulturellen Grundwellen" ihre Bedeutung zuerkannte. Als Kultur bezeichnete er dabei den „Inbegriff alles dessen, was zur Förderung des physischen Lebens und als Ausdruck des geistigen und gemütlichsittlichen Lebens spontan zu Stande gekommen ist, alle Geselligkeit, alle Techniken, Künste, Dichtungen und Wissenschaften, besonders alle Philosophien. Scheinbar die Welt des Beweglichen und Freien neben den beiden festen Formen: Staat und Religion."[8]

Die von kulturellen Faktoren bewirkten Veränderungen tangieren politisch-gesellschaftliche und ökonomische Systeme. Sie können Konfliktpotential aufbauen, das prosperierende Ökonomien zusammenbrechen läßt, und sie provozieren zwischenstaatliche Spannungen. Im Innern mancher Staaten sind die sozialen Unterschiede stärker von religiös-kulturellen oder ethnischen Konflikten überlagert als die Theoretiker der klassischen marxistischen Diskussionen sich je vorstellten. All das bringt einen außerordentlichen Bedarf an kulturwissenschaftlichen Überlegungen zur interkulturellen Praxis mit sich.[9]

Weiteres kommt hinzu: Auch der Geltungsbereich der „hard sciences" wird durch die Diskussionen der kulturellen Öffentlichkeiten in den jeweiligen Ländern immer wieder eingeschränkt. Längst kann nicht mehr widerstandslos alles realisiert werden, was technisch möglich ist; in den prosperierenden Regionen der Welt müssen sich die ökonomischen Akteure mehr und mehr vor den ethischen, ökologischen und menschenrechtsbezogenen *sozialkulturellen* Ansprüchen der Konsumenten rechtfertigen.[10]

Nachhaltige Entwicklung als kulturelles Projekt

In den genannten Fällen ist den kulturellen Faktoren eine weitgehend passive oder negative Rolle zugewiesen: Sie hindern und stören (auf den ersten Blick wenigstens – auch damit können sie immer wieder Kreativitäts- und Innovationspotential freisetzen). Wichtig scheint mir, auch auf die aktiven und positiven Beiträge hinzuweisen.

Die lokalen und globalen Herausforderungen der Gegenwart definieren sich nicht nur ökonomisch, sozial und ökologisch, sondern in gleichem Maße auch kulturell. Sowohl ein „Alternatives Konsummodell" (F. O. Wolf) und „Neues Wohlstandsmodell" (E. U. v. Weizsäcker) auf der Ebene der Industriegesellschaften, als auch ein globales Modell des Lebens in akzeptierter Differenz sind angewiesen auf einen kulturellen Unterbau von Leitbildern, Standards, Werten, Normen und Institutionen der Verständigung darüber.

Die „Einbettung" ökonomischer und politischer Institutionen in sozialkulturelle Systeme spielte in allen Phasen der Geschichte und in allen Gesellschaften eine außerordentliche Rolle. Entwicklung und Anerkennung der die Kohärenz sozialer Systeme sichernden Standards durch die Akteure auf allen Ebenen sind nicht zuletzt Leistungen sozialkultureller Diskurse und kultureller Öffentlichkeiten: Staatliche und zwischenstaatliche Regelungs- und Ordnungsfunktionen sind nur begrenzt verfügbare Ressourcen. Die Art der Nutzung von Ressourcen und Technologien wird von den sozialkulturellen Grundvoraussetzungen des Systems der Werte und Standards mitgeprägt.

Angesichts des nicht verallgemeinerungsfähigen Wohlstands- und Industriemodells des Nordens scheint die Überwindung dieses Produktions- und Konsummusters ein Zentralproblem für die Zukunft. Innerhalb von Industriegesellschaften ist eine konfliktarme Umstellung von Produktkulturen und Lebensweisen auf Sozial- und Umweltverträglichkeit nicht ohne entsprechende kulturelle Leitbilder möglich. Fehlen sie oder sollen sie durch Ordnungsmittel und Zwang ersetzt werden, dann wird politische Destabilisierung die Folge sein.

Kulturelle Vielfalt ist in diesem Kontext nicht nur eine ökonomisch oder politisch instrumentalisierbare Ressource. Indem sie die Palette der Möglichkeiten von Krisen- und Problembewältigung erweitert, spielt sie auch eine Rolle als allgemeine Voraussetzung der Zukunftsfähigkeit.[11]

Wechselseitig akzeptierte Unterschiede

Genuin kulturwissenschaftliche Felder werden berührt, wenn es darum geht, mit der Pluralität von Lebensstilen und Kulturen umzugehen. Dies gilt nicht nur für das Innere der modernen Migrantengesellschaften[12], sondern auch für die Beziehungen der Staaten und Kulturen auf internationaler Ebene.

Kulturwissenschaften, besonders auch jene, die sich auf historischer und regionaler Ebene mit der empirischen Vielfalt menschlicher Kultur und Vergesellschaftung beschäftigen, haben in allen Phasen der menschlichen Geschichte die behauptete Überlegenheit der eigenen Kulturmodelle relativiert. Sie haben immer wieder auf die eigene Würde und Qualität anderer Lebensformen hingewiesen und den Blick über die eigenen kulturellen Grenzen hinaus ermöglicht. Darüber hinaus besitzen sie eine lange Tradition des hermeneutischen, deswegen dennoch nicht affirmativen Umganges mit solchen Lebensformen, deren Andersheit mit den „modernen" Formen des Zusammenlebens der Kulturen nicht vereinbar scheint. Seit der Stellungnahme der amerikanischen Anthropologen zu der UN-Menschenrechtsdeklaration von 1947 haben sich Kulturwissenschaften in entsprechende Diskussionen immer wieder einbringen können.[13]

Auch die kleineren kulturwissenschaftlichen Disziplinen wie Afrikanistik, Islamwissenschaften und andere Fächer der Orientalistik sind nicht nur Markterschließungsfächer, die ihres ökonomischen Nutzens wegen interessant sind. Viel wichtiger sind sie als Brückenbauer: Sie eröffnen Wege der Kommunikation mit anderen Kulturen auch in Situationen wachsender Abschottungen. Solange externe und interne Fundamentalismen nicht durch das Wünschen aus der Welt zu schaffen sind, bedarf es solcher Brückenbauer-Wissenschaften – auch für die internationale Politik.

Grundbefindlichkeiten

Kulturwissenschaften haben auch etwas zu tun mit der Reflexion existentieller Grundfragen: Was ist der Mensch, was will er, was kann er. Wie läßt sich mit Grundbefindlichkeiten und allgemeinen Lebensereignissen wie Liebe, Tod, Angst in der Gegenwart individuell und sozial angemessen umgehen?

Die Künste werkeln an der immer neuen Adjustierung des Bildes vom Menschen ebenso wie die Philosophie und die Religionen (die, wenn wir die Theologie beiseitelassen, mit den Religionswissenschaften zu den Kulturwissenschaften gehören). Sinnfindungs- und Orientierungsbedarf in dieser Hinsicht wird gewiß nicht allein von den Kulturwisenschaften abgedeckt werden können; mitwirken werden sie jedoch auf jeden Fall.

Kultur als „System von Standardisierungen“[14] ist ein zentrales Feld der Definition des „guten und richtigen Lebens“. Die individuelle Konkretisierung gleichwie der Wandel der Vorstellungen davon sind Themen der Kulturwissenschaften, gerade auch in Zeiten der „Politik der Lebensführung“[15], in denen die nichtintendierten gesellschaftlichen Nebenfolgen individueller Handlungen immer folgenreicher werden.

Wie potent sind die Kulturwissenschaften?

Die aktuelle Relevanz des ganzen, hier nur ganz undifferenziert angesprochenen Blockes der Kulturwissenschaften läßt sich so leicht beschreiben und argumentativ begründen. Ob freilich die entsprechenden einschlägigen Disziplinen den damit verbundenen Ansprüchen gerecht werden können, ist eine andere Frage.

Da ist zunächst festzustellen, daß diese Bedeutung in der wissenschaftspolitischen Öffentlichkeit kaum anerkannt wird. Die Politik des „schlanken Staates“ in der rücksichtslos exekutierten freien Marktwirtschaft hat es an sich, nur nach zahlungskräftigem Bedarf zu fragen, und da fallen Kultur- und Geisteswissenschaften und Bildung ebenso wie die allgemeine kulturelle Infrastruktur durch die Maschen des Netzes.

Aber auch bezogen auf das Selbstverständnis und die innere Verfassung des wissenschaftlichen Betriebs ist zu fragen, ob er diese Herausforderung annehmen kann. Gernot Böhme hat kürzlich wieder einmal hingewiesen auf die „Kluft zwischen lebensweltlichem und wissenschaftlichem Wissen und die Tatsache, daß von allen Wissensformen gesellschaftlich dem wissenschaftlichen bzw. akademischen Wissen der höchste Rang zugebilligt wird.“[16] Das ist zwar nicht überall der Fall, aber dort, wo dies geschieht, vergrößert es nicht unbedingt die Problemlösungskapazität der Gesellschaft.

In manchen Fällen verhindert schon das universitäre Arbeitsklima, daß die Potenzen der Kulturwissenschaften wirksam werden: Daß die Arbeitsweise und Arbeitsdisziplin der außeruniversitären Alltagspraxis sich beträchtlich vom eher gemächlichen akademischen Arbeiten unterscheidet, fällt immer wieder auf. Und wenn Kulturwissenschaftlern empfohlen wird, sie sollten sich in ihren Qualifikationsarbeiten nicht so viel auseinandersetzen mit „grauer Literatur“, die außerhalb der üblichen Publikationswege erscheint, dann schneiden sie sich selbst den Kontakt mit den dynamischsten Praxisfeldern ab.

Wolfgang Frühwald warnt, die Geisteswissenschaften sollten nicht wie die Naturwissenschaften versuchen, außerhalb der Hochschulen Fuß zu fassen: Sie würden, meint er, damit sich von den eigenen Wurzeln entfernen: „Denn nur im lebendigen Kontakt mit der akademischen Lehre wird es den Geisteswissenschaften gelingen, das neue Paradigma zu entwickeln, zu dem sie mit der Entstehung von 'Kulturwissenschaften' auf dem Wege sind. 'Kulturwissenschaften', verstanden als die Wissenschaften vom Menschen und der von ihm gestalteten Welt ...“[17]

Vielleicht wäre es wichtiger, Kulturwissenschaften im Kontakt mit dem außeruniversitären Leben zu ermutigen, sich in die Auseinandersetzungen um die Lebensfragen der modernen Gesellschaft mit ihren Potenzen einzubringen, etwa im Sinne der Schillerschen Formel aus dem 13. Brief „Über die ästhetische Erziehung des Menschen“: „Seine (des Menschen) Kultur wird also darin bestehen: *erstlich:* dem empfangenden Vermögen die vielfältigsten Berührungen mit der Welt zu verschaffen ... *zweitens:* dem bestimmenden Vermögen die höchste Unabhängigkeit von dem empfangenden zu erwerben und auf seiten der Vernunft die Aktivität aufs Höchste zu treiben.“ Ohne die „vielfältigsten Berührung“ findet die akademische Erkenntnisarbeit nicht genügend Nahrung; diese Berührungen aber sind kein Automatismus.

Anbiederungen, selbstreferentielle Diskurse und feindliche Übernahmen

Die in einer Artikelserie der Frankfurter Rundschau 1994 konstatierte Konjunktur des Begriffes „Kulturwissenschaft“ ist zwar manchen Krisenerscheinungen geschuldet; es sind aber eher wissenschaftsinterne Krisen.

Zu ihnen gehören vordergründig „Absatzkrisen“: Um für Absolventen Erwerbsmöglichkeiten zu schaffen, werden kulturwissenschaftlich genannte Studiengänge auf Kulturmanagement ausgerichtet.[18] Zwar wird, ausgehend von den Bedürfnissen der (kulturpolitischen) Praxis anderswo über Kulturprozesse und ihre Verknüpfung mit der Gesellschaft schon lange nachgedacht, ohne daß sich die Universitätswissenschaften viel darum kümmerten[19]; aber in der Krise der akademischen Berufswege wird dieses Feld der öffentlichen Kulturpolitik für die Hochschulen interessant. In der opportunistischen Verkürzung auf Kulturmanagement drohen freilich die inhaltlichen Akzentuierungen verloren zu gehen, denen die Praxis eigentlich immer verbunden war, seit Kulturpolitik in den Kommunen als „Gesellschaftspolitik“ verstanden wird[20] und ein integrales Konzept von „lebendigen kulturellen Milieus“ und „kulturellen Öffentlichkeiten“ als Orten des Diskurses über Zukunft und über die avisierten Standards des „guten und richtigen Lebens“ entwickelt hat.

Auch in der Soziologie ist aus deren Krise heraus das Interesse an Kultur gewachsen.[21] Sie probiert neue Paradigmen mit kulturalistischer Ausrichtung und bildet eine eigene Sektion „Kultursoziologie“ in ihrer Vereinigung.

Beklagt wird, daß trotz der Konjunktur des Begriffes eine tragfähige Theoriegrundlage fehlt. Thomas Düllo und Jutta Greis weisen darauf hin, wie von Historikern der Plural-Begriff „Kulturwissenschaften“ als „Obertitel für die Geistes- und Sozialwissenschaften“ vorgeschlagen wird[22], konstatieren aber gleichzeitig bezüglich der Studienfächer, die in jüngerer Zeit unter dem Namen Kulturwissenschaft eingerichtet wurden: „Sie basieren überwiegend auf einem engen Kulturbegriff, der bestimmte gesellschaftliche Teilausschnitte anspricht: Ästhetik im weitesten Sinne etwa oder Regionalkultur. Einen diese Fachgründungen flankierenden wissenschaftlichen Diskurs gibt es kaum oder gar nicht.“[23]

Der Soziologe Hans Peter Müller fordert einen neuen „tragfähigen kulturtheoretischen Ansatz“[24]; Dirk Baecker beklagt in der gleichen Debatte: „Die wenigen Ansätze zu einer Kulturtheorie, die es gibt, fallen zwischen den Geschichten des Pfeffers, des Fußballs und der Gaslaterne kaum noch auf.“[25]

Für Hartmut Böhme „erscheinen die in den alten Bundesländern neu eingerichteten kulturwissenschaftlichen Institute und Studiengänge als ein Sammelsurium von Untersuchungsfeldern und theoretischen bzw. praktischen Ausrichtungen.“[26] Kulturwissenschaft sollte für Hartmut Böhme „die Grundlagen und die Moderation für einen interdisziplinären Diskurs bereitstellen, der aus den Einzelwissenschaften heraus nicht mehr geführt werden kann“ – darin ist sie, meint er, derzeit überfordert, und die vorhandenen Konzepte „grenzen sich eher voneinander ab als daß sie eine konstruktive Diskussionskultur hervorbringen.“[27]

Hinderlich ist in der Konjunktur des Begriffes das „Dickicht selbstreferentieller Diskurse“[28], in denen sich die Disziplinen allzu häufig ergehen (die Beziehungslosigkeit von Volks- und Völkerkunde ist da nur ein besonders krasses Beispiel).[29]

Diese Selbstreferentialität schließt „feindliche Übernahmen“ von Wissenschaftsterritorien nicht aus. „Nach 1989 wurde der Westen einigermaßen überrascht davon, daß es in der DDR seit Ende der sechziger Jahre eine universitär verankerte Kulturwissenschaft gegeben hat“, schreibt Hartmut Böhme.[30] Wer sich freilich ernsthaft mit Fragen der Kulturtheorie beschäftigte, ist auch schon vor 1989 auf Namen wie Dietrich Mühlberg, Peter Schuppan, Horst Groschopp oder Isolde Dietrich gestoßen. Und nach 1989 war „der Westen“ keineswegs überrascht, sondern an dieser materialistischen Kulturtheorie schlichtweg desinteressiert: „Die soziologisch und kulturpolitisch ausgerichtete Kulturwissenschaft der DDR wurde aber praktisch liquidiert.“ So lesen wir es bei Hartmut Böhme, der an der Humboldt-Universität eben diese Kulturwissenschaft übernommen hat, nachdem die Besetzungskommission unter Leitung des Musikwissenschaftlers Krummacher und mit dem Literaturwissenschaftler Jochen Hörisch als Gutachter das Personal weitgehend auszutauschen versuchte.

Sozialgeschichte und Europäische Ethnologie (Volkskunde) rivalisieren auf dem Feld der Historischen Anthropologie miteinander (das die Ethnologie/Völkerkunde noch kaum wahrgenommen zu haben scheint): Viele Europäische Ethnologen vergessen bei der Begeisterung für die von der Sozial- und Mentalitätsgeschichte vorgegebenen Stichworte, daß sie eigentlich Kultur in ihr Zentrum stellen müßten[31], und andere Disziplinen übernehmen nicht nur die Themen der Europäischen Ethnologie/Volkskunde, sondern auch den dort längst beiseitegelegten Begriffes von der „Volkskultur“.[32] Angela Treiber beklagt zurecht, daß es in der Europäischen Ethnologie/Volkskunde „bisher keine explizite fachtheoretische Auseinandersetzung mit dem Konzept der Historischen Anthropologie“ gab.[33] Bloße Revierverteidigung[34] mit dem Aufbau von Ressentiments und Feindbildern hilft da nicht weiter – her müssen überzeugende Konzeptionen, mit denen Fächer sich profilieren. Dabei wird Europäische Ethnologie auf Dauer nicht als „Sozialgeschichte regionaler Kultur“[35] oder als Ableger modischer Mentalitätsgeschichte reüssieren können. Interessanter wäre vielleicht die Anknüpfung an die kulturspezifischen Theoriediskussionen der Ethnologie/Völkerkunde.

Überwundene Unterforderung

Kulturwissenschaft „als spezifische Perspektive auf die uns umgebende Wirklichkeit“ hat für Detlef Joscok und Bernd Rasche das Ziel, „von uns selbst im Gewebe unserer (Alltags-)Kultur wieder Kunde zu erhalten und das produzierte Wissen der einzelnen Disziplinen in den komplexer gewordenen Zusammenhang einzuordnen."[36]

Mit der Argumentation der Denkschrift „Geisteswissenschaften heute" könnte eine solche Kulturwissenschaft aus der Defensive herauskommen: „Gegenüber Unterforderung (im Rahmen der Kompensationstheorie) und Überforderung (als Orientierungswissenschaften) wird auf dem Hintergrund eines ungebrochenen idealistischen Erbes der Geisteswissenschaften, das insbesondere in ihrem starken theoretischen Selbstverständnis zum Ausdruck kommt, ein Kulturbegriff entwickelt, der den Geisteswissenschaften als Kulturwissenschaften eine neue Perspektive eröffnet. In dieser Perspektive befassen sich die Geisteswissenschaften mit Kultur als dem Inbegriff aller menschlichen Arbeit und Lebensformen, einschließlich naturwissenschaftlicher Entwicklungen."[37] Dabei gibt es in der Tat „im strengen Sinne keine Orientierungswissenschaften", „wohl aber eine Orientierungsaufgabe, der auch die Wissenschaften dienen sollten"[38] – nicht, wie ich meine, durch Vorgaben, sondern durch die permanente Begleitung des Weges mit dem Instrumentarium und den Fragestellungen der Wissenschaft.

Eine praxis- und lebensweltbezogene Auffassung von Kulturwissenschaft impliziert eine Kritik an jenen, die, wie einst Odo Marquard, in den Kultur- und Geisteswissenschaften nur eine „Inkompetenzkompensationskompetenz", eine nostalgische Ablenkung angesichts der empfundenen Unfähigkeit der Revolte gegen „Sachzwänge" sehen wollten.[39] Nicht Ersatz und Kompensation, sondern Komplementarität und die Anerkennung des Kulturellen als Teil des Ganzen sind gefragt, wie Ruth und Dieter Groh in ihrer Polemik gegen Odo Marquards „Vize-Glück" meinen: „Ist es wirklich damit getan, den anwendungsfähigen Naturwissenschaften, der Technik und Industrie sowie dem Markt die Aufgabe zu überlassen, den Modernisierungsprozeß weiter voranzutreiben, also zu handeln, und den anderen Wissenschaften – Geistes-, Sozial- und nichtanwendungsfähigen Naturwissenschaften – die Aufgabe zu übertragen, die dadurch entstandenen Schäden im nachhinein auszugleichen oder zu reparieren?"[40] Und: „Wenn allerdings die Geisteswissenschaften sich von der Kompensationsthese ihr Selbstverständnis als Kompensations- und Akzeptanzwissenschaften vorschreiben lassen, beschränken sie sich auf ein kulturelles Teilsystem. Sie verlieren, mit Hegel und Ritter gesprochen, 'das Ganze des geschichtlichen Daseins' aus dem Blick und verfehlen so ihre wichtigste Aufgabe."[41]

Dimensionen des Kulturbegriffes

Kultur ist ein Amöbenwort. Es schleicht sich in die verschiedensten Zusammenhänge ein, wird vom *Kulturbeutel* bis zur *Begräbniskultur* verschwendet. Prinzipiell schwer zu definieren, weist der Begriff „eine vorzugsweise in der Geschichte seiner Verwendungen dokumentierbare Bedeutungsfülle" auf.[42] Kultur ist ein Begriff, „der sich erläutern, aber nicht strikt definieren läßt".[43] Aber wer beim Gebrauch der Vokabel ernst genommen werden möchte, sollte nicht völlig an der jahrhundertelangen Diskussion zur Definition des Begriffes vorbei argumentieren.[44]

Voraussetzung für eine potente Kulturwissenschaft wäre ein reflektierter Kulturbegriff, der weder in die Falle des reduzierten Alltagsgebrauches tappt, der Kultur auf Künste (oder auf Künste und Literatur) reduziert, noch gar einen, der die Trennung von Kultur und Zivilisation reproduziert (deswegen kann es trotzdem eine Unterscheidung von Seins- und Sollenswerten einer Kultur geben).

Unbefriedigend wäre ein kulturalistischer Voluntarismus, bei dem Kultur keine Rücksicht mehr nimmt oder zu nehmen braucht auf die anderen Bereiche des Lebens und unterstellt wird, Kultur könne nach Belieben die Lebensverhältnisse gestalten. Noch weniger hilfreich sind Essentialisierungen, bei denen Kultur biologisch, neurologisch oder strukturalistisch fixiert und entdynamisiert wird.

Kulturwissenschaften sollten sich nicht in den Fallgruben eines Determinismus wiederfinden müssen, dessen Analyse sich damit begnügt, nachzuweisen, wie Kultur geprägt ist – sei es von Geographie, Klima, Wirtschaft oder Biologie. Auch die marxistische Theorie beharrte nicht auf einer mechanischen Beziehung zwischen einer ökonomischen Basis und dem kulturellen Überbau, sonst wäre bei ihr die Welt im ökonomistischen und klassenkämpferischen Determinismus untergegangen. Sie setzte auch für den Fortgang der Geschichte auf die in der Dialektik der Widersprüche freigesetzten Motivationen der Akteure, nicht auf den Automatismus von Not und Revolution.[45]

Die unterschiedlichsten Aspekte gehören zum Bedeutungsfeld von Kultur und müssen präsent gehalten werden: Kultur als Kultivierung, als Welt des Genusses und der feierlichen Erhebung über den Alltag ebenso wie die kulturpessimistischer Furcht vor dem Korsett der „objektivierten Kultur". Die Künste als ausgeprägtester Ausdruck menschlicher Symbolisierungsfähigkeit sind Felder, die einbezogen sind, wenn es um die wertbesetzten Diskussionsfelder des Kulturbegriffes geht.

Die empirisch-deskriptiven, von den Anthropologen und Ethnologen bevorzugten wertneutralen Ansätze, mit Kultur umzugehen, sind neben den wertbesetzten Feldern von zentraler Bedeutung. Kultur als ein „geordnetes System von Bedeutungen und Symbolen, vermittels dessen gesellschaftliche Interaktion stattfindet"[46] definiert die Kulturtypik des Denkens, Empfindens und der Einstellungen und Handlungen.

Besonders wichtig scheint mir in der Gegenwart der *produktive* Aspekt der Kultur. Kulturelle Prägung relativiert materielle Zwänge: „Tatsächlich wird jeder Einfluß und Zwang, den eine Instanz außerhalb des kulturellen Kräftefeldes auf dieses ausübt, stets durch die Struktur dieses Feldes *gebrochen.*"[47] Gegen materialistischen oder kulturalistischen Determinismus setzt Ralf Konersmann so die dank der Kontingenz des Kulturellen gewährleistete Offenheit: „Kultur ... ist die Bewahrung des Möglichen. Die Weite ihres Horizonts ist der Lohn der Kontingenz."[48] Das ist der Bereich, wo Kultur nicht nur bereichernd, wertend oder unterscheidend, sondern auch *produktiv* wirkt.

So legt die in Reaktion auf die Krisen des frühen 20. Jahrhunderts entstandene Kulturphilosophie Wert auf die Entdeckung neuer Spielräume. Die Krisen waren Anlaß des Nachdenkens über Stand und Entwicklung jener europäischen Kultur, die sich auf dem unaufhaltsamen Weg der „Kultivierung" ihrer selbst und der Welt zu befinden glaubte. Aber unter dem Eindruck des Ersten Weltkriegs schrieb Paul Valéry 1919 in seinem Aufsatz „Die Krise des Geistes": „Wir Kulturvölker, wir wissen jetzt, daß wir sterblich sind."[49] Er benannte damit, was in unterschiedlichen Formen von vielen Intellektuellen jener Zeit als Bruch der Fortschrittshoffnungen der europäischen Kultur empfunden wurde.

Nicht in einer Krise der Wissenschaften, sondern in derjenigen der Kultur selbst sieht Ralf Konersmann (Leipzig) die Blüte der Kulturphilosophie um die Jahrhundertwende begründet.

Für Max Weber war die Voraussetzung jeder Kulturwissenschaft, „daß wir Kulturmenschen sind, begabt mit der Fähigkeit und dem Willen, bewußt zur Welt Stellung zu nehmen und ihr einen Sinn zu verleihen."[50] In diesem Wissen war spätestens nach dem Ende des Ersten Weltkrieges auch das Wissen um die Gefährdetheit enthalten.[51] Auch die heutige Krise verlangt eine *kulturelle* Neubestimmung des Weges, und dabei wird eine Neubesinnung auf die vielfältigen Dimensionen des Kulturbegriffes unentbehrlich sein.

1 Kaiser, Gert: Viel Gerede, kein Gespräch. In: Die Zeit Nr. 12 v. 18. März 1994, 45.
2 Teilweise abgedruckt: Hoffmann, Hilmar: Zur Humanität bilden. Kultur ist Europas wichtigstes Zukunftspotential. In: Evangelische Kommentare (Stuttgart) 6/1997, S. 334-337, 336.
3 Schult, Thomas J.: Enzyklopädie der Banalitäten. In: Die Zeit v. 25. Nov. 1994, 84; Vgl. auch Umberto Ecos Anekdote von dem Computer, der Fabeln generieren soll, in: Ders., Streichholzbriefe. München 1989.
4 Vgl. Vf., Kommt eine neue Kultur? In: Dokumentation Multimediakongreß 1996: Schleswig-Holstein auf dem Weg in die Informationsgesellschaft. Lübeck 1996, 33-34.
5 Vgl. Vf., Weltkulturen und Politik. In: Globale Trends. Jahrbuch der Stiftung Entwicklung und Frieden. Frankfurt am Main 1997 (im Druck).
6 Vgl. z.B. Lee, Eun-Jeung [Yi, Un-jong]: Konfuzianismus und Kapitalismus. Markt und Herrschaft in Ostasien. Münster: Westfälisches Danmpfboot 1997 (Einsprüche 6).
7 Vgl. z.B. Zapotoczky, Klaus und Hildegard Griebl: Kulturverständnis und Entwicklungschance. Frankfurt a.M.: Brandes und Apsel; Wien: Südwind 1995.
8 Jacob Burckhardt: Über das Studium der Geschichte. Zit. nach Hübinger, Gangolf: Das Leben ist ein Ganzes. Kulturwissenschaften und Kulturkritik um die Jahrhundertwende. Frankfurter Rundschau v. 23. August 1994 (Kulturwissenschaft).
9 Vgl. Artikel 9 in diesem Band.
10 Hoffmann, Hilmar: Besitz – Kapital – Kultur. In: Der Architekt 1997 5/1997, 27-29.
11 Our Creative Diversity. Report of the World Commission on Culture and Development. UNESCO Publishing. Paris 1995, 1996.
12 Vgl. Art. 9 in diesem Band.
13 Vgl. Art. 8 in diesem Band.
14 Hansen, zit. in Düllo, Thomas und Jutta Greis: Die Erforschung der unzugänglichen Wirklichkeit. Kulturwissenschaft als Studienfach: Chancen einer Debatte und Disziplin. Frankfurter Rundschau v. 26. Juli 1994, Kulturwissenschaft. Vgl. Hansen, Klaus P. (Hg.): Kulturbegriff und Methode. Der stille Paradigmenwechsel in den Geisteswissenschaften. Eine Passauer Ringvorlesung. Tübingen 1993, und: ders.: Kultur und Kulturwissenschaft. Eine Einführung. Tübingen 1995.
15 Vgl. Giddens, Anthony: Jenseits von Links und Rechts. Die Zukunft radikaler Demokratie. Frankfurt am Main 1997, 132 u.a.
16 Böhme, Gernot: Wissen: kulturelles Kapital. Frankfurter Rundschau v. 12. April 1997, ZB 3.
17 Frühwald, Wolfgang: Palimpsest der Bildung. Kulturwissenschaft statt Geisteswissenschaft. In: Frankfurter Allgemeine Zeitung v. 15.5.1996.
18 Zu Kulturmanagement vgl. u.a. Kulturmanagement. Theorie und Praxis einer professionellen Kunst. Berlin, New York 1994, 351-364, oder: „Unternehmen Kultur". Neue Strukturen und Steuerungsformen im kommunalen Kulturbereich. Essen/Hagen 1996 (Edition Umbruch, Bd. 7).
19 So z.B. in der „Kulturpolitischen Gesellschaft", deren „Kulturpolitische Mitteilungen" seit mehr als zwei Jahrzehnten die kulturpolitische Diskussion reflektierend begleiten; vgl. auch deren Publikationsreihe „Dokumentationen" bzw. die „Texte zur Kulturpolitik" in der „Edition Umbruch".
20 Vgl. Kulturpolitik ist Gesellschaftspolitik. Festschrift für Alfons Spielhoff. Kulturpolitische Gesellschaft, Hagen 1982. Vgl. auch Vf.: Handlungsfeld Kultur. Zwanzig Jahre Nachdenken über Kulturpolitik. Essen/Hagen 1996 (Edition Umbruch 8).
21 Vgl. z.B. Kultursoziologie – Symptom des Zeitgeistes? /Helmut Berking; Richard Faber (Hrsg.) Würzburg: Königshausen u. Neumann, 1989, mit einem Aufsatz von Hermann Bausinger über den Weg der Volkskunde zur empirischen Kulturwissenschaft, und einem Dossier zur Sektion Kultursoziologie in der Deutschen Gesellschaft für Soziologie von Manfred Lauermann. Vgl. auch Müller, Hans-Peter: Nicht länger nur Kitt der Gesellschaft. Die Soziologie vor der Kultur – Kulturalisierung der Sozialwissenschaften? In: Frankfurter Rundschau v. 15. Nov. 1994, 22, Kulturwissenschaft.
22 Düllo, Thomas und Jutta Greis: Die Erforschung der unzugänglichen Wirklichkeit. Kulturwissenschaft als Studienfach: Chancen einer Debatte und Disziplin. Frankfurter Rundschau v. 26. Juli 1994, Kulturwissenschaft.
23 A.a.O.
24 Müller, H. P. (s. Anm. 21).
25 Baecker, Dirk: Meditiation über die Lücke. Kultur als Symptom des Unvordenklichen und die verschiedenen Versuche seiner Bewältigung. In: Frankfurter Rundschau v. 4.3.1997 (Forum Humanwissenschaften). Die Kritik an den „Belanglosigkeiten" die-

ser kulturhistorischen „Curiosa“ (Brückner) ist inzwischen weitverbreitet; vgl. auch den Artikel 13 in diesem Band.

26 Böhme, Hartmut: Fächerübergreifende Integration muß ein frommer Wunsch bleiben. Kulturwissenschaft tritt an die Leerstelle, die durch das Verblassen des Humboldtschen Bildungsbegriffes entstanden ist. In: Frankfurter Rundschau v. 10. Januar 1995, Kulturwissenschaft.

27 A.a.O.

28 Joscok, Detlef und Bernd Rasche: Mullverband, Chiffre oder Zauberstab? „Kulturwissenschaft“: Kein anderes Wort wird an der akademischen Börse zur Zeit so hoch gehandelt. In: Frankfurter Rundschau v. 31. Mai 1994, Kulturwissenschaft.

29 Vgl. den Artikel 13 in diesem Band.

30 Böhme, Hartmut (s. Anm. 26).

31 Vgl. den Artikel 14 in diesem Band.

32 So auch der Soziologe Hans Peter Müller (s. Anm. 21). Vgl. die Kritik von Brückner, Wolfgang: Kulturwissenschaft(en), Cultural Studies, Volkskunde. In: Bayerische Blätter für Volkskunde 23/1996, 150-187.

33 Treiber, Angela: Volkskunde und Historische Anthropologie. Zu Positionierungen in der Geschichtswissenschaft. In: Bayerische Blätter für Volkskunde 23/1996, 142-149 – mit Ausnahme etwa der Dissertation von Leonore Scholze-Irrlitz: Moderne Konturen historischer Anthropologie. Eine vergleichende Studie zu den Arbeiten von Jacques Le Goff und Aaron J. Gurjewitsch. (Diss. Berlin 1994) Frankfurt am Main u.a. 1994 (Europäische Hochschulschriften R. XIX/36).

34 Wie sie bei Wolfgang Brückner (s. Anm. 32) erkennbar ist.

35 Brückner, Wolfgang: Bayerische Blätter für Volkskunde 1993, 98; vgl. den Artikel 13 in diesem Band.

36 Joscok, Detlef und Bernd Rasche: Mullverband, Chiffre oder Zauberstab? „Kulturwissenschaft“: Kein anderes Wort wird an der akademischen Börse zur Zeit so hoch gehandelt. In: Frankfurter Rundschau v. 31. Mai 1994, Kulturwissenschaft.

37 Geisteswissenshaften heute. Eine Denkschrift von Wolfgang Frühwald, Hans Robert Jauß, Reinhart Koselleck, Jürgen Mittelstraß, Burkhart Steinwachs. Frankfurt/M. 1991, 10, vgl. 41.

38 A.a.O. 39/40.

39 Precht, Richard David: Ein Plädoyer gegen die kulturelle Belanglosigkeit der Kulturwissenschaft. In: Die Zeit v. 12.7.1996, S. 29.

40 Groh, Ruth und Dieter Groh: Zur Entstehung und Funktion der Kompensationsthese. In: Einheit der Wissenschaften. Internationales Kolloquium der Akademie der Wissenschaften zu Berlin, Bonn 25.-27. Juni 1990, 234-279, 239.

41 A.a.O. 256.

42 Konersmann, Ralf (Hg.): Kulturphilosophie. Reclam Verlag Leipzig 1996 (Reclam-Bibliothek Bd. 1554).

43 A.a.O. S. 350, vgl. S. 329.

44 Würde man sich auf diese Kulturphilosophie-Tradition beziehen, brauchte man nicht, wie Martin Scharfe, den Umweg über Popper einzuschlagen, um zur „objektivierten Kultur“ (Simmel) zu kommen. Vgl. Scharfe, Martin: Rehabilitierung der Dinge. Subjekte und Objekte in der Frömmigkeitsforschung. In: Bayerische Blätter für Volkskunde 23/1996, 129-141, und Konersmann (s. Anm. 42).

45 Vgl. den Artikel 7 in diesem Band.

46 Geertz, Clifford: Dichte Beschreibung. Frankfurt/M. 1983, S. 99.

47 Bourdieu, zitiert nach Konersmann (s. Anm. 42), 252.

48 Konersmann (s. Anm. 42), 354.

49 Zitiert a.a.O., 58.

50 Zitiert nach Hübinger (s. Anm. 8).

51 Vgl. Konersmann (s. Anm. 42).

2. Die Kultur des Überlebens. Kulturelle Faktoren beim Umgang mit begrenzten Ressourcen in vorindustriellen Gesellschaften Mitteleuropas. Eine Problemskizze[1]

1. Einleitung: Definition des Themas

Angesichts aktueller Krisen wird immer häufiger die Frage gestellt, inwieweit kulturelle Faktoren und Orientierungen von Gesellschaften mitwirken bei der Sicherung von Überleben und Zukunft. Zur Diskussion steht, ob die Menschen im Käfig von Sachzwängen und ökonomischen Mechanismen gefangen sind, oder ob sie in bewußter Gestaltung und Beherrschung ihrer Entwicklung wenigstens ansatzweise ihr gemeinschaftliches Leben perspektivisch zu meistern vermögen. Zu der Diskussion dieser Frage vermag die volkskundlich-kulturwissenschaftliche Forschung die Phantasie durch historisches Material zu beflügeln.

Es ist leicht, über das zu berichten, was in der Natur die Menschen im Laufe ihrer Geschichte bereits alles vernichtet, zerstört, ausgerottet haben. Hier soll es uns jedoch um die – zugegebenermaßen vielleicht selteneren – Formen und Fälle gehen, in denen die Menschen trotz widriger und schwieriger Umstände und scheinbarer Sachzwänge ihren Stoffwechsel mit der Natur überdauernd in stabilen Kreisläufen organisierten. Es geht um die Formen, in denen sie lebten, ohne ihre Lebensgrundlage zu zerstören. Und zwar interessiert uns primär, welche Rolle kulturelle Faktoren dabei spielten[2]: Wichtig sind uns die qualitativen Beiträge des kulturellen Systems nicht einfach zum Überleben, sondern zur nachhaltigen Sicherung eines Generationen überdauernden Stoffwechsels mit der Natur. Nicht die allgemeine Beschreibung der materiellen Überlebensmechanismen eines komplexen kulturellen Systems interessiert uns, sondern dessen Steuerungsmechanismen, soweit sie nicht einfach in Naturfaktoren, in Herrschaft oder in Marktzwängen bestehen. Gefragt ist, wie kulturelle Orientierungen (von den innerhalb einer Gesellschaft entwickelten Wertsystemen bis zu den ästhetischen Ausdrucksformen) mitwirken bei der Sicherung des Überlebens, soweit dieses abhängig ist von dem rationellen und schonenden Umgang mit knappen Ressourcen (die bei unseren Beispielen aus dem vorindustriellen agrarischen Bereich bestehen können in Bodenfruchtbarkeit, Wasser, Kapazitäten der Tierproduktion bei domestizierten und wildlebenden Tieren, Arbeitskraft usw.).

Es mag opportunistisch erscheinen, sich einem solchen Thema gerade in dieser Zeit zuzuwenden – vor diesem Vorwurf braucht der nicht zurückzuschrecken, für den die Wissenschaft begleitender Faktor des gesellschaftlichen Lebensprozesses ist. Ob der Opportunismus-Vorwurf berechtigt ist, entscheidet sich eher in der Behandlung als in der Wahl des Themas. Nur eine Problem- oder Forschungsskizze kann hier geliefert werden – das Thema wäre insgesamt gut für ein Forschungsprojekt. Wir bleiben weitgehend im mitteleuropäischen Raum; die alpinen Regionen werden wegen ihrer besonderen Situation eine bedeutende Rolle spielen.

2. Dimensionen des Themas: Eingrenzung

„Stoffwechsel mit der Natur“ ist ein materielles (objektivierbares) Verhältnis, dessen Ergebnis bei der Agrarproduktion gemessen werden kann an der Nahrungsproduktion und – wie uns die geographische Morphologie belehrt – an den anthropogenen Veränderungen der Erdoberfläche. „Stabilität“ kann dabei geographisch gesehen immer nur eine relative Größe sein – zentral ist die Vermeidung bzw. Behebung jener von Menschen verursachten destabilisierenden Eingriffe, durch welche die Dauerhaftigkeit ihres Stoffwechsels mit der Natur bedroht wird. Unser Thema sind die richtunggebenden kulturellen Faktoren innerhalb dieses materiellen Stoffwechselprozesses – damit *nicht* Mentalitäten, Ansichten, Haltungen, Weltbilder, auch nicht soziale Überlebensstrategien oder Klassenkämpfe. Es geht uns auch nicht um die sozialen und demographischen „Balanceprobleme der dörflichen Reproduktionssysteme“, wie sie die Tübinger Empirischen Kulturwissenschaftler Kaschuba/Lipp untersucht haben[3], oder um Endogamieregeln zur Sicherung eines ausreichenden bäuerlichen Grundbesitzes.[4] Unser Ziel ist auch nicht die Rekonstruktion „kollektiver Mentalitäten“[5], mit deren Hilfe wir die Welt der Vergangenheit mit den Augen der Menschen von damals sehen könnten: Wir betrachten sie auch mit dem Auge des Geographen und Ökologen, und dabei kommt es nicht auf die Kohärenz des Weltbildes, sondern auf die materiellen Folgen der Handlungen an.

Es geht uns nicht um die *Techniken* des Ressourcenmanagements – wiewohl diese etwa bei der Verteilung von Bewässerungswasser, der Holznutzung, der Lösung von Transportproblemen, der Nutzung von Wasser- und Windkraft als ergologisch-volkskundliche Themen legitim, spannend und aktuell sind. Für unser Thema soll wichtig sein gesellschaftlicher bzw. gemeinschaftlicher Umgang mit natürlichen oder der Natur abgewonnenen, dauernd oder zeitlich begrenzt zur Verfügung stehenden bzw. gebrauchten, nicht beliebig vermehrbaren Ressourcen, sofern er duch kulturelle Mechanismen oder Prozesse direkt oder indirekt geregelt oder überhöht wird.

Unser Thema ist hier auch nicht die mythische Versöhnung der Natur durch Fruchtbarkeitsriten[6], durch Opfermagie oder durch Tabuvorschriften – uns geht es um das in seinen Folgen objektivierbare materielle Verhältnis zur Natur in seiner kulturellen Absicherung.

3. Die Verteilung von Allgemeinnutzungen

Es gibt für unsere Themenstellung gewisse Anregungen bei den „Kulturökologen“ der nordamerikanischen Kulturanthropologie, bei denen die zahlreichen Kulturen der Menschheit als „spezifische Adaptationsprozesse an eine je bestimmte Umwelt“[7] interpretiert werden – freilich mit einem auf die Naturbeziehungen reduzierten Materialismus. Bei uns jedoch spielen Herrschaftsverhältnisse und die materiellen Beziehungen der gesellschaftlichen Arbeitsteilung eine besonders wichtige Rolle.

Die gängigen Quellen der Agrargeschichte im deutschsprachigen Raum geben über die Regelung der Naturbeziehungen relativ wenig Auskunft, noch weniger über die Rolle kultureller Faktoren. Ihre Themen waren die offene Grenze des mittelalterlichen Landesausbaues, der „Dualismus von Herrschaft und Genossenschaft“[8] im mittelalterlichen Dorf, die Binnen- und Ostkolonisation, die Pestzüge und Kriege, Agrarkrisen und -konjunkturen, schließlich die mannigfaltigen Formen der „Modernisierung“. Da spielt das Naturverhältnis keine große Rolle.

Und vieles verschwindet als Selbstverständlichkeit im Dunkel – wie bei dem Erzabt Caesarius von Rommersheim/Eifel, der 1222 eine ältere Hofbeschreibung kommentiert mit den Worten: „Wie die Hufner die herrschaftlichen Äcker zur rechten Zeit pflügen, besäen, abernten und die Ernte in die Scheuern bringen ... ist so gut wie allgemein bekannt: so haben wir nicht aufgezeichnet, was man wissen kann oder weiß.“[9]

Eigentlich gehört zum Thema eine Analyse der kulturellen Formung und Grundlegung des dörflichen Rechtssystems – zeichnen sich die Weistümer, die dabei eine zentrale Rolle spielen müßten, doch gerade durch ihre „noch nicht vollzogene Trennung von Sitte und Recht“[10] aus. Sie enthalten vielfach „bestimmte rechtlich-brauchtümliche Festlegungen“, die aber eher den Zugriff Fremder abwehren als eine Übernutzung sanktionieren.[11]

Wir klammern das Thema „Dorf als Rechtsordnung“ hier aus, jedoch nicht ohne zu betonen, daß natürlich diese Rechtsordnung zur Kultur gehört: Nicht nur, daß sie die Beziehungen der Menschen untereinander zu ihren materiellen Ressourcen auf der Grundlage einer kulturellen Wertordnung regelt, sondern auch, weil sie früher noch viel stärker als heute mit Ritualen, ästhetischen und sozialen Formen verbunden war.

Erwähnt werden sollen jedoch (als Beispiele, wie diese Verbindung von Recht und Sitte bei unserem Thema aussehen kann) einige Formen der Verteilung gemeinsamer, nur begrenzt verfügbarer Ressourcen: Sie mußten ohne Verschriftlichung und ohne Bürokratie hohe Ansprüche der Gerechtigkeit, zum Teil auch der kompensatorischen Berücksichtigung der Dorfarmen (zwecks Ersparnis von Unterstützungsleistungen) befriedigen. Einige Beispiele deuten an, wie phantasievoll man dabei gelegentlich vorging. In einem Schweizer Dorf war das „Pflücken der wilden K(irschen), wie das Auflesen der Eicheln und Buchnüsse in den Gemeindewaldungen ... ein kleines Volksfest unter Aufsicht der Behörden.“[12]

Im Zürichschen Altstetten gab der Pfarrer in der Kirche den „Kirschen-Segen“: „Sein Amen gab das Zeichen zur Besitzergreifung, indem die Leute alsdann hinausstürzten und nach der Allmend eilten; wer dort zuerst einen Baum mit den Armen umfaßte, dem gehörte dessen Ertrag.“[13] Anderswo war ein Kirschbaum den Kindern vorbehalten.[14]

Beim Ährenlesen spielen besondere Normen eine Rolle[15]: Es gehört sich, nicht allzu genau abzuernten, denn es soll für die ährenlesenden Armen etwas übrigbleiben[16]; zum Ährenlesen ist freilich Erlaubnis nötig.

Ein „jus primae occupationis“ („Windhundverfahren“ würde man heute sagen) galt in der Schweiz an manchen Orten für Wildheuplätze: Am bekanntgegebenen Tag gab derjenige, der einen Platz zuerst erreichte, durch „Johlen“ (vielleicht auch Jodeln?) kund, daß er das Recht auf das Heu dieses Platzes erworben hatte.[17] Abgemähte einzelne Stellen bekunden anderswo ebenfalls eine Besitznahme (und es sei die Vermutung erlaubt, daß eine der Wurzeln für das Mähen von Zeichen in einer solchen für andere zuzuordnenden Besitz-Markierung zu suchen ist).[18]

4. *Das Gemeinwerk*

Geht es hier nur um die geregelte Verteilung (und damit Verhinderung der Übernutzung) von gegrenzten Ressourcen, so soll uns das Gemeinwerk als Beispiel dienen, wie notwendiger Arbeitsaufwand kulturell abgesichert wird. Für die Bauern im ungarischen Átány ist „eine Arbeit nur dann 'schön‘ und 'ordentlich‘ ..., wenn genug Hände dazu da sind.“[19] Solche Gemeinschaftsarbeit dient wie Speisegeschenke der sozialen Stabilisierung des Dorfes.[20] Sie gehört aber auch zu den zentralen Mechanismen der Subsistenz in ökologisch schwierigen Regionen. Arnold Niederer[21] legt Wert auf die Unterscheidung verschiedener Formen des Gemeinwerks (ohne deswegen die Verwandtschaft zu leugnen); aber auch das Gemeinwerk für private Zwecke einzelner (Bittarbeit, wechselseitiger Arbeitstausch, Nachbarschaftshilfe auf direkter oder potentieller Tauschbasis) gehört in unseren Zusammenhang. Es macht manche privat genutzten Ressourcen überhaupt erst verfügbar, wie wir am Beispiel des Holz- oder Wildheutransports[22] in den Alpen leicht belegen können.

Die Ressource Wasser in Bewässerungsgebieten etwa ist vielfach nur über gemeinsame Anstrengungen verfügbar. Private materielle (und nicht nur potentielle, wie bei Wegen, Feuerschutz und Friedhof) Nutzung ist gebunden an das gemeinschaftlich erbaute und unterhaltene Bewässerungssystem. Über weite Entfernungen hinweg ähneln sich zahlreiche Einzelheiten dieser Systeme (z.B. die Bestimmung der Verteilzeiten nach Punkten/Stellen, die von der Sonne oder dem Schatten zu bestimmten Zeiten erreicht werden[23], oder auch die hölzernen Tesseln als Nachweis von Wasserberechtigungen, die in ähnlicher Form als „Kehrtesseln" auch für das Aufgebot zum Gemeinwerk im Wallis dienen.)[24] Ein Beispiel für ein typisches Gemeinwerk, mit dem die Ressourcen geschützt bzw. erhalten werden, ist das Erde-Auftragen. Bei Feldern in steiler Hanglage muß alle paar Jahre ein Teil der Erde, die durch das Pflügen und den Bodenabtrag durch Wasser und Schnee am unteren Ende des Ackers anfällt, nach oben getragen werden. Dafür sind die verschiedensten materiellen und sozialen Techniken entwickelt worden – vielfach eben mit ausgeprägter Gemeinschaftsarbeit, wie in einem Schweizer Dorf, wo Kinder und Jugendliche im Arbeitsaustausch wettbewerbsorientiert und festähnlich gemeinsam Erde hinauftragen.[25]

Interessant ist uns die festliche Überhöhung des Gemeinwerks. Bittarbeit, Tauscharbeit dieser Art ist ebenso wie Gemeinwerk für private oder öffentlich-rechtliche Körperschaften (Genossen-, Geteilschaften oder die Gemeinde selbst) oft selbst ein Fest, jedenfalls in den meisten Fällen mit festlicher Geselligkeit verbunden und für das soziale Leben (einschließlich der Eheanbahnung) wichtig. Diese in beiden Formen, der privaten und der öffentlichen, vorhandene festliche Überhöhung des Gemeinwerks stabilisiert das Instrument, gewährleistet dessen Verfügbarkeit, besetzt es positiv und verankert es im Emotionalen, im Erleben und im Gedächtnis (wie die Grenzumgangsriten). Dies entspricht der Instrumentalisierung des Festes als Einübung für den Ernstfall, die König Heinrich I. 920 seinen „Agrarii Milites" verordnete, als er gebot, daß alle „Versammlungen und Festgelage in den Burgen abgehalten würden, ... damit sie im Frieden lernten, was sie im Fall der Not gegen die Feinde zu tun hätten."[26] Herrschaftliche Instrumentalisierung ändert freilich nichts daran, daß uns das Fest wichtig ist als bedeutender Bestandteil jenes Systems, mit dem Gesellschaften die Dauerhaftigkeit ihres Stoffwechsels mit der Natur absichern können. Gemeinwerk (als Teil der Lebenspraxis und – in verschiedensten Zusammenhängen positiv gewichtet – als Wert), seine kulturelle, festliche Überhöhung bilden mit dem übrigen sozialen und kulturellen System einen Komplex, der Überleben in schwierigsten Situationen sichert bzw. sichern helfen kann.

5. Wertsysteme und ihr Wandel

Zur Stabilisierung der Nachhaltigkeit des Natur-Stoffwechsels sind nicht nur soziale Techniken wie das Fest, sondern auch ein die gemeinschaftliche Kontrolle der Verfügung über die Ressourcen absicherndes und stützendes Wertsystem nötig. Um zu umreißen, wie so etwas aussehen kann, beziehen wir uns zunächst auf ein ungarisches Beispiel.

Die bereits zitierten materialreichen Studien von Edit Fél und Tamás Hofer über das ungarische Dorf Átány beschreiben uns ein bäuerliches Wert- und Normensystem, das völlig an der Priorität der Stabilität (des Überlebens in Würde) orientiert ist. Die Bauern, das „Volk der Erde", wie sie sich ohne romantische Beiklänge in ihrer eigenen Sprache nennen[27], haben ein intensives Erfahrungswissen, z.B. über den Umgang mit dem bearbeiteten Boden, der „lebendigen Erde", und über die Erhaltung der Bodenfruchtbarkeit entwickelt, das sich in entsprechenden Bewertungen niederschlägt.[28]

Ähnliches gilt für das Haushalten mit der physischen Kraft – und zwar bei Tieren und Menschen. Pferde können, wenn sie sich überanstrengen (was leicht geschieht, wenn man sie nicht zurückhält), blind werden. „Das ist eine Schande für den Bauern" – in den Produktionsgenossenschaften kommt das öfter vor. „Bei einem Mann wird rühmlich anerkannt, wenn er 'hart' arbeitet, dem Tier aber darf man es nicht ansehen, daß es erschöpft ist. Der Bauer ist stolz darauf, wenn seine Pferde 'spielend' vom Pflügen nach Hause kommen."[29] Freilich ist deswegen dennoch das Verhältnis zu den Tieren allgemein nicht sentimental. Vergleichbares gilt z.B. nicht für die Ochsen – einmal überanstrengen sich diese nicht aus eigenem Antrieb, und wenn sie lahm werden, ist der Verlust nicht so groß wie beim Pferd: Der Metzger zahlt den gleichen Preis.[30] Was unserer heutigen Tierliebe (als für den aktuellen Umgang mit der Natur wichtiger Wertorientierung) mißfällt, ist unseren kulturhistorischen Überlegungen ein Beleg dafür, daß Werte dieser Art kein Korsett sein müssen, sondern sich anpassen können.

Auch für den Menschen bedarf es der Erneuerung der Kraft[31]; auch sie ist eine nicht beliebig verfügbare Ressource. Speiseordnung[32] und Zeiteinteilung[33] nehmen Rücksicht darauf und verraten differenziertes arbeitsphysiologisches Erfahrungswissen. Konkurrenzverhalten und der Vergleich mit den Nachbarn wird nur in manchen Aspekten praktiziert. „Als erster auszufahren, galt als 'rühmlich'."[34] Es gilt aber auch: „... wer sechs Tage arbeitet und davon nicht leben kann, arbeitet umsonst auch noch am siebten Tag"[35], wie Jozsef Kakas sagt. Gemeinwerk, belehrt uns Arnold Niederer, sorgt z.B. für eine eher weniger intensive Verausgabung der Kraft[36] – es sei denn, es findet wettbewerbsorientiert unter jungen Leuten statt.

Wie stark für die Menschen die Verausgabung bzw. Anwendung von physischer Kraft und das Haushalten mit ihr verbunden ist mit musikalischen Formen, hat Karl Bücher mit seiner Studie über „Arbeit und Rhythmus" herausgearbeitet.[37]

Ein anderes Beispiel. Unter dem Bild eines tanzenden Paares in der Knaffl-Handschrift lesen wir: „Eine Tanzattitüde, eigentlich eine Erholung nach der Mahd."[38] Wir dürfen annehmen, daß solche lustvollen Ausgleichsbetätigungen zum bewußt angewandten gängigen Repertoire des Haushaltens mit bzw. der Wiederherstellung der eigenen Kraft gehören, wie z.B. auch der Tanz nach dem „Abdreschen" in der Gegend von Neumarkt-Köstendorf im Salzburgischen, der „am selben oder an einem der darauffolgenden Tage" stattfand.[39]

Edit Fél und Tamás Hofer haben das Átányer System der traditionellen Maße und Proportionen als eine Art der „bäuerlichen Wirtschafts- und Betriebslehre"[40] interpretiert. Aber es ist mehr, und auch darauf weisen sie hin, wenn sie (mit Beispielen über das „Mittelmaß" leicht belegbar)[41] die Wertordnung unter dem Stichwort der mittelhochdeutschen „mâze" des Parzifal-Epos interpretieren.[42] Wichtig ist, daß es sich dabei um ein tendenziell geschlossenes, endliches System der Bedürfnisse handelt.

Es gilt bis in die Träume und Wünsche hinein: Als bei einem Umtrunk die Feldforscher einem Bauern eine Ernte von 100 Hektolitern Wein in den Keller wünschen, antwortet dieser: „Das wäre zuviel, ... soviel wünschen Sie mir lieber nicht. Zwanzig Eimer genügen."[43] Die Forscher interpretieren: „Die Átányer Bauersleute sind sich über die Maße und Proportionen der dörflichen Wirtschaft im klaren, und ihr Denken bewegt sich auch dann in diesen Grenzen, wenn sie sich als besondere Gnade Gottes eine außerordentlich glückliche, reichliche Ernte vorstellen. Das Glück ist kein Ausblick ins Unendliche. Ferenc Orbán wünscht sich im Grunde seines Herzens keinen unmäßigen, sich fortgesetzt vermehrenden Ertrag seiner Wirtschaft."[44]

Mit solchen Prinzipien läßt sich zwar ein schonender Umgang mit begrenzten Ressourcen organisieren, aber eine Marktwirtschaft kann damit wenig anfangen. Ähnliches gilt für das Autarkie-Ethos, das sich bei den Bauern und Halbbauern von Átány in dem harten Bemühen ausdrückt, möglichst wenig von den Grundbedürfnissen über den Markt mit Hilfe von Geld zu decken.[45]

Das vorsozialistische Átány gehörte gleichwohl bereits zu einem „modernen" Ungarn: Seit einem halben Jahrhundert arbeitete ein Teil der Bauern zeitweise außerhalb; etwa die Hälfte der Agrarproduktion war für den Markt bestimmt – am Prinzip der Selbstversorgung als dauernder Richtlinie der Betriebsführung änderte sich nichts.[46]

Richard Weiss beschreibt am Beispiel des Val d'Herens und des Val d'Annivers ein ähnliches „Autarkie-Ethos" und den hohen Preis dafür.[47] Berücksichtigen muß man auch, daß es sich meistens um einen „Zwangskonservatismus" handelt.[48] Autarkie bedeutet bei den Bergbauern einen Komplex von Werten und Orientierungen, der Dezentralisierung, Transportreduktion und Vorratshaltung (die „low energy"-Gesellschaft) überhaupt erst möglich macht.[49]

In dem Maße, in dem rein ökonomische Überlegungen für den gewerblichen Agrarbetrieb ausschlaggebend werden, müssen solche nicht-betriebswirtschaftlich (nach „modernem" Denken) legitimierten Normen, wie das Autarkie-Ethos, den Bauern systematisch ausgetrieben werden (was nicht ausschließt, daß, wie Fred Hirsch für den Kapitalismus allgemein betont, auch in diesem Bereich die „Modernität" keine überlebensfähigen Strukturen hervorbringt, wenn nicht beträchtliche Bestände alter Normen weiterleben).[50]

Der Weg dazu wird u.a. von Robert Kruker nachgezeichnet (und wir erkennen darin eine der Methoden wieder, mit denen auch periphere Länder in das Netz des Weltmarktes gezerrt werden): Kapitalintensive Investitionen wie Maschinen; Kredit- und Marktabhängikeit; Relativierung bzw. Zerstörung des Wertsystems bilden eine Spirale, aus der es kaum ein Entrinnen gibt.[51]

6. Umweltschutz in der Volkserzählung: „Volkspolizei im Gewand der Sage" oder „kollektives Gedächtnis"?

Ein Autor des letzten Drittels des 19. Jahrhunderts schreibt über die alpine landwirtschaftliche Bodennutzung in Hochregionen: „Der frivolen Abözung dieser höchsten Fruchtböden, deren natürlicher Feind ohnedies elementare Erkältung und ihre vernichtenden Folgen, wurde erst Einhalt gethan, als es im System der ersten geistlichen Kulturpioniere lag, die Fülle des Weidereichthums soweit nur möglich zu erhalten. Ihnen verdanken wir die mildeste Volkspolizei im Gewand der Sage. Diese unermüdlichen Missionsglieder christlichen Kulturverbandes verstanden gar bald, daß auf dem erhabenen Gebiete des Hochgebirges keine weltliche Gewalt baiuvarischer Gesetze Kraft zu äußern und Ansehen zu erhalten im Stande war, daher kleideten diese praktischen Katecheten Gebote der Weisheit in die einschmeichelnde Form der Märe, erzälten von dem Übermuth gottloser Sennerinnen und der imponirenden Strafe des zornigen Gottvaters, der die Almen dieser götterspottenden Dirnen mit ewigem Schnee begrub."[52]

Das Problem für die Einbeziehung von Frevel-Sagen in unseren (und diesen) Interpretationszusammenhang liegt freilich darin, daß sie in den gängigen Typen den Frevel bezüglich der Natur überhaupt nicht thematisieren.

Was aber hat eine moralische und soziale Warnsage mit einer ökologischen Warnsage zu tun? Max Lüthi hilft uns in seiner Blümlisalp-Interpretation (vielleicht ohne es zu wollen) über dieses Dilemma hinweg, indem er hinweist auf die verschiedenen Ebenen, auf denen das warnende Motiv auftreten kann: Die Sage kann als Disziplinierungsmittel „schwer durchzuführende Aufsicht ... durch abschreckende Erzählung“ ersetzen, sie kann als Warnung vor Geiz und Hartherzigkeit „Sozialkritik von unten“ sein, sie warnt vor „Liebesabsolutismus“[53], „sie warnt zuerst und zuletzt den Menschen vor sich selber“.[54]

Auf dieser allgemeinen Ebene erledigen sich dann die für Lüthi nur am Rande wichtigen, für unseren Zusammenhang aber interessanteren Fragen nach dem Zusammenhang des Motivs mit „einem Wissen der Bevölkerung um Klimaverschiebungen“ oder der Ersetzung der „recht prosaischen realen Schuld der Menschen an Naturkatastrophen (Abholzen schützender Wälder u.a.)“[55], von der die Sage „wenig Notiz“ nimmt.

Es gibt (vielleicht) andere Sagen, bei denen diese Beziehung des Menschen zur Natur wichtiger ist, wie in dem Motiv des „Herrn der Tiere“.[56] Jedenfalls finden wir auch in der Bümlisalp-Sage mehrere Stufen und Ebenen, damit mehrere Dimensionen und Möglichkeiten, sie im Kontext menschlicher Lebenstätigkeit zu interpretieren. Sie betont, so auch Lüthi, „die Verantwortung des Menschen für die Welt, in der er lebt und von der er lebt“[57] – auch mit den emotionalen Aspekten der Symbolik.

Ohne daß wir uns ausführlicher auf die vielfältigen Diskussionen um Poetik und Poetologie der Sage einlassen wollen, sollten wir ihr als ästhetischem Produkt probeweise eine Form der Beziehung zur Realität zubilligen, wie sie in der Ästhetik-Diskussion für künstlerische Produkte allgemein unterstellt wird. Thomas Metscher z.B. geht von dem Prozeß „ästhetischer Kommunikation und Erkenntnisvermittlung“ aus, in dem durch den Autor „Wirklichkeit“ „ins Werk vermittelt“ ist, dieses aber gleichzeitig „durch den Rezipienten auf die Wirklichkeit zurück wirkt.[58] Es findet statt „ästhetische Aneignung der Wirklichkeit im Werk und Aneignung der ästhetischen Wirklichkeit des Werks durch den Rezipienten.“[59]

Ferner gilt: „In der Kunst werden historische Erfahrungen gesellschaftlicher Individuen rekonstituiert, die sich der begrifflichen Erkenntnis wenn nicht entziehen, so doch nicht in ihr aufgehen.“[60] Auch Sagen können als solches „künstlerisches Medium der Weltaneignung“ verstanden werden und gehören zu dem „Komplex ästhetischer Produktivkräfte“.[61]

Jedenfalls können wir davon ausgehen, daß es nicht nur herrschaftssichernde, sondern auch auf den Stoffwechsel mit der Natur bezogene Riten und Mythologien gab.[62] Wir wundern uns heute auch nicht mehr, wenn wir bei einem modernen sowjetischen Autor wie Tschingis Aitmatow Mythen, wie die kirgisische Stammessage von der „gehörnten Hirschmutter“ der weißen Marale, zwanglos als „kollektives Gedächtnis des Volks“ anerkannt sehen.[63] Ihre Aufgabe ist die der Aktivierung des Gewissens als eminentem „subjektivem Faktor“. Aitmatow verwendet diesen Mythos, damit sein Leser „ein Gefühl dafür bekommt, in welchem Maße er dafür verantwortlich ist, was auf dieser Erde geschieht ... Denn im Angriff des Menschen von heute auf die Natur finden wir den Angriff des Menschen auf sich selbst.“[64]

Nur am Rande sei darauf hingewiesen, wie sehr diese Interpretation im Widerspruch steht zu dem, was Ulrich Bentzien 1980 meint: Ihm bestätigt bei den mittelalterlichen deutschen Bauern das „Fortleben vorchristlich-'heidnischer‘ Züge in Glaube und Brauch ... mittelbar das Verhaftetsein der ländlichen Produzenten in fruchtbarkeits-magischen und anderen Glaubensvorstellungen, in die der empirisch betriebene landwirtschaftliche Produktionsprozeß noch weitgehend eingebettet war. Hier äußert sich ein niedriges Niveau des Verhältnisses zur Natur und der Naturbeherrschung.“[65] Wir scheinen heute an einem Punkt angelangt zu sein, da Fortschritt und „Modernisierung“ allein nicht mehr die Lösung der Probleme versprechen können.

7. Die Rolle der Herrschaft

Werner Bätzing hat mit Bezug auf die Alpen die These aufgestellt, daß die Menschen dort unter Rückschlägen gelernt haben, wie nicht nur produktive, sondern auch reproduktive Tätigkeiten notwendig sind.[66] Fehlen letztere, so bedeutet dies Raubbau.[67] Die Bauern wußten dies, „und dort, wo sich Bauerngesellschaften eine mehr oder weniger große Selbständigkeit vom Feudalherren erkämpfen konnten, stand der gemeinsame Schutz ihrer Kulturlandschaft gegen Raubbau im Zentrum ihrer selbst erarbeiteten Statuten.“[68] Und er stellt fest: „Fremde Einflüsse, die von außen den Bewohnern aufgezwungen werden, seien es politische, wirtschaftliche oder militärische, stören diese Auseinandersetzung zwischen Mensch und Natur und führen daher zu ökologischen Problemen.“[69]

In der deutschsprachigen Agrargeschichte werden allerdings auch ganz andere Thesen vertreten: Dort wird etwa darüber diskutiert, ob die genossenschaftlichen Elemente entweder, wie Bentzien meint, mindestens für den kollektiven Weidebetrieb „frühgeschichtliche Traditionen“[70], also gemeindemokratische Formen, sind, ob wie für andere Erscheinungen, etwa den Flurzwang, demographische Entwicklungen die Ursachen sind (weil die Bevölkerungszunahme eine intensivere Nutzung der Bodenfläche erforderte), oder ob nicht sogar dirigistische (grundherrschaftliche) Einflüsse erst bestimmte Schutzmaßnahmen erzwangen und z.B. die von dem Winterfutter abhängige Zahl der „Kuhessen“ für eine Alm über Besteuerungseinschätzungen geregelt wurde, der Schutz des Bannwaldes nur durch herrschaftliche Gewalt durchgesetzt werden konnte.[71]

Immerhin belegen die Beispiele von Bätzing, aber auch die der relativ freien Schweizer Dorfgemeinschaften, daß auch die – sicher durch Besitzrecht eingeschränkte und keinesfalls zu romantisierende – Selbstverwaltung der Bauern und Viehzüchter deren Ressourcen sichern konnte. Und umgekehrt waren es häufig genug die Ansprüche von Herrschaft oder Markt, die zur Übernutzung zwangen.

Wie hart sich romantisch-naive Vorstellungen mit der sozialen Realität im Raume stoßen, mußte auch Peter Rosegger erfahren, als er 1885 in Krieglach im Höbnreich-Gasthaus eine „lustige Vorleserei“ veranstaltete und dabei ein Gedicht gegen Waldverwüster und über den Bauern, der seinen Wald „vertut“ vortrug: „... ein viereckiger Bauer rief heftig dazwischen: 'Was woaß dann a so a Stadtherr! Wan da Wold sul stehenbleiben, muaßt holt's Steueromt niederreißn‘.“[72]

Fazit daher auch hier: Es gibt Fälle, in denen das überlebenssichernde kulturelle Gefüge von den Gemeinschaften in eigener Regie entwickelt und durch Konsens legitimierte Formen der zeitlich begrenzten, wechselnden Herrschaft praktiziert werden. Es gibt sicher auch Fälle, in denen die Abschöpfung von Mehrprodukt durch die Grundherrschaft mit Maßregeln zur nachhaltigen Sicherung des Stoffwechsels in unlösbarer Weise verbunden ist – aber auch mit erzwungener Vernachlässigung des Schutzes der Ressourcen. Die Diskussion darüber ist nicht abgeschlossen, wichtig aber die Feststellung: Es gibt auch demokratische Formen (im Rahmen der relativen Anwendbarkeit des Begriffes).

8. Schluß

Kulturelle Steuerung des Stoffwechsels mit der Natur, wie wir sie verstehen wollen, finden wir auf verschiedene Weise realisiert: Durch Wertorientierungen; durch (stärker wirkende, weil mindestens durch soziale Faktoren sanktionierte) Normen; in vermittelter, seltener in direkter Form durch mythologische und religiöse Strafandrohungen; vor allem aber durch kulturelle brauchmäßige Überhöhung bzw. Absicherung von notwendigen Abläufen oder Tätigkeiten (Festlichkeiten oder/und Rituale bei Bittarbeit, gegenseitiger Hilfe, Gemeinwerk, bei juristischen und politischen Ereignissen wie Wahlen, Grenzgang, Beschlußfassung).

Daß es unter Benutzung der Orientierungsleistungen kultureller Systeme *möglich* ist, den Stoffwechsel mit der Natur nachhaltig und dauerhaft zu regeln, darauf kam es uns an, nicht auf eine flächendeckende Realisierung. Bei unseren Beispielen haben wir bewußt *nicht* gesagt: Die Menschen haben ..., sondern: Es gab Fälle, in denen ... Wir wollten damit betonen, daß es derartige *Möglichkeiten* als kulturelle Formen gab und gibt.

Dies einzusehen, schafft uns die Möglichkeit, die Menschen zu befreien aus den Klauen einer Theorie, die sie nur als „habgierige Mängelwesen" versteht und sie scheinbaren Sachzwängen unterwirft, auch wenn es die der Selbstzerstörung sind. Fortgeschrieben in eine mögliche Zukunft bedeutet dies: Sie ist denkbar auch ohne jene Öko-Diktatur, die viele hinter Wolfgang Harichs „umfassendem System rationierter Verteilung"[73] sehen, die wir aber auch erkennen hinter den denkmöglichen antihumanen Perspektiven der technizistischen Utopie der Moderne, für die durch Wachstum alles machbar erscheint, und die argumentiert: Weil der Mensch sich nicht „Sachzwängen" der Natur unterwerfen wolle, müßten in Zukunft „Milliarden von Menschen ... in großen Städten konzentriert werden, um die Natur fei und unberührt zu lassen."[74] Dann ist Natur wirklich nur noch gegen Eintrittskarte zu besichtigen. Und ob die „bewußte Schaffung lebenserhaltender Umweltsysteme" mittels „High-Tech"-Großtechnologie und regenerierbaren atomaren und solaren Energieformen wirklich die Wunden eben jener Großtechnologie und Massensiedlungen zu heilen vermag, bleibt fraglich.

Das gleiche gilt für den Übergang von der Produktions- in die Dienstleistungsgesellschaft: Sie bedeutet Verlagerung der Drecksdinge woandershin, und das schlägt irgendwann mit Sicherheit auf uns zurück – spätestens, wenn der tropische Regenwald die CO_2-Emissionen der Verbrennungsmotoren unserer Autos nicht mehr zu absorbieren vermag.

Wenn wir mit unseren Forschungen die Phantasie für die Entwicklung perspektivreicherer Alternativen anregen, dann können wir erkennen, daß die Kultur, wie Friedrich Engels in Berücksichtigung der Forschungen von Karl Nikolaus Fraas meinte, nur dann „Wüsten hinter sich zurückläßt", wenn sie „naturwüchsig fortschreitend und nicht beherrscht" bleibt.[75] Wir werden eine Haltung entwickeln können, bei der wir berücksichtigen, „daß wir keineswegs die Natur beherrschen, wie ein Eroberer ein fremdes Volk beherrscht ..., sondern daß wir mit Fleisch und Blut und Hirn ihr angehören und mitten in ihr stehen"[76] – ohne deswegen unsere Entwicklung als Gattungswesen aufzugeben.

Die Menschen zerstören nicht immer und nicht prinzipiell. Notwendiger Stoffwechsel mit der Natur kann auch so betrieben werden, daß eine neue Stabilität entsteht – freilich nur, wenn entsprechende Arbeit aufgewandt wird. „Das, was also der Kulturlandschaft an Stabilität fehlt, gleicht jeweils die Arbeit aus" – erst so wird „Natur an sich" zu „Natur für uns".[77] So ist *relative* Stabilität mit einer gewissen Statik möglich, die als „Ultrastabilität" auch nicht unbedingt alle Momente individueller oder gesellschaftlicher Entwicklung auszuschließen braucht.

SAVK= Schweizerisches Archiv für Volkskunde
ZfVK = Zeitschrift für Volkskunde

1 Überarbeitete Fassung eines Vortrages, gehalten am 8. Jänner 1986 am Institut für Volkskunde der Universität Graz.

2 Motiv für das Interesse an dem Thema ist somit nicht nur die Theoriefrage nach der relativen Eigendynamik des „Überbaues" gegenüber der „Basis" oder auch nach der Bedeutung des „subjektiven Faktors", „sondern auch die in der Kulturpolitik aufgestellte These, daß Kultur eine „Zukunftsinvestition" sei, die bei der Lösung brennender Fragen helfen könne; vgl. z.B. Hilmar *Hoffmann*, Kultur für Morgen. Frankfurt/M. 1985.

3 Wolfgang *Kaschuba* und Carola *Lipp*, Dörfliches Überleben. Zur Geschichte materiel-

ler und sozialer Reproduktion ländlicher Gesellschaft im 19. und frühen 20. Jhdt. (= Untersuchungen des Ludwig-Uhland-Instituts, 56). Tübingen 1982.

4 Gottfried *Korff*, „Heraus zum 1. Mai“. Maibrauch zwischen Volkskultur, bürgerlicher Folklore und Arbeiterbewegung. In: Richard van Dülmen, Norbert Schindler (Hgg.), Volkskultur, Frankfurt/M. 1984, S. 246-281, hier S. 254.

5 Arthur E. *Imhof*, Die verlorenen Welten. München 1984. S. 100 f., vgl. S. 16.

6 Vgl. z.B. Eduard *Hoffmann-Krayer*, Fruchtbarkeitsriten im schweizerischen Volksbrauch. In: SAVK 11, 1907, S. 238-269.

7 Maurice *Godelier*, Ökonomische Anthropologie. Reinbek b. Hamburg 1973, S. 52; – vgl. Robert *Kruker*, Inneralpine Transportprobleme und kulturelle Lösungsmuster. In: Schweizerische Zs. f. Geschichte, 29, Basel 1979, S. 101–123, hier S. 101 f.

8 Ulrich *Bentzien*, Bauernarbeit im Feudalismus (= Akad. d. Wiss. d. DDR, ZI f. Gesch., Veröffentl. z. Vkde. u. Kulturgesch. 67). Berlin 1980, S. 96; – vgl. zur allgemeinen Agrargeschichte Friedrich-Wilhelm *Henning*, Landwirtschaft und ländliche Gesellschaft in Deutschland. Bd. I, II, Paderborn u.a. 1978/79; – Günter *Franz* (Hg.), Deutsches Bauerntum im Mittelalter (= Wege der Forschung, 416). Darmstadt 1976. Interessant für unser Thema ist R. *Beck*, „Naturale Ökonomie“. Unterfinning 1721: Zur Ökologie dörflicher Produktion und Reproduktion im frühen 18. Jhdt. Phil. Diss. München 1984. Forschungshefte des Bayer. Nationalmuseums, 11; – vgl. Norbert *Schindler*, Jenseits des Zwangs? Zur Ökonomie des Kulturellen inner- und außerhalb der bürgerlichen Gesellschaft. In: ZfVk 81, 1985, S. 192-219, hier S. 217.

9 Günther *Franz* (Hg.), Quellen zur Geschichte des deutschen Bauernstandes im Mittelalter. Darmstadt 1974, S. 89.

10 Ulrich *Bentzien* (wie Anm. 8), S. 97.

11 Ulrich *Bentzien* (wie Anm. 8), S. 97; – dies gilt auch für einschlägige Sagen; – vgl. auch Karl *Lamprecht*, Deutsches Wirtschaftsleben im Mittelalter (1885/86). Neudruck Aalen 1960, Bd. 1. S. 464 ff.; – Alfons *Dopsch*, Die ältere Wirtschafts- und Sozialgeschichte der Bauern in den Alpenländern Österreichs. Oslo 1930, S. 132 f.

12 Adolf *Seiler*, Kirsche und Kirschbaum im Spiegel schweizerischer Sprache und Sitte. In: SAVK 4, 1900, S. 199-213, hier S. 211.

13 Ad(olf) *Seiler*, (wie Anm. 12).

14 Ad(olf) *Seiler*, (wie Anm. 12).

15 Vgl. J. *Keller-Ris*, Kulturgeschichtliches aus Felben bei Frauenfeld. In: SAVK 23, 1920/21, S. 180-188, hier S. 181, und S. *Meier*, Volkskundliches aus dem Frei- und Kelleramt (Zweite Reihe, VII). In: SAVK 24, 1923, S. 99-104, hier S. 102.

16 G. *Kuhn*, Zur Volkskunde von Maur (Kt. Zürich). IN: SAVK 24, 1923, S. 241-291, hier S. 270.

17 Ernst *Buss*, Die religiösen und weltlichen Festgebräuche im Kanton Glarus. In: SAVK 4, 1900, S. 245-308, hier S. 295.

18 Vgl. Anni *Waldmeier-Brockmann*, Sammelwirtschaft in den Schweizer Alpen ... Wildheu. In: SAVK 38, 1941, S. 219-269, und 39, 1941/42, S. 1-39; – Alois *Blättler*, Alpwirtschaft und Wildheuen im Erstfeldertal. In: SAVK 42, 1945, S. 129-163, hier S. 143; – Robert *Marti-Wehren*, Volkskundliches aus Saanen ... In: SAVK 42, 1945, S. 229-256, hier S. 245 f.; – Richard *Wolfram*, Das Radmähen. In SAVK 44, 1947, S. 270-278, hier S. 277; – Ders., Radmähen oder Kreishauen. In: SAVK 50, 1954, S. 35 f.; – vgl. zum Wildheu auch: Christian *Lorez*, Bauernarbeit im Rheinwald. Basel 1943; u.v.a.

19 Edit *Fél* und Tamás *Hofer*, Bäuerliche Denkweise in Wirtschaft und Haushalt. Göttingen 1972, S. 183.

20 Edit *Fél* und Tamás *Hofer* (wie Anm. 19), S. 292 f.

21 Vgl. Arnold *Niederer*, Gemeinwerk im Wallis. Basel 1956.

22 Vgl. zum Holztragen Arnold *Niederer* (wie Anm. 21), S. 21, und zu anderen Fällen Robert *Kruker* (wie Anm. 7) und die in Anm. 8 genannte Literatur zum Wildheu.

23 Vgl. F. G. *Stebler*, Die Vispertaler Sonnenberge. In: Jb. d. Schweizer Alpenclub 56. Jg. 1921, S. 1-144, hier S. 78 f. und F. L. *Hoffmann*, Der Gadriabach bei Laas im Vintschgau. In: Zs. d. dt. u. österr. Alpenvereins, 1885, S. 90-107, hier S. 105 f.

24 Vgl. F. G. *Stebler* (wie Anm. 23), S. 73, vgl. auch L. *Rütimeyer*, Über einige archaistische Gerätschaften und Gebräuche im Kanton Wallis und ihre prähistorischen und ethnographischen Parallelen. In: SAVK 20, 1916, S. 283-372, hier S. 293; – Ders., Weitere Beiträge zur schweizerischen Ur-Ethnographie ... In: SAVK 22, 1918/19, S. 1-59.

25 C. *Pult*, Volksbräuche und Volkswohlfahrt. In SAVK 20, 1916, S. 259-273, hier S. 269 f. – Anderswo verrichten nur zwei Personen die gleiche Arbeit, vgl. Ambros *Sonder*, Das ländliche Leben der Unterengadiner Ge-

meinde Tschlin (Schleins) im Spiegel der Sprache. In: SAVK 40, 1942/44, S. 127-238, hier S. 210; – vgl. auch: Hermann *Wopfner*, Bergbauernbuch. Innsbruck – Wien – München 1951; – Erika *Hubatschek*, Bauernwerk in den Bergen. Innsbruck (1961).

26 Günther *Franz* (wie Anm. 9), S. 117.

27 Edit *Fél* und Tamás *Hofer* (wie Anm. 19), S. XV, S. 19.

28 Edit *Fél* und Tamás *Hofer* (wie Anm. 19), S. 24 f.

29 Edit *Fél* und Tamás *Hofer* (wie Anm. 19), S. 160 f.

30 Edit *Fél* und Tamás *Hofer* (wie Anm. 19), S. 161 f.

31 Edit *Fél* und Tamás *Hofer* (wie Anm. 19), S. 164.

32 Edit *Fél* und Tamás *Hofer* (wie Anm. 19), S. 193 und S. 298.

33 Edit *Fél* und Tamás *Hofer* (wie Anm. 19), S. 164 und S. 413 ff.

34 Edit *Fél* und Tamás *Hofer* (wie Anm. 19), S. 169.

35 Edit *Fél* und Tamás *Hofer* (wie Anm. 19), S. 171.

36 Vgl. Arnold *Niederer* (wie Anm. 21), S. 75; – Herbert *Maeder* und Robert *Kruker*, Hirten und Herden. Alpkultur in der Schweiz. Olten 1983, S. 39.

37 Karl *Bücher*, Arbeit und Rhythmus. Leipzig 1899.

38 Viktor von *Geramb* (Hg.), Die Knaffl-Handschrift, eine obersteirische Volkskunde aus dem Jahr 1813. Berlin – Leipzig 1928.

39 Vgl. Ilka von *Peter*, Tanz und Spiel nach dem Abdreschen. In WZV 48, 1943, S. 5-9, hier S. 5.

40 Edit *Fél* und Tamás *Hofer* (wie Anm. 19), S. 2.

41 Edit *Fél* und Tamás *Hofer* (wie Anm. 19), S. 171.

42 Edit *Fél* und Tamás *Hofer* (wie Anm. 19), S. 4.

43 Edit *Fél* und Tamás *Hofer* (wie Anm. 19), S. 1.

44 Edit *Fél* und Tamás *Hofer* (wie Anm. 19), S. 1.

45 Edit *Fél* und Tamás *Hofer* (wie Anm. 19), S. 3.

46 Edit *Fél* und Tamás *Hofer* (wie Anm. 19), S. 3.

47 Richard *Weiss*, Alpiner Mensch und alpines Leben in der Krise der Gegenwart. In: Die Alpen 1957, S. 209-224; vgl. zur Selbstversorgung auch Otto *Stettler*, Grächen. Ein Walliser Bergdorf. In: Die Alpen 1928, S. 321-344, hier S. 335.

48 Richard *Weiss* (wie Anm. 47), S. 221.

49 Vgl. Robert *Kruker* (wie Anm. 7), S. 120 f.

50 Fred *Hirsch*, Die sozialen Grenzen des Wachstums. Reinbek b. Hamburg 1980, S. 167 f. und S. 195 f.

51 Vgl. Robert *Kruker* (wie Anm. 7), S. 210 f.

52 Hartwig *Peetz*, Wie die Berge noch von Alpen-Wirtschaft reden. In: Zs. d. dt. u. österr. Alpenvereins 1877, S. 99-105, hier S. 101 f.

53 Max *Lüthi*, Aspekte der Blümlialpsage. In: SAVK 76, 1980, S. 229-243, hier S. 232.

54 Max *Lüthi* (wie Anm. 53), S. 234.

55 Max *Lüthi* (wie Anm. 53), S. 234.

56 Vgl. Lutz *Röhrich*, Sage und Märchen. Erzählforschung heute. Freiburg 1976, S. 142 ff.

57 Max *Lüthi* (wie Anm. 53), S. 235.

58 Thomas *Metscher*, Kunst, Kultur, Humanität, Bd. 1, Studien zur Kulturtheorie, Ideologietheorie und Ästhetik. Fischerhude 1982, S. 133.

59 Thomas *Metscher* (wie Anm. 58), S. 133 f.

60 Thomas *Metscher* (wie Anm. 58), S. 134.

61 Thomas *Metscher* (wie Anm. 58), S. 168.

62 Vgl. Arne *Raeithel*, Mutter, Vater und Wunschmaschinenkinder. In: Debatte (Düsseldorf) 4, 1985, S. 47-54, hier S. 50.

63 Thomas *Metscher*, Der Friedensgedanke in der euorpäischen Literatur. In: Kunst, Kultur, Humanität. Bd. 2, Fischerhude 1984, S. 151; – vgl. Tschingis *Aitmatow*, Der weiße Dampfer. Frankfurt/M. 1972.

64 Tschingis *Aitmatow*, Märchen für Mutige. Interview mit Ludwig Janssen. In: Rote Blätter 12, 1985, S. 48-52, hier S. 50.

65 Vgl. Ulrich *Bentzien* (wie Anm. 8), S. 54.

66 Werner *Bätzing*, Die Alpen. Naturbearbeitung und Umweltzerstörung. Frankfurt/M. 1984, S. 120.

67 Werner *Bätzing* (wie Anm. 66), S. 128.

68 Werner *Bätzing* (wie Anm. 66), S. 128, vgl. S. 46.

69 Werner *Bätzing* (wie Anm. 66), S. 36.

70 Ulrich *Bentzien* (wie Anm. 8), S. 96.

71 Vgl. neben *Bentzien* z.B. Hartwig *Peetz*, Vom Weiland der ostbairischen Alpwirte. In: Zs. d. dt. u. österr. Alpenvereins, 1888, S. 61-72, hier S. 66; – Ders., Alprecht. In: Ebd., 1889, S. 1-18; – John *Frödin*, Zentraleuropas Alpwirtschaft. 2 Bde., Oslo 1940/41.

72 Peter *Rosegger*, Mein Weltleben. Leipzig 1906, S. 215.

73 Vgl. Iring *Fetscher*, Überlebensbedingungen der Menschheit. München 1980, S. 60.

74 D. *Willier*, Global 2000, optimistisch betrachtet. In: Die Tageszeitung (TAZ) vom 20.12.1985, S. 5, bezogen auf einen Zukunftskongreß in Stuttgart 1985.

75 Iring *Fetscher* (wie Anm. 73), S. 133.

76 Zit. Iring *Fetscher* (wie Anm. 73), S. 139 (MEW 20, S. 453).

77 Vgl. Werner *Bätzing* (wie Anm. 66), S. 11 f., vgl. S. 119 f.

3.
Die Pferde des Bauern von Unterfinning oder: Warum mir eine integrale Kulturwissenschaft wichtig ist

1. Die Aufklärung schlägt zurück

Wissenschaft begleitet die Wirklichkeit. Weder vermag sie dabei diese in ihrer ganzen Komplexität zu begreifen, noch kann sie ihr den Weg weisen. Das sind die Einschränkungen, deren Wissenschaftler sich bewußt sein müssen. Sie brauchen sich jedoch deswegen nicht entmutigen zu lassen: Radikalität und Ehrlichkeit des Denkens sind wie eh und je gefragt, und sie sind für die Identität des Wissenschaftlers wichtiger als soziale Anerkennung und Karriere.

Die jüngste Vergangenheit hat gezeigt, wie auch und gerade der entwickeltste und aufwendigste Wissenschaftsbetrieb viel mehr im Nachhinein auf Problemlagen reagierte als sie auf breiter Ebene vorauseilend zu thematisieren. Die ökologische Literatur ist voll von Klagen über die zögernde und verspätete Reaktion der etablierten Disziplinen und die Unfähigkeit des heutigen Wissenschaftsbetriebes, die notwendigen Formen integraler Interdisziplinarität zu entwickeln.[1] Und die Krise des Sozialismus ist weder von den professionellen Wissenschaftlern in dessen eigenen Ländern, noch von denen in anderen angemessen begriffen, geschweige denn prognostiziert worden (nur einige Sparten der Geheimdienste in den unterschiedlichen Weltteilen scheinen da erfolgreicher gewesen zu sein...).

Intellektuelle, wenn sie den Kontakt mit der unabhängig von ihnen sich verändernden Realität nicht verlieren wollten, haben in den letzten Jahrzehnten eine Anzahl von Lernprozessen nachvollziehen müssen. Bitter (oder, vielmehr, in der Wohlstandsgesellschaft ganz schön abgepolstert – die Bitternis haben wir anderen überlassen) haben wir einige Lektionen zur Dialektik der Aufklärung gehabt: Auch die schönsten Hoffnungen gehen mit ihrem Gegenteil schwanger. Selbst wenn wir jetzt Abschied genommen haben von der Illusion, Wachstum löse alle Probleme (die Praxis hinkt da wohl noch nach), so stehen andere Lektionen noch ins Haus: Vielleicht auch solche über die Bedeutung gesellschaftlicher Stabilität und die zu ihrer Sicherung notwendigen Strukturen.

Natürlich ist das Ziel der „vernünftigen Einrichtung der Menschheit unter die Form universaler Rationalität“[2] im Lichte der „Dialektik der Aufklärung“ zu sehen, weil wir befürchten müssen, daß die vollends aufgeklärte Erde strahlt im Zeichen „triumphalen Unheils“[3] (ich weiß nicht, ob Horkheimer und Adorno 1944 schon wußten von dem, was in Los Alamos zusammengebraut wurde).

2. Eine Chance für alle als Voraussetzung für jeden

Ich beharre dennoch auf einer Kontinuität der Ziele: Es geht um eine humane Gesellschaft, um entwickelte Lebenschancen für *alle*, und dies weltweit. Sich daran zu orientieren, gehört heute zur Sicherung der Überlebenschancen für die Gattung, weil niemand, keine Bevölkerung mehr auf Dauer sich das Recht sichern kann, auf Kosten anderer über Privilegien zu verfügen. Wenn die Arbeiterbewegung einst aufgebrochen war, um die Ziele von Klassik und französischer Revolution (darin aufgehoben immer noch die humanen Versprechungen des Christentums) „Freiheit, Gleichheit, Brüderlichkeit" (und Schwesterlichkeit) als spannungsreiche Triade in der brutalen Realität der entstehenden Industriegesellschaft zum Programm werden zu lassen, so ist heute weder das Ziel erreicht (nicht einmal in den Prosperitätsgesellschaften, geschweige denn weltweit), noch ist es obsolet geworden. Mag auch derzeit niemand mehr wissen, was Sozialismus ist (und mag der Rigorismus sich bekämpfender und sich gegenseitig ausschließender gesellschaftspolitischer Modelle gebrochen sein) – die Alternative „... oder Barbarei" als Gegenpol humaner Entwürfe besteht weiter. Elitäre Konzepte, so sehr man mit ihnen rechnen muß, bieten genausowenig eine Lösung wie individuelle esoterische Fluchten.

Es wäre nicht zu verwundern, wenn in einer Situation, in der manche Kulturproduzenten das Scheitern ihrer voluntaristischen politischen Illusionen von einst mit dem Rückzug ins Elitäre kompensieren, auch ein intellektuelles Potential für einen neuen Sozialdarwinismus entstünde. Angesichts der weltweiten Krise egalitärer Modelle (die heute viele Intellektuelle ähnlich emphatisch als „Ende des Sozialismus" und des „Totalitarismus" begrüßen, wie ihresgleichen die Krise von 1929/30 als „Ende des Kapitalismus" feierten) wächst notwendigerweise die Empfänglichkeit für neues Elite-Denken – zumal, wie leicht einzusehen ist, die Segnungen der Prosperitäts-Gesellschaft so frei wählbar nicht für alle sein dürften: Nicht einmal der Sauerstoff reicht für jedermanns Porsche. Wenn gesprochen wird von der Gefahr eines „Wohlstandschauvinismus", dessen Protagonisten ihre Lebensstile mit allen Mitteln, auch unter Preisgabe des humanistischen Grundkonsenses, verteidigen werden, dann liegt das auf dieser Linie.[4]

In den Krisen und Konjunkturen der unterschiedlichen traditionellen Modelle insistiere ich auf den humanistischen Zielen als nicht nur ethisch, sondern angesichts von Massenvernichtungswaffen in einer konfliktgefährdeten Welt auch schlicht pragmatisch zu begründenden Maßstäben. Annäherungen an Ziele dieser Art realisieren sich in keinem Automatismus: Wie gesellschaftliches Eigentum an Produktionsmitteln weder diese Ziele, noch einen schonenden Umgang mit Ressourcen als Voraussetzung für „dauerhafte Entwicklung"[5] oder „Nachhaltigkeit"[6] garantiert, so auch nicht die Marktwirtschaft. Allenfalls in ihrer ordnungspolitischen Gestaltung[7], nicht in ihrem Selbstlauf hat sie unter günstigen Bedingungen für eine „soziale Zähmung" des Kapitalismus gesorgt. Ihre ökologische Zähmung (die „Ökologiepflichtigkeit", wie Kurt H. Biedenkopf dies nennt) wird mindestens ähnlich schwierig (und kann scheitern).

Diejenigen, die sich heute in den Trümmern ihrer Hoffnungen einrichten müssen, haben den Vorteil der verlorenen Utopie. Sie wissen, daß die Hoffnung auf den „neuen Menschen" trügerisch war, und daß wir nur mit dem alten eine Chance haben: Er hat zwar in seiner Geschichte eine Menge von neuen Situationen produktiv bewältigt (was uns hoffen läßt) und dabei immer neue Spektren seiner Möglichkeiten ausgelotet, ist aber (glücklicherweise?) seiner Art treu geblieben. Der bleibende Ertrag aus den Prozessen des Scheiterns mag Skepsis sein gegenüber allen rezepthaften „endgültigen" Lösungen: Wir können nicht warten, bis alle kommunistisch, katholisch, islamisch oder sonstwie fundamentalistisch sind. Wir haben nur eine Chance mit den Menschen, wie sie sind. Autoritäre Lösungen gleich welcher Art können keine Perspektive sein.

3. Herausforderungen für Wissenschaftler

In dieser Situation liegt jenseits von akademischer Selbstgenügsamkeit eine Fülle von neuen Themen auch für die Kulturwissenschaft. Sie lassen neue Formen kulturwissenschaftlicher Reflexion in der Begleitung gesellschaftlicher Neu-Orientierungsprozesse geboten erscheinen. Der ökologische Diskurs gehört für mich dazu; bei ihm läßt sich von einer ausgeprägten „kulturwissenschaftlichen Lücke" sprechen[8]: Naturwissenschaftliche, soziale, historische Aspekte wurden bisher wesentlich besser und ausführlicher thematisiert als kulturelle, obwohl gerade sie wichtige Schlüssel für Verständnis und Lösung bedeuten können. Sich solchen Themen zu widmen, bedeutet nicht eine Abkehr von sozialen Problemen und Fragen – sie behalten ihre Relevanz und erhalten neue Bedeutung auch im „ökologischen" Diskurs, der in Wirklichkeit keiner um das Mensch-Natur-Verhältnis ist, sondern einer um „dauerhafte Entwicklung" oder „Nachhaltigkeit".

Die Lebensweise muß den Ansprüchen dauerhafter Entwicklung genügen. Und umgekehrt: Nur wenn eine entsprechende Lebensweise entwickelt wird, die alle wesentlichen Bedürfnisse abzudecken vermag (und dementsprechend nachvollzogen und akzeptiert werden kann), dann hat „dauerhafte Entwicklung" eine Chance, und nur dann läßt sich der immanente Zwang zum gemeinsamen Selbstmord überwinden, von dem einige meinen, er sei der Gattung eigen.

4. Pferde und Autos: Was macht das Leben angenehm?

Die Bauern des oberbayerischen Dorfes Unterfinning, zu Beginn des 18. Jahrhunderts[9] auf mageren Böden mit Aufbietung aller Kräfte ihr Leben fristend (aus einem ausgesäten Korn gewannen sie kaum mehr als drei Körner an Ernte), leisteten sich traditionell einige wenige Formen von Luxus: Etwa sechsmal im Jahr Fleisch, immer zu Fest-Anlässen[10] (und natürlich waren Kultus und Kirche notwendige Katalysatoren für solche Feste, weshalb es unbeschadet all ihrer Funktionen als Repräsentantin von Herrschaft möglich ist, den Zehnten für die Kirche als eine Art bewußt aufgebrachten Luxus zu betrachten, zumal die Religion mit Ritualen, Gewitterläuten, Bittprozessionen und anderem bei der psychischen Organisation des Alltags half – schon die klassische Formel von der Religion als „Opium des Volkes" macht darauf aufmerksam). Und es gab einen Luxus, den sich, wer irgend konnte, als Traumziel leistete: ein Pferd.[11]

Es gibt vermutlich wenig daran zu deuteln: Ochsen sind trotz aller möglichen Rechtfertigungen für den Pferdebesitz angspruchsloser und zudem risikoärmer, weil sie, anders als Pferde, nicht dazu neigen, sich zu überanstrengen, und auch noch als Schlachttier besser zu nutzen sind als ein Pferd. Aber der Wunsch nach einem Pferd scheint bei vorindustriellen Bauern so ubiquitär gewesen zu sein wie bei uns derjenige nach dem Auto (und sich diese Parallele vor Augen zu halten scheint sinnvoll, wenn wir heute nach Wegen suchen, mit dem „Moloch Verkehr" umzugehen).

Nicht zuletzt dank der Existenz eines solchen Rahmens von realistisch erreichbaren Luxus-Bedürfnissen besteht kein Anlaß, zu vermuten, diese Bauern hätten keine Chance gehabt, ein als genußvoll empfundenes Leben zu führen. In den Maßstäben ihrer subsistenz- (und nicht wachstums-) orientierten Existenz gab es vermutlich ähnlich viele Möglichkeiten, glücklich zu sein, wie in anderen Lebensumständen. Jürgen Kuczynski hat angesichts von Angst und Lebensleid in vorindustriellen Gesellschaften zu Recht gemeint, es sei trotz deren gesellschaftlicher Relevanz schwer, sich eine Jugend vorzustellen, die nicht geneigt gewesen wäre, ihr Leben und ihre Lebenslust zu genießen.[12] Wohlstand und Wohlbefinden sind, einigermaßen gedeckte Grundbedürfnise vorausgesetzt, nicht linear gekoppelt; Glück wächst, wie auch empirische Studien gezeigt haben, nicht mit dem Bruttosozialprodukt oder der Ausstattung der Haushalte mit langlebigen Gebrauchsgütern.[13]

Natürlich darf eine solche Interpretation nicht zu einem Lobpreis der Armut, zu Ideologisierung des Glückes in der ärmlichen Hütte verführen. Aber, will man nicht der gängigen und dank der Bestimmungs- und Definitionsmacht der interessierten Kräfte verfestigten Illusion von mehr Wohlbefinden als automatischer Folge von mehr Wohlstand anheimfallen, werden solche Gedanken erlaubt, ja sogar geboten sein.

Festzuhalten ist: Nicht Form und Inhalte der Bedürfnisse selbst, auch nicht die prinzipielle Offenheit der Bedürfnisstruktur sind es, die konkret die Dauerhaftigkeit der Lebensweise gefährden, sondern es sind jeweils historisch konkrete Formen der Relation von Bedürfnissen und Subsistenz, die über Dauerhaftigkeit oder Labilität sozialkultureller Strukturen entscheiden, soweit die Lebensweise damit verbunden ist. Und: „Dauerhafte Entwicklung" bedeutet nicht Askese und Verzicht, sondern genuß- und glücksfähige Lebensweise, bei der jedoch die Standards der Nutzung die „Nachhaltigkeit" berücksichtigen.

5. Lebensweise und Lebensstile

Der sozialkulturelle Bereich ist derjenige, in dem Privates ins Politische und Gesellschaftliche umschlägt. Persistente Bedürfnisse und Standards sind einerseits die Voraussetzung für die Existenz von gesellschaftlichen Strukturen. Auch die vollendete Marktwirtschaft kann sich nicht mit der Selbstorganisation des Marktes begnügen, sondern ist auf das Weiterleben vorindustrieller Werte angewiesen. Selbst die „vernünftigsten" Programme von „Modernisierung" brechen zusammen, wenn sie nicht spezifischen tiefsitzenden Standards der Vorstellung vom „anständigen Leben" gerecht werden. Daß zu ihnen auch solche des „anständigen Begräbnisses" gehören, spielte z.B. bei den Josephinischen Reformen eine Rolle: Die Verordnung, der Holzersparnis wegen die Toten wie bei den Mohammedanern in einem Leinentuch zu beerdigen (bzw. den nach unten zu öffnenden, vielfach verwendbaren „Sparsarg" zu verwenden), stieß auf derart heftigen Widerstand, daß sie schnell wieder fallen gelassen wurde.[14]

Die „privaten" Strukturen der Lebensweise schlagen auch dann ins Politische um, wenn individuelle Standards sich allmählich, aber nachhaltig ändern: Mit einem Mal wird erkennbar, daß die Gesellschaft nicht mehr die gleiche ist.[15] Mit „Gemeinschaft und Tradition" ist solchen Prozessen nicht beizukommen.

Gewiß, all das ist auch Thema von Soziologen, Politologen (und Marktforschern!). Die Lebensstil-Forschung[16] hat entsprechende Themen aufgegriffen, und sie stellt auch die Frage nach der Definitionsgewalt über entsprechende Standards und Werte (eine Frage, die nicht beantwortbar ist ohne eine neue, komplexere und kritischere „politische Ökonomie"). Aber der Wechsel der „Patterns of Culture", von Standards der Lebensweise, von Werten und Normen ist auch ein genuin kulturwissenschaftliches Thema.

Im Ökologie-Diskurs (ebenso wie in dem der „Friedensfähigkeit") ist dieses Thema enthalten. Standards der Lebensweise dürfen nicht langfristig in Widerspruch zu den Ressourcen der Subsistenz stehen, sonst brechen die entsprechenden Gesellschaften aus (indem sie expansiv werden) oder zusammen. Wenn, wie es in den Interpretationen der ökologischen Anthropologie heißt, „Kultur" und „Ökosystem" in einer unauflöslichen funktionalen Beziehung zueinander stehen[17], dann haben jene Gesellschaften, die überdauern, auf die eine oder andere Weise durch „Koevolution" mit ihrer Umwelt entsprechende Standards erreicht.

Kulturwissenschaftliche Themen gewinnen auch in den zeitgenössischen nationalen Aufgeregtheiten an Bedeutung: Wenn Nationalismus und Minderheiten- bzw. Fremdenfeindlichkeit an Bedeutung zunehmen und mit ihrem Konfliktpotential nicht mehr behrrschbare soziale und militärische Krisen hervorrufen können, dann wächst z.B. das Interesse an Beispielen gelebter Multikulturalität.[18] In einer Gemengelage unterschiedlicher politischer und ökonomischer Interessen wird heute ohnehin die Aufmerksamkeit auf die Sicherung des friedlichen Zusammenlebens in einer als produktiv und nützlich empfundenen kulturellen Vielfalt gelenkt.

Es muß ferner darüber nachgedacht werden, wie denn die angesichts des Verzichts auf universalistische Wege nahegelegte Orientierung auf unterschiedliche *Modelle* menschlichen Zusammenlebens so zu einer Lebensform gestaltet werden kann, daß darin eine gemeinsame globale Verantwortung politikfähig wahrgenommen werden kann, und daß die unterschiedlichen „Modelle“ menschlicher Gesellschaften parallel existieren können, ohne von der Dynamik potenter nationaler Ökonomien und der Dynamik des „starken Geldes“ gegenseitig destabilisiert und aufgelöst zu werden (wie der zweite deutsche Staat nach dem Ende des Kalten Krieges, der daran und an seinen eigenen Widersprüchen zugrunde ging). Lösungen zu verlangen, wäre sicher zuviel, aber gewonnen wäre schon viel, wenn man sich wenigstens vorstellen könnte, wie so etwas aussehen kann.

Themen dieser Art machen Kulturwissenschaft als integrale Kulturforschung interessant. Damit wird die seit der Falkensteiner Tagung von 1970 latente Fachbenennungs-Diskussion für die ehemalige Volkskunde wieder aktuell. Die österreichischen Volkskunde-Studenten haben sie erneut thematisiert.[19] Sie wird umso eher und umso besser lösbar, je mehr die Praxis der Wissenschaftler neue produktive Verbindungen zwischen alten und neuen Themen und Stoffen kultureller Prozesse herstellt.

6. Eine integrale Kulturwissenschaft

Das Beispiel von Unterfinning stammt aus der ausgezeichneten Arbeit eines Historikers, der anhand der zeitgenössischen Quellen eine detaillierte Rekonstruktion der sozialen Ökonomie dieses Bauerndorfes um 1720 versucht hat. Das Thema der Luxusbedürfnisse taucht dabei nur am Rande auf: Für ihn ist es nicht sonderlich wichtig; Bedürfnisstruktur und Sozialkultur gehören nicht zu seinem Thema. Sie *wären* aber eines – nämlich das der Kulturwissenschaft (Kulturanalyse, Kulturforschung). Hier sind Ausgangspunkte für spannende gegenwartsnahe interdisziplinäre und von der Kulturwissenschaft befruchtbare Diskussionsprozesse. Mein Bedürfnis ist daher die Entwicklung von Ansätzen für eine *integrale* Kulturwissenschaft.

Ein Aspekt dabei wäre, das kulturhistorische Material aufzuschließen für die Frage nach der Art und Weise, wie andere Gesellschaften und Kulturen ihre Dauerhaftigkeit und Nachhaltigkeit sicherten (und inwieweit ihnen derartiges überhaupt zum Thema wurde). Historiker gehen beim Stellen der Fragen und der konkret-historischen Aufarbeitung sicher *anders* vor. Es muß der Ansatz einer integralen Kulturwissenschaft dazu taugen, sowohl vorindustrielle, weniger komplexe Gesellschaften mit hohem Autarkiegrad von Haushalten und eher kleingewerblich-kleinräumlicher Produktion zu beschreiben wie auch die Verhältnisse in hochkomplexen Industriegesellschaften (samt allen Misch- und Übergangsformen).

Thema einer integralen Kulturwissenschaft wären Form, Inhalt und Entstehungsweise von Kultur und Lebensweise der Bevölkerung. Damit beschäftigt sich keine andere Disziplin so vollständig und integral, wie dies wünschenswert ist. Es gehören dazu Fragen, wie sie in jüngerer Zeit häufiger thematisiert wurden, z.B. auf der Ebene der Lebensweise: Wie strukturiert sich die alltägliche Lebensweise der Bevölkerung? Nicht nur geht es darum, wie sie aussieht – das ist eine banale Frage; die Beschreibung mag zwar teilweise die Voraussetzung sein, um hinter die Strukturen zu kommen, aber wenn ich nicht wenigstens eine Ahnung von den Strukturen habe, kann ich noch nicht einmal die relevanten Elemente beschreiben. Es geht um die Mechanismen der Entstehung und Absicherung der Werte und Standards des Alltagslebens (wer hat die „Definitionsmacht“? Wie sehen die Sanktionen aus, mit denen sie gesichert werden?). Es geht um Lebensweise und Alltag in all ihrer Komplexität, im Zusammenhang von Produktion und Konsumtion, Regeneration und Reproduktion, Sozialisation und Individuation, Moden und Traditionen.

Kultur ist keine automatische Folge materieller Strukturen, kein bloßer „Überbauvollzug" vorgegebener Elemente, sondern eine von Wertorientierungen, Traditionen (den Vorstellungen vom „anständigen Leben") geprägte Auswahl von Realisierungen, die ihrerseits wieder sich auswirken auf den weiteren Fortgang der Kultur und der Gesellschaft. Für die Kulturwissenschaft ist dabei nicht die *Beschreibung* der jeweiligen Auswahl das Interessanteste, sondern die Analyse des Prozesses der Auswahl und des Zustandekommens von Strukturen, Spezifika und Eigentümlichkeiten. Diese Auswahl ist beeinflußt von (historisch ableitbaren) Kriterien wie Tradition, Werte, Normen usf., und von wirkenden Faktoren wie Markt, Politik usf.

Nicht mechanische Regeln wie „Kulturfixierung", „Folklorisierung" oder ähnliches, die Einzelphänomene in „Theorien mittlerer Reichweite" zu beschreiben versuchen, sind dabei wichtig, sondern Strukturen und Prozesse.

Einst, in Falkenstein 1970, wurde das diskutiert unter Stichworten wie: „Erkenntnis der Wirkungsweisen von Mechanismen kulturaler Partikularsysteme" oder „bedingende Ursachen" und „begleitende Prozesse" „kulturaler Werte in Objektivationen und Subjektivationen".[20] Was den allgemeinen Kulturalismus-Diskurs anbetrifft, so ist das Selbstbewußtsein des Kulturellen inzwischen eher gestiegen: Angesichts bedrohlicher materieller Trends, angesichts der unbeherrschten Dynamik materieller Prozesse ist das Interesse an der aktiven Rolle kultureller Faktoren ausgeprägt gestiegen. Neben das Interpretament von dem Sein, welches das Bewußtsein bestimmt, ist das Interesse an der Dialektik zwischen beiden, an der aktiven Rolle der kulturalen Werte getreten (und entsprechend anders könnte der Beitrag der Kulturwissenschaft bei der Diskussion um Lösungen heute aussehen).

Es wäre an der Zeit, auch aus der ehemaligen Volkskunde heraus eine solche komplexe integrale Vorstellung von Kulturforschung oder Kulturwissenschaft zu entwickeln, die sich nicht auf die Empirie beschränken darf, sondern auch eine ausgeprägt theoretische Seite braucht. Herausgekommen sind vorerst nur Modernisierungen des Kanons in Einzelstücken. Die Totalreformer von einst haben sich in den Detailreformen festgebissen. Oder?

7. Angewandte Wissenschaft?

Kulturelle Wertsysteme und Bedürfnisentwicklung in Alltag und Lebensweise mit Fragestellungen und Hypothesenbildungen anzugehen, die sich auf gegenwärtige Problemlagen beziehen, hat wenig zu tun mit Opportunismus oder Instrumentalisierung von Wissenschaft, schon gar nichts mit deren Politisierung. Es hat aber sehr viel zu tun mit dem Abschied vom Elfenbeinturm (und mit der Abkehr von einem Wissenschafts- und Universitätsbetrieb, der für die Subjekte primär nur interessant ist als Institution, in der mit Hilfe von Formalqualifikationen sowie Wohlverhalten Karriere- und Einkommenschancen zugeteilt werden). Erkenntnis-Interesse und wissenschaftliches Ethos werden wieder neu gewichtet, und mit Selbstverständlichkeit beanspruchen die Forschenden unabhängig von Verwertbarkeit und Wohlverhaltenszwang die volle Souveränität über ihre Themen und Ergebnisse – für mich resultiert dieser Anspruch auch daraus, daß mir meine produktive Zeit zu schade ist für Dinge, die mir nicht wirklich wichtig sind.

Es ist eine Menge produktiver und kreativer wissenschaftlicher Arbeit zu leisten bei der Auseinandersetzung mit der Gegenwart – schon der Vergleich der Pferde der Bauern von Unterfinning mit dem Auto von heute deutet dies an, bezogen auf die Diskussion um die gesellschaftliche und ökologische Relevanz von Wertsystemen und Standards. Es geht ja nicht nur gönnerhaft darum, den Bauern von Unterfinning den kleinen Luxus ihrer Pferde zuzugestehen, sondern es gilt, ohne die Perspektive „dauerhafte Entwicklung" aus dem Auge zu verlieren, unterschiedliche Standards als Element einer notwendigen Vielfalt der Lebensformen tolerierbar werden zu lassen – auch solche, die auf den ersten Blick den eigenen Überzeugungen und Wertvorstellungen konträr sind.

Ich habe versucht, mein aktuelles Interesse an einer integralen Kulturwissenschaft zu begründen und ihren Rahmen zu beschreiben. Es ist diejenige Form wissenschaftlicher Tätigkeit, die zu betreiben und zu vermitteln mir derzeit befriedigend, wichtig und motivierend ist. Wenn andere sich in einigen Aspekten darin wiederfinden, in anderen Dissens entwickeln, dann sollten wir darüber diskutieren.

1 Vgl.: Soziale Ökologie. Gutachten zur Förderung der sozial-ökologischen Forschung in Hessen. Forschungsgruppe Soziale Ökologie Frankfurt am Main 1987.

2 Kreuznacher Hochschulkonzept. Reformziele der Bundesassistentenkonferenz. Bonn 1968, zitiert in *Dieter Kramer:* Wem nützt Volkskunde? In: Zeitschrift für Volkskunde 66/1970, S. 1-16, S. 4 (s. Beitrag Nr. 10).

3 *Theodor W. Adorno, Max Horkheimer:* Dialektik der Aufklärung. In: M. Horkheimer: Gesammelte Schriften Bd. 5. Frankfurt am Main 1987, S. 1-288, S. 25.

4 Vgl. über das Ende des Humanismus: *Ina Maria Greverus:* Die Enträumlichung der Gefahr. In: Zeitschrift für Volkskunde 86/1990, S. 14-24, S. 20.

5 Das ist die zentrale Formel des UN-Berichtes: Unsere gemeinsame Zukunft. Der Brundtland-Bericht der Weltkommission für Umwelt und Entwicklung. Greven 1987.

6 Dieser aus der Forstwissenschaft übernommene Begriff taucht in jüngster Zeit immer häufiger in einschlägigen ökologisch-ökonomischen Diskussionen auf, vgl. z.B. auch *Karl-Hermann Tjaden:* Mensch-Gesellschaftsformation – Biosphäre. Über die gesellschaftliche Dialektik des Verhältnisses von Mensch und Natur. Marburg 1990.

7 Vgl. *Kurt H. Biedenkopf:* Zeitsignale. München 1989.

8 Die folgenden Überlegungen knüpfen an meine Wiener Vorlesung vom Sommer 1990 an; vorausgegangene Veröffentlichungen sind *Dieter Kramer:* Die Kultur des Überlebens. In: Österreichische Zeitschrift für Volkskunde 89/1986, S. 209-226 (s. Beitrag Nr. 2), und ders.: Kulturwissenschaft und Ökologie. In: Pöbel (Fachschaft Volkskunde, Göttingen), Jg. 4 H. 1, 1989, S. 29-53.

9 *Rainer Beck:* Naturale Ökonomie. Unterfinning: Bäuerliche Wirtschaft in einem oberbayerischen Dorf des frühen 18. Jahrhunderts. München, Berlin 1986.

10 Ebd., S. 136.

11 Ebd., S. 116; vgl. zur Vorteilsabwägung zwischen Ochsen und Pferden *Edit Fél, Tamás Hofer:* Bäuerliche Denkweise in Wirtschaft und Haushalt. Göttingen 1972, S. 127.

12 Vgl. *Jürgen Kuczynski:* Geschichte des Alltags des deutschen Volkes. Bd. 1. Köln 1980, S. 282.

13 Vgl. *Fred Hirsch:* Die sozialen Grenzen des Wachstums. Reinbek bei Hamburg 1980, S. 163 f.

14 *W. Lustkandl:* Die Josephinischen Ideen und ihr Erfolg. Wien 1881, S. 99 (Anm. 29, zu S. 26).

15 Vgl. *Ulrich Beck:* Risikogesellschaft. Frankfurt am Main 1986, S. 116 ff.

16 Vgl. zur Lebensstil-Forschung u.a.: Ästhetik und Kommunikation Heft 70/71, 1989: Lebensstile, und Heft 72, 1989: Paßwort Modernisierung.

17 *Rolf Peter Sieferle:* Fortschritte der Naturzerstörung. Frankfurt am Main 1988, S. 318.

18 Vgl. *Hilmar Hoffmann:* Kulturelle Vielfalt als Ressource fürs Überleben. In: Das Forum. Zeitschrift der Volkshochschulen in Bayern. 1989, H. 4, S. 2-8 (er zitiert ein von Helmut Fielhauer beschriebenes Beispiel).

19 Vgl. Ohne Engagement – Volkskunde zwischen Nein und Danke. 1. Studentische Tagung 1988 in Werfen/Salzburg-Land. Wien 1990. (Mitt. aus dem Institut für Volkskunde der Universität Wien Nr. 3).

20 Falkensteiner Protokolle, bearb. u. hrsg. von *Wolfgang Brückner.* Frankfurt am Main 1971.

4.
Grenzgänge. Die „Tragödie der Gemeindewiesen“ und die europäische Kulturgeschichte[1]

1. Einleitung: Begrenzungs- oder Wachstumskrise?

Al-Bīrūnī, im Gebiet des zentralasiatischen Amurdarja beheimateter islamischer Universalgelehrter an der Wende des 1. Jahrtausends christlicher Zeitrechnung, schreibt in seinem Indien-Buch unter der Überschrift „Grenzen des Wachstums“: „Die Welt gedeiht durch den Ackerbau und die Fortpflanzung, und beides nimmt im Verlauf der Zeit immer mehr zu. Diese Zunahme ist also unbegrenzt, aber die Welt ist begrenzt.“

Al-Bīrūnī schiebt die Lösung des so entstehenden Problems an divine Autoritäten ab: Die Welt hat „einen Lenker“, und der „sendet ihr einen, der die Überzahl vermindert und dem Bösen den Nährboden entzieht.“[2] Diese Haltung, ähnlich von islamischen Theologen auch heute noch vertreten, wird relativiert werden müssen, wenn endlich der Dialog um die gemeinsame globale Verantwortung auch mit dem Islam in Gang kommt; sie wird, denke ich, kein unüberwindbares Hindernis werden.

Politik und Lebenspraxis heute werden sich einiges mehr einfallen lassen müssen als Al-Bīrūnīs Attentismus; was sich damals allenfalls lokal zuspitzte, ist heute globales Problem. Seit 1972, seit dem ersten einschlägigen Bericht des „Club of Rome“, ist das Problem mehrmals auf neue Ebenen verschoben, relativiert und reaktiviert worden. Immerhin, die jetzige Generation von Studenten hat ihre bis jetzt entscheidenden Bildungserfahrungen in einer Zeit gewonnen, in der – im Gegensatz zu den vorhergehenden Zeiten praktisch seit der Aufklärung – die Diskussion über die „Grenzen des Wachstums“ ubiquitär war. Prinzipiell sind in den letzten Jahrzehnten die Probleme geblieben, auch wenn sie von der Ressourcen- über die Energie- zur Öko- und Klimakrise gewandert sind. Sie werden unter dem Stichwort „globale Probleme“ und „gemeinsame Zukunft“ diskutiert und sind Thema internationaler Strategien. Der heutige sächsische Ministerpräsident Kurt H. Biedenkopf formulierte 1989, als er noch nicht den neuen Expansionsschub der Marktgesellschaften voraussehen konnte: „Mit unseren entgrenzten Bedürfnisen plündern wir die Lebenschancen kommender Generationen.“[3] Er spricht von einer „Begrenzungskrise“, die in unserer Gesellschaft mit ihrem immanenten Wachstumszwang unlösbar scheint – in Wirklichkeit also eher eine Wachstums- als eine Begrenzungskrise ist, weil ja die weitere Wachstumsmöglichkeit problematisiert wird.

Strategien zur Lösung der Probleme (oder zu einem perspektivischen Umgang mit ihnen) stoßen schon im Vorfeld auf bedeutende Hindernisse. Eine verbindliche Verständigung über Standards „ausreichende(r) oder angemessene(r) Bedürfnisbefriedigung“ scheint zum Beispiel Kurt H. Biedenkopf[4] unmöglich, weil mit „Freiheit“ nicht vereinbar. Damit wird ein fundamentales Dilemma erkennbar: Mit den „natürlichen Grenzen“ für die „*Expansivität des Materiellen*“ muß auch das Problem der Geschichtlichkeit der Bedürfnisstrukturen neu reflektiert werden. Die Industriegesellschaft muß ihre Handlungsspielräume inhaltlich begrenzen, obwohl ihre Wachstumskonzeptionen von der prinzipiellen Unbegrenztheit ausgehen und in ihr Maßstäbe für „eine normative Begrenzung der *Expansivität des Materiellen*“ fehlen, ja: „Die Entwicklung solcher Maßstäbe widerspricht unseren derzeit gültigen politischen Vorstellungen.“[5]

Die ökonomische Theorie diskutiert das Problem im Kontext der ökologischen Krise. Vorgeschlagen wird dabei die marktwirtschaftliche Inwertsetzung von allgemein verfügbaren begrenzten Ressourcen als Form der Internalisierung von Externalitäten[6]: Nur über ökonomische Hebel, so die Argumentation, können die Menschen ermutigt werden, Grenzen zu beachten und zu Begrenzungen sich bereit zu finden. Zunächst wird dabei zur Umwandlung von frei verfügbaren Ressourcen in Privateigentum aufgefordert, weil dann ein sorgfältigerer Umgang zu erwarten ist (vorausgesetzt, der Nutzer muß davon ausgehen, auf dieses Eigentum über längere Fristen angewiesen zu sein, usw.).

Dort, wo dies nicht möglich ist, wie zum Beispiel bei der Luft (oder der Abwesenheit von Lärm, der Nutzung von Fließgewässern oder Meeren als Deponie), werden (um den immanenten Preis der radikalen Entwertung alles dessen, was *nicht* in Wert gesetzt werden kann)[7] neue Formen der marktwirtschaftlichen Inwertsetzung für frei verfügbare Güter vorgeschlagen: Zu erwerbende und handelbare Zertifikate erlauben dann bestimmte Quantitäten von Emissionen; der Preis dafür wird zunächst von politischen Instanzen festgesetzt, kann aber sich marktmäßig ändern (ähnlich wird in Singapur das Recht, ein Auto zu besitzen, gehandelt).

Im Hintergrund solcher Strategien steht die scheinbar ungebrochene, oft genug mit anthropologischen Argumentationen untermauerte Überzeugung, es könne keine sparsamen oder nachhaltigen Formen des individuellen Umganges mit allgemein verfügbaren Ressourcen geben. Immer wieder[8] erscheint in diesem Kontext der Hinweis auf die „Tragödie der Gemeindewiesen".

2. *The Tragedy of the commons*

Zitiert wird dazu oft ein Aufsatz des Biologen Garrett Hardin von 1968. Dieser Autor hat eigentlich nur auf ein Argument aus einer 1833 in Oxford veröffentlichten „lecture" von William Forster Lloyd hingewiesen, der – wie Hardin – im Zusammenhang mit Bevölkerungsfragen darauf aufmerksam gemacht hat, daß die nachhaltige Nutzung von „Commons" nicht problemlos zu bewerkstelligen ist: Eine Weide, zu der alle Zugang haben, wird nur so lange nicht überweidet, wie die Viehzahl niedriger ist als die Weidekapazität. Wird die Kapazitätsgrenze erreicht, dann wird der einzelne Hirte sich gleichwohl nicht von selbst dazu bereit finden, nicht noch mehr Vieh auf die Weide zu treiben: Wenn er *seinen* Nutzen maximieren will, überlegt er, daß der Nutzen von mehr Vieh ihm allein zugute kommt, der Schaden aber von allen Mitweidegenossen geteilt wird. Wenn (und weil) aber – mit geringem, aber für viele ökonomische Prozesse ja anscheinend ausschlaggebendem Zeitverzug – alle „rational herdsman" so handeln, wird die Weide nach einiger Zeit ruiniert: „each man is locked into a system that compels him to increase his herd without limit – in a world that is limited (...) Freedom in a commons brings ruin to all."[9]

Vor uns haben wir einen Spezialfall des „Gefangenendilemmas", eines in der Ökonomie ebenfalls beliebten Modells von in Einzelzellen voneinander abgeschlossen handelnden Individuen: „Einzelaktionen sind suboptimal, Absprachen sind besser"[10] – werden aber, solange der individuelle Nutzen der Nichtkooperation höher ist, nicht eingehalten. „Commons" sind in der Fortführung dieser Argumentation auch immaterielle Güter beziehungsweise Strukturen wie zum Beispiel öffentliche Sicherheit. Und zu ihnen gehören „positionelle Güter", die dann entwertet werden, wenn sie allen zur Verfügung stehen.[11]

Im Kontext der marktwirtschaftlichen Inwertsetzung von Gemeinnutzen wird Hardins Aufsatz zitiert, und es wird nicht erwähnt, daß für ihn der Hinweis auf W. F. Lloyd belegen soll, daß die „invisible hand" von Adam Smith gerade *nicht* zum Optimum führt, wenigstens beim Bevölkerungswachstum, und daß, da seiner Meinung nach weder Moral, Erziehung noch technische Lösungen eine Abhilfe schaffen, die einzige Lösung für sein Problem des Bevölkerungswachstums, wie er in undifferenzierter Zuspitzung sagt, „is by relinquishing the freedom to breed“[12] – wobei er sich nicht darüber ausläßt, wie dies geschehen soll. Er beläßt es bei dem Hinweis auf „mutual coercion“ – seine Rezipienten verwenden das Beispiel dann meist, um statt des Zwanges die marktwirtschaftliche Inwertsetzung zu propagieren.

Aber unser Problem ist nicht die Frage, wie sorgfältig die Ökonomie mit ihren Kronzeugen umgeht. Wir wollen etwas anderes aufgreifen: die Frage, *wie* in der realen Geschichte die Menschen mit „Commons“ umgehen und umgingen. Denn – wie so oft – ist auch hier das abstrakte Modell der Ökonomie nicht in der Lage, die Komplexität der Realität begreifbar werden zu lassen. Und die affirmative Verwendung des Modells entmutigt das Nachdenken über andere Möglichkeiten.

3. Mitteleuropäische Agrarverfasung als korporativ-genossenschaftlicher Verband von Hausvätern

Der Historiker Peter Blickle hat herausgearbeitet, wie in Mitteleuropa in der Zeit zwischen 1200 und 1300 die „Gemeinde als Verband mit staatlichen Funktionen“ sich herausbildet: Gemeinde und Gemeindeverbände werden Gebietskörperschaften eines neuen Typs, „genossenschaftliche Verbände, die für sich 'öffentlich-rechtliche' Aufgaben als Eigenrecht wahrzunehmen befugt und fähig sind.“[13] In dieser Zeit erst bilden sich Dorfmarken aus, die idealtypisch in drei konzentrische Kreise aufgeteilt sind: die Hofeinheiten mit Haus, Hofstatt und Garten, tendenziell Privateigentum, dann „die Flur, die teilweise individuell, teilweise kollektiv durch das Dorf insgesamt genutzt wird“, und schließlich als dritter Kreis die Allmende, die „Commons“, mit Wald und Wiese, nur kollektiv genutzt.[14]

„Dieses relativ komplizierte System einer kombinierten Individual- und Kollektivnutzung läßt sich genetisch auf drei Wurzeln zurückführen“: die „*Vergetreidung*“, das ist die Konzentration auf Getreideproduktion als Optimierungsstrategie, dann die „*Verzelgung*“ mit dem Fruchtfolgesystem der Dreifelderwirtschaft, und die *Auflösung des Villikationssystems* (oder Fronhofssystems), das auf einer „umfangreichen feudalherrlichen Eigenwirtschaft“ beruhte: Das Dorf entstand beim Übergang „von der fronhofsorientierten Agrarverfassung auf die grundherrlich orientierte Agrarverfassung.“[15] Der Übergang hat eine Stärkung der Rolle der agrarischen Produzenten zur Folge. Die Rentengrundherrschaft mit „Vererbrechtung“ bedeutet „freie Verfügung über die eigene Arbeitskraft und den Ertrag dieser Arbeitskraft“. Damit sind „weitergehende politische Konsequenzen“ verbunden: „Der Wandel in der Siedlungsweise bedeutet mit seiner Verdichtung der Siedlungsplätze ein Mehr an Ordnungsproblemen. Der Wandel in der Wirtschaftsweise und -organisation führt zu einem Rückzug des Feudalherrn aus der landwirtschaftlichen Betriebsführung und damit zu einer individual-kollektiven Dorfwirtschaft. Der soziale Wandel manifestiert sich in einer Individualisierung der Arbeit, die als eine Form der 'Freiheit' interpretiert werden kann. Daraus ergibt sich, daß mangels vorhandener älterer politisch-administrativer Institutionen bzw. deren Auflösung (Villikation) die mit dem wirtschaftlichen und sozialen Wandel verbundenen Aufgaben der neu geschaffenen Einrichtung Dorf zufielen. Die Verdichtung sozialer Beziehungen und die Komplizierung wirtschaftlicher Ordnungen erforderten eine Reglementierung und Sicherung der für die ländliche Gesellschaft existentiell wichtigen Bereiche: Normen für das Zusammenleben mußten erstellt werden, Organe für die Einhaltung dieser Normen mußten eingerichtet werden, Institutionen zur Klärung über Verletzung solcher Normen mußten geschaffen werden. Der Bezugsrahmen für derartige Maßnahmen wurde das Dorf. Zur Normierung des Zusammenlebens entwickelte die Dorfgemeinde – um es in der heutigen Terminologie zu sagen – ein kommunales Gesetzgebungsrecht (Gebots- und Verbotsgewalt); administrative Organe zur Durchsetzung der dörflichen Gebote und Verbote wurden mit den dörflichen Ämtern geschaffen; die Klärung etwaiger Normverletzungen erfolgte über das Dorfgericht."[16]

Natürlich bleiben wegen der Abgabeverpflichtung neben den genossenschaftlich-gemeindlichen Aspekten auch herrschaftliche in der Dorfverfassung enthalten, und kennzeichnend ist in vielen Aspekten ein Dualismus der Macht. Aber das ändert nichts an der starken Rolle der Gemeinde und der bäuerlichen Selbstverwaltung: „Wo immer individuelle Interessen und Gemeinschaftsinteressen sich berühren, greift die Gemeinde durch eigene, von ihr selbst bestellte Organe ordnend ein."[17] Die „Gleichheit der vollberechtigten Gemeindemitglieder" ist noch keine Demokratie, sondern „korporativ-genossenschaftlicher Verband von Hausvätern"[18], aber seit der Gründung der Schweizer Eidgenossenschaft empfinden die feudalen Mächte diese politischen Formen als permanente Bedrohung, zumal es bald, zum Beispiel in Tirol und Kärnten, aber auch in anderen Staaten (Werner Bätzing zitiert Beispiele aus Savoyen)[19] überlokale Zusammenschlüsse auf territorialer Ebene gibt, wie die „Landschaften". „Fürstensouveränität versus Ständesouveränität", Bodin oder Althusius stehen im Konflikt.[20]

Mit dem Anspruch auf „Gleichwertigkeit der Hausväter"[21] wird dieses Prinzip auch Leitbild für städtisch-zünftlerisches Leben. Auch bei den Zunftkämpfen in den Städten geht es um diese Gleichwertigkeit und um den „Anspruch auf politische Mündigkeit". Solche Gemeinsamkeiten von Dorf und Stadt, schon von Karl Siegfried Bader und Franz Steinbach betont, warnen vor einer Überbetonung des Städtischen, wie sie in den heutigen Urbanitätsdebatten gelegentlich vorkommt.

Der „Trend zum korporativ-bündischen Staat" findet seinen Niederschlag in Literatur und Theologie. Die starke Stellung der Gemeinde in Luthers Protestantismus – wenigstens bis zur „Verstaatlichung der Reformation" – hängt damit zusammen[22], und die Debatte um die Reichsreform im ausgehenden Mittelalter sieht vielfach in den „antifeudalen Gruppen der Bürger und Bauern"[23] ihre Hoffnungsträger. Der Bauernkrieg stellt immer wieder „die Gemeinde als Basis politischer Willensbildung und die Wahl als Kriterium für die Vergabe politischr Ämter"[24] heraus.

4. Ubiquität und Wandlungsfähigkeit der nachhaltigen Nutzung von „Commons"

Blickle beschreibt den „Kommunalismus" als dominante Struktur für die Zeit zwischen 1300 und 1800 für wesentliche Teile der Bevölkerung. Das ist ein (große Veränderungen beinhaltender) Zeitraum, der wesentlich länger dauert als die bisherige Geltung des Marktprinzips mit seinem Zwang zu Wachstum, und das Ende wurde nicht, wie bei diesem zu befürchten, durch selbstproduzierte Krisen bewirkt, sondern durch den Druck eines erfolgreicheren, aber auch räuberischeren Systems.

Wir können mit einem kleinen Exkurs auf außereuropäische Parallelen hinweisen. Thomas Bargatzky berichtet von den Burdji Süd-Äthiopiens, daß deren Dörfer drei Wirtschaftszonen besitzen, von denen die beiden inneren intensiv genutzt und mit Dorffäkalien beziehungsweise Viehmist gedüngt werden, der äußere Ring dagegen nicht gedüngt wird. Nur das Land in den beiden ersten Zonen ist individueller Privatbesitz.[25] Noch ausgeprägter ist diese zonale Gliederung der Siedlungen in den Nuba-Bergen Süd-Kordofans (Sudan): Die intensiv in Dauernutzung bewirtschafteten Felder von zwei inneren Zonen sind übertragbares Privateigentum, die Außenfelder sind dagegen Gemeinschaftseigentum. Bargatzky verallgemeinert: „Bei der Mehrzahl der Völker mit dem agrarischen

Intensivierungskomplex findet man die Trennung zwischen Privatbesitz an nutzungsintensiven Feldern, in die viel Arbeit investiert wird, und Gemeindebesitz an extensiv genutztem Feldland. Auch Weiden und die zur Bewässerung notwendigen technischen Anlagen sind meist in Gemeindebesitz."[26]

Der gelungene, meist nicht marktwirtschaftlich geregelte dauerhafte Umgang mit „Commons" ist vorauszusetzen für fast alle Gesellschaften, deren integrale Existenz über größere Zeiträume nachweisbar ist. „Commons" spielen auch in Mitteleuropa weit über die von Blickle beschriebene, „klassisch" zu nennende Phase eine Rolle: Rainer Beck[27] hat das Prinzip für die Bauern von Unterfinning zu Beginn des 18. Jahrhunderts beschrieben. Für das Alpwesen sind nahezu in allen mitteleuropäischen alpinen Regionen noch heute in der Genossenschaftsalp ähnliche Strukturen zu beobachten (die gemeinrechtliche Form freilich ist übergegangen in die privatrechtliche); Reste davon leben im Nachbarschaftsrecht[28], und selbst in den hessischen Dörfern existieren zum Beispiel noch heute Markwälder, Gemeinschaftsarbeiten und so fort.

Wir werden die Grenzen des Systems bei aller Wertschätzung nicht unterschlagen: Es ist zunächst ein System der gebietskörperschaftlichen Egoismen, aus denen Lokalismus, Wohlstandschauvinismus, rigide soziale Kontrolle[29] und provinzielle Enge entstehen können. Es hat zunächst auch wenig mit unseren Vorstellungen von Demokratie zu tun, denn es ist die Republik der privilegierten Hausväter, der „vollberechtigten Gemeindemitglieder"[30], die primär Schutz vor den Übergriffen und Ansprüchen anderer – der Herren, der Nachbarn und der Bettler – gewährleisten soll. Sinn und Zweck der historischen Strukturen der Gemeindefreiheit war die Sicherung der Standards der Familienexistenz (insofern doch schon eine Spezifikation von Solidarität, Humanität und ähnlichen Werten). Damit waren die Repräsentaten dieser Lebensform keine sozialen Heiligen. Sie waren auch keine Umweltheiligen[31], so wie auch die Menschen anderer Kulturen keine waren beziehungsweise sind. Gleichwohl besitzt das System außerordentliche Qualitäten. Zuallererst besitzt es die Chance der Dauerhaftigkeit, nicht nur deswegen, weil es mit der Kontrolle der Zahl der Familienerwerbsstellen auch die Existenz der Familie absichert, sondern weil auch die Strukturen der Ressourcennutzung geregelt sind. Selbst komplizierte Regelungen und Eingriffe in private Verfügungsgewalten zwecks Sicherung der Nachhaltigkeit waren möglich: Es gibt Servitute oder Regelungen wie die „Schneeflucht" im Alpwesen, die bei Wetterumschlägen rettende Rückzugsmöglichkeiten für die Herden sichert. Es gibt der individuellen Not steuernde egalisierende Elemente, ferner Elastizität, Schockabsorber und Kompromißkorridore. Nur in solchen hochkomplexen Ordnungen kann schließlich auch die Dimension „Zukunft" eingebracht werden: Ein „auf die Zukunft hin orientiertes Rechtsbewußtsein" zugunsten der nachkommenden Generationen bescheinigt der von Blickle[32] zitierte Winfried Schulze den aufständischen Bauern der Reformationszeit.

5. Kulturwissenschaftliche Dimensionen

Der Historiker Peter Blickle benennt die legislativen, administrativen und judikativen Kompetenzen der Gebietskörperschaften, die für die nötigen Strukturen sorgen. Als Kulturwissenschaftler liegt mir daran, die sozialkulturelle Dimension zu betonen – nicht nur aus Fachegoismus, sondern auch, weil sie vielfach vernachlässigt und in ihrer Bedeutung unterschätzt wurde.

Die Dorfgemeinde ist weit mehr als ein wirtschaftlicher Verband. Für Karl-Sigismund Kramer stellt infolge des engen Zusammenhanges von Brauch, Sitte und Recht die „Nachbarschaft" (als Verband der vollberechtigten Hufner) eine „Lebensordnung"[33] dar. Ich möchte darüber hinaus hervorheben, wie *sozialkulturelle* Elemente verschiedenster Art von den Vorstellungen des „gelungenen" oder „anständigen" Lebens bis hin zur festlichen Überhöhung der notwendigen Handlungsvollzüge eine auch mit *ästhetischen* Kategorien zu begreifende Einheit der Lebenspraxis herstellen.

Feste strukturieren nicht nur als Höhepunkte die Zeit, sondern sie verbinden auch die Regelung gemeinschaftlicher Angelegenheiten mit entfaltetem Genußleben. Grenzgangsfeste, wie wir sie auch in vielen Gegenden heute noch kennen, gehören ebenso dazu wie die Feste, mit denen das Gemeinwerk, die Nachbarschaftshilfe[34], die Gemeindeversammlung oder der Gerichtstag beendet werden. „Weilen man von solcher Handlung ohne Essen und Trinken niemals abgezogen", wie es in der „Ordnung, die Einsetzung der Bauren betreffend" von Appetshofen 1609 heißt[35], ist die Chance vorhanden, solchen Institutionen und Handlungen mit positiven Gefühlen zu begegnen: Noch wer wegen Übertretung der Ordnung zu Strafen in Form von bestimmten Mengen Wein oder Bier verurteilt wird, ist nachher Mitgenießer, wenn die Gemeinschaft beim Vertrinken der Bußen[36] rituell beziehungsweise sozialkulturell wiederhergestellt wird.

Das System der gemeindlichen Ordnung ist verankert in den Begriffen der Werte und Maße (wie Edit Fél und Támas Hofer für ein ungarisches Dorf herausgearbeitet haben), aber es ist auch enthalten in den ästhetischen Kommunikaten von Merk-Texten, Liedern und Mythen. Die mehr oder weniger bewußt vorhandene ästhetische Komponente kommt etwa zum Ausdruck in dem Prinzip, daß „eine Arbeit nur dann 'schön' und 'ordentlich' ist, wenn genug Hände dazu da sind."[37]

Wir können versuchsweise einen Weg aufzeigen, der von der materiellen und rechtlichen Sicherung der Subsistenz über die Würde des Lebens zur Ästhetik der Subsistenz führt. Die Menschen entwickeln in ihrer individuellen und sozialen Lebensform Strukturen von Schönheit und Würde. Ob Michel Foucaults „Ethik der Lebenskunst" etwas damit zu tun haben könnte, muß ich hier offen lassen.[38]

Die sozialkulturelle Struktur der nicht auf Wachstum angewiesenen Gesellschaften kulminiert in einem offenen System der „Ästhetik der Subsistenz", das nicht funktionalistisch reduzierbar ist, sondern Komponenten der genußvollen, selbstzweckhaften Lebenspraxis enthält und Entwicklungspotential für Individuen und Gesellschaft auch bei „dauerhafter Entwicklung" bereitstellt. Dies zu erkennen, entzieht jenen Argumentationen den Boden, die unterstellen, „dauerhafte Entwicklung" oder die Verfolgung sozialhedonistischer Prinzipien bedeute die Reduktion auf die bloße Fristung des Lebens, wie noch Garrett Hardin unterstellt hatte: „No gourmet meals, no vacations, no sports, no music, no literature, no art ..."[39] Darum kann es nicht gehen, auch wenn man Hardins rigides Verbotsregime nicht will. Dauerhafte Entwicklung kennt auch außerhalb der Sexualität ihre genußreichen Höhepunkte des Lebens und des Jahreslaufes.

6. Die besonderen Leistungen sozialkultureller Systeme

Erst wenn wir uns diese sozialkulturellen Komponenten vor Augen halten, dann erkennen wir die ganzen Stärken des Systems. Nicht in Regeln und Ordnungen allein, sondern in den Köpfen und in habitualisierten, als positiver Bestandteil der Lebenspraxis empfundenen Handlungsvollzügen, in der Würde des Lebens und den akzeptierten Standards des Alltags gewinnt es seine Dauerhaftigkeit.

Das sozialkulturelle System als Bestandteil der Lebenspraxis entlastet die in allen Gesellschaften nur begrenzt verfügbaren Ressource „Regelungskapazität" (auch eine Form von „Commons"). Elastische Maßstäbe der Würde und Schönheit der Existenz sichern die Ordnung und Dauerhaftigkeit der Lebensweise, nicht eine zunehmende Fülle von Regeln und Sanktionen. Dies ist für die gesellschaftliche Stabilität nicht unerheblich: Der Sozialismus ist ja, folgt man der Argumentation von Elmar Altvater, nicht zuletzt daran zugrunde gegangen, daß er einen exponentiell wachsenden Bedarf an Regelungen, einen „kumulativen Eingriffsbedarf“[40] entwickelte. „Je stärker individuelles Verhalten staatlich verordnet oder sanktioniert wird, desto stärker ist die Tendenz zur Verkümmerung anderer gesellschaftlicher Regelsysteme“, warnt Egon Matzner.[41] Genau dem steuerten die hochkomplexen sozialkulturellen Formen des „Kommunalismus“ entgegen. Und weil die entsprechenden Regeln und Ordnungen eher beiläufig in positiv besetzten Handlungsvollzügen vermittelt werden, wird auch kein die Individuen überforderndes Regime von (edukativ zu vermittelnder) Ethik und Moral vorausgesetzt.

Die marktwirtschaftliche Inwertsetzung von „Commons“ mag ein temporär interessantes Instrument sein, perspektivisch wichtiger aber können selbstregulierende Systeme der geschilderten Art unter Einschluß sozialkultureller Komponenten von Wertsystemen bis zu ästhetischen und kommunikativen Formen sein. Sozialkulturelle Standards sind in höherem Maße immun gegen die Erosion ihrer Substanz als nur ökonomisch legitimierte. Das gewinnt an Bedeutung, wenn heute eine „Ausweitung des Bereichs des Ökonomisierbaren und dementsprechend umgekehrt auch die Erosion des anerkannt Illegitimen oder Illegalen“[42] zu beobachten ist und einhergeht mit einer „Entmoralisierung der Ökonomie“ in den informellen Ökonomien[43], die bei allen Vorteilen und Sympathien doch auch in ihrem destruktiven Potential beachtet werden müssen.

Auch damit berührt unser Thema die aktuelle Diskussion um die Ethik im ökonomischen Prozeß, legt aber statt auf Moral mehr Gewicht auf sozialkulturelle Standards. In der Auseinandersetzung mit dem Modell des „Gefangenendilemmas“ argumentiert Egon Matzner: „Bei einer Sequenz von Entscheidungen werden die Erfahrungen der vorangegangenen berücksichtigt (...) Die Menschen handeln nicht ausschließlich egoistisch (...).“[44] Beides belegt die mitteleuropäische Kulturgeschichte in ausgeprägter Weise: Die Herausbildung der komplexen und reichen Strukturen der Agrarverfassung von dem komplizierten System der Dreifelderwirtschaft bis zu den sozialkulturellen Strukturen ist nur vorstellbar als vielgliedriger, Erfahrungen verarbeitender Prozeß, nicht als einmalige Setzung.

Hintergrund unserer Überlegungen ist nicht der Versuch, die Diskussion über die Markgenossenschaft wieder aufleben zu lassen, auch nicht der Wunsch, mit Gemeindefreiheit und „Commons“ irgendwelche Elemente gesellschaftlichen Eigentums zu revitalisieren. Das alles ist nicht einfach übertragbar, auch weil die „Commons“ heute ganz andere Strukturen haben. Es geht um die Wiederentdeckung des ganzen Spektrums von Formen der gemeinschaftlichen Regelung von Lebensverhältnissen außerhalb des Prinzips der Egoismen des Privatnutzens und ohne den diktatorischen Druck einer Techno- oder Öko-Sachzwang-Logik. Es geht um die Wiedergewinnung von Strukturen, die aus dem Käfig von Wachstumszwängen und Unregierbarkeiten herausführen, wie Kurt H. Biedenhopf ihn beschrieben hat. Es geht um die Wiedergewinnung von Souveränität über Lebensverhältnisse, um die Gestaltungschancen für die Zukunft. Ziel ist auch für die Lebensweise die Rückgewinnung einer echten Pluralität, die de facto durch die Dominanz des ökonomischen Diskurses relativiert beziehungsweise verhindert wird: „Die ökonomische Diskursart ist auf dem Weg zur absoluten Hegemonie. Uniformierung geschieht seit langem durch Monopolisierung dieser Diskursart.“[45] Es geht dabei, denn das ist die Voraussetzung für diese Chancen, auch darum, die Arroganz des ökonomischen Diskurses zu brechen, der, wie die methodisch leichtfertige Verwendung des Argumentes der „Commons“ belegt, seine anthropologisierenden Argumentationsweisen auf brüchigem Grund baut.

Vielleicht gibt es doch zwischen dem Zwangsreglement, das Hardin (und andere, zum Beispiel auch Rudolf Bahro) vorschlagen, und der marktwirtschaftlichen Inwertsetzung mit ihren (von Altvater herausgearbeiteten) fragwürdigen Folgen andere Lösungen: sozialkulturelle Standards – nicht einfach nur Moral oder manipulativ gesetzte „Grundwerte", sondern im offenen Diskurs kultureller Öffentlichkeiten gewonnen und zu rechtfertigen, sicher teilweise auch in Gesetz oder Eigennutz verankert, aber nicht allein darauf angewiesen, sondern auch in dem (durchaus offensiv vertretenen) Anspruch auf ein menschenwürdiges Leben: Aus der Ästhetik des Widerstands erwächst die Ästhetik der Subsistenz.

1 Überarbeiteter Vortrag, zuerst gehalten am 12.7.1991 im Fachbereich Gesellschaftswissenschaften der Philipps-Universität Marburg und dann auf dem Hannoveraner Kongreß „Kultur und Frieden" in weiterentwikkelter Form zur Diskussion gestellt.
2 Al-Bīrūnī: In den Gärten der Wissenschaft. Ausgewählte Texte ..., übers. u. erl. von Gotthard Strohmaier, Leipzig 1991, S. 226.
3 Biedenkopf, Kurt H.: Zeitsignale. München 1989, S. 191.
4 Ebd., S. 96 f.
5 Ebd., S. 101.
6 Altvater, Elmar: Die Zukunft des Marktes. Münster 1991, S. 273, 294.
7 Vgl. ebd., S. 82.
8 Zum Beispiel: Matzner, Egon: Der Wohlfahrtsstaat von morgen. Wien 1982, S. 96; Altvater, a.a.O. S. 67, 294.
9 Hardin, Garrett: The Tragedy of the Commons. In: Science 162 (1968), S. 1243-1248, S. 1244.
10 Altvater, a.a.O. S. 134; vgl. Matzner, a.a.O., S. 79 ff.
11 Altvater, a.a.O., S. 294 f.
12 Hardin, a.a.O., S. 1248.
13 Blickle, Peter: Deutsche Untertanen. Ein Widerspruch. München 1981, S. 23.
14 Ebd., S. 26 f.
15 Ebd., S. 28.
16 Ebd., S. 30f.
17 Ebd., S. 35.
18 Ebd., S. 57.
19 Siehe: Bätzing, Werner: Die Alpen. Naturbearbeitung und Umweltzerstörung. Frankfurt 1984.
20 Blickle, a.a.O., S. 63, 90.
21 Ebd., S. 108.
22 Ebd., S. 126 f.
23 Ebd., S. 121.
24 Ebd., S. 117.
25 Bargatzky, Thomas: Einführung in die Kulturökologie. Berlin 1986, S. 55.
26 Ebd., S. 56.
27 Siehe: Beck, Rainer: Naturale Ökonomie. Unterfinning: Bäuerliche Wirtschaft in einem oberbayerischen Dorf des frühen 18. Jahrhunderts. München, Berlin 1986 (Forschungshefte Bayerisches Nationalmuseum, 11). Vgl. Beitrag 3.
28 Kramer, Karl-Sigismund: Die Nachbarschaft als bäuerliche Gemeinschaft. München-Pasing 1954 (Bayer. Heimatforschung 9), S. 46.
29 Ebd., S. 37.
30 Blickle, a.a.O., S. 56 f.
31 Bargatzky, a.a.O., S. 57.
32 Blickle, a.a.O., S. 96.
33 Kramer, a.a.O., S. 32 f.
34 Ebd., S. 68.
35 Ebd., S. 43.
36 Ebd., S. 50.
37 Fél, Edit/Táms Hofer: Bäuerliche Denkweise in Wirtschaft und Haushalt. Eine ethnographische Untersuchung über das ungarische Dorf Átány. Göttingen 1972, S. 183.
38 Vgl.: Erdmann/Forst/Honneth: Ethos der Moderne. Frankfurt/M. 1991.
39 Hardin, a.a.O., S. 1243.
40 Altvater, a.a.O., S. 38.
41 Matzner, Egon: Der Wohlfahrtsstaat von morgen. Wien 1982, S. 97.
42 Altvater, a.a.O., S. 350.
43 Ebd., S. 84 f.
44 Matzner, a.a.O., s. 81.
45 Welsch, Wolfgang: Unsere postmoderne Moderne. 2. Aufl., Weinheim 1988, S. 241.

5. Stoffströme und Symbolbedeutung. Produktkulturen und Nachhaltigkeit

1. Wohlbefinden im kulturellen Kontext

Der Blick in die „Tiefe des historischen Raumes" relativiert die eigenen Selbstverständlichkeiten. Andere Gesellschaften und andere Zeiten besitzen andere Formen des Umganges mit Ressourcen und Zeit. Das *Kamasutra des Vatsyayana* leitet sich ein mit der Schilderung des *Lebenswandel des Nagaraka*, eines Typus von Menschen, der seinen Geschäften in wenigen Stunden des Vormittages nachgeht und die übrige Zeit des Tages mit angenehmen Beschäftigungen, unter anderem der Liebe, verbringt. Sicherlich gehört er zu den wohlhabenden Eliten einer reichen Gesellschaft. Aber verheißen Technik und Fortschritt uns nicht auch Wohlstand, und ist das beste, was er bieten kann, nicht Souveränität über die eigenen Lebensverhältnisse? „Weder Knappheit der Zeit noch Raumnot zwingen heute zu einer möglichst rationellen Nutzung von Zeit und Raum. Zeit und Raum zu haben, ohne Hunger leiden zu müssen, sind Inbegriff von Luxus, zugleich sind sie erste Voraussetzung dafür, daß die Individuen ihren eigenen Alltag sinnvoll selber organisieren können."[1]

Gewiß, diese Chancen werden bei zunehmender sozialer Ungleichheit in der Zweidrittelgesellschaft erneut immer mehr zum Privileg. Aber dennoch, solange nicht Menschen die möglichen Inhalte wirklichen Wohlstandes für sich nötigenfalls auch im Konflikt mit anderen Interessen umsetzen, werden sie nicht Realität. *Wenn* sie dazu geworden sind, dann prägen sie allerdings auch die gesamte Lebenswelt.

Der Konstanzer Historiker Dieter Groh hat aus der Tradition der ökonomischen Anthropologie heraus formuliert, wie Wildbeuter („Jäger und Sammler") Arbeit, Sinn und Muße verbinden in einer Existenzweise, die durch Risikominimierung das Überleben der Gruppe über lange Zeit hinweg sichert.[2] Mit wenigen Stunden Arbeit erlangen sie das, was sie brauchen, und den Rest der Zeit verwenden sie für Kunst, Rituale und Kulte. Statt Arbeits- und Wachstumszwang praktizieren sie „Mußepräferenz", interpretiert Dieter Groh.

Es ließe sich ihre Kultur auch interpretieren als eine, die unter Ritualzwang steht: Ihre Nichtausgelastetheit durch Arbeit müssen die Menschen durch Rituale so auspolstern, daß ein Zeitgerüst und ein Zeitsystem entsteht, mit dem diese Lebensweise bewältigbar wird.[3] Aber ob man von Mußepräferenz oder von Ritualzwang spricht, das ist eine Frage der Interpretation, und sie wird vielleicht auch von den Angehörigen dieser Gruppen unterschiedlich beantwortet. Zwischen beiden Polen liegen fließende Übergänge.

Verbunden mit dieser Lebensweise ist eine bewußte oder unbewußte Risikominimierung durch Unterproduktivität: Diese Gesellschaften sichern ihre Elastizität durch die begrenzte Nutzung der Ressourcen und vermeiden so existenzgefährdende Engpässe. Die spezifischen Vorstellungen vom „guten und richtigen Leben" beinhalten das „Kalkül bestimmter Nutzungsarten der Umwelt im Sinne der Ausschaltung existenzbedrohender Risiken für Gruppe, Stamm oder Dorf in einer Lebensform, in der es keine übergreifende Daseinsfürsorge ... gibt."[4]

Gesellschaften wie die unsrige, die nicht mehr ohne permanentes Wachstum existieren können, sind nach dieser Interpretation Opfer von „hierarchischen Pathologien".[5] Allen Erfahrungen zufolge muß man bei ihnen von deutlich begrenzter Lebenserwartung ausgehen.

Auch komplexer entwickelte Gesellschaften können bzw. konnten bei entsprechenden „sozialregulativen Ideen vom guten und richtigen Leben“ anders mit ihrem gesellschaftlichen Reichtum umgehen: Je besser der Ertrag der Arbeit, je weniger Zeit für produktive Tätigkeiten nötig war, desto mehr Zeit konnte für Fest, Kultus, Spiel, soziale Rituale (Brautwerbung z.B., aber auch für Gemeindeversammlungen) verwendet werden, wohl auch für den Streit (von der Stammesfehde bis zur Wirtshausschlägerei) – ja, desto mehr Zeit *mußte* um der bestehenden Ordnung willen für unproduktive Tätigkeit verwendet werden; andernfalls litt deren Stabilität.

2. Das Glück und die Dinge

Lebensqualität ist nicht an materielle Formen des Wohlstands oder Wachstums gebunden. Auch andere Lebensformen haben ihre Glückschancen und ihre Würde.[6]

Das „gute Leben“ ist nicht mit Coke gekoppelt. Ausschlaggebend ist die Chance, den kulturspezifischen Normen des „guten und richtigen Lebens“ folgen zu können. Und wichtig ist für die Individuen die begründete Vermutung, daß sie im Rahmen der Möglichkeiten ihrer Gemeinschaft einen angemessenen Anteil an deren Reichtum haben und daß diese Gesellschaft souverän mit ihren Möglichkeiten umgeht (und nicht etwa im Vergleich zu anderen trotz besserer Chancen zurückgefallen ist).

Gesellschaften und Gruppen können sozialkulturelle Präferenzen und Standards auch gegen ökonomische Zwänge setzen. Von dergleichen Standards – auch bezogen auf den Umgang mit Alter, Krankheit, Behinderung – leben Kulturen, ohne sie würden sie ihre Legitimität bei ihren Angehörigen verlieren.

3. Die Dinge

Selten haben Wissenschaftler sich mit der Frage beschäftigt, wieviel und welche Dinge Menschen brauchen, um zufrieden und glücklich zu sein. Wir wissen nur einiges über Dinggebrauch und Produktkulturen in unterschiedlichen Gesellschaften. Kulturanthropologen „gehen von der Voraussetzung aus, daß die gegenständliche Ausrüstung einer bäuerlichen Familie oder einer bäuerlichen Gemeinschaft ein organisiertes, strukturiertes Ganzes bildet und daß diese Struktur erhellt werden kann, und zwar durch die Untersuchung der Beziehungen zwischen den einzelnen Gegenständen und Gegenstandsgruppen.“[7] Die ungarischen Anthropologen Edit Fél und Tamás Hofer untersuchten detailliert die „Sachpopulation“ bäuerlicher Haushalte in Ungarn und beschäftigten sich dabei mit Gerätemonographien, der kulturellen und sozialen Bedeutung der Geräte, dem angestrebten und dem realen Gerätebestand bei sozial unterschiedlichen Bauernfamilien, der durchschnittliche Lebensdauer der verschiedenen Gerätetypen, der Herkunft und Produktion der Geräte usf.[8]

„Wieviel Sachen hat – oder hatte – eine dörfliche oder eine städtische Familie an verschiedenen Punkten Europas? Schon bei dieser elementaren Frage stellt sich heraus, wie wenig präzise Informationen wir über die Ausrüstung mit Gegenständen der verschiedenen sozialen Schichten besitzen.“[9] Bei den Bauern eines rumänischen Dorfes mit 350 Einwohnern waren es vor der Industrialisierung ungefähr 250 Stück je Familie; in einem ähnlichen Dorf in Ungarn waren es 1936 zwischen 839 und 209 Stück.[10] „Clyde Kluckhohn konnte beispielsweise erklären, daß die Navaho-Gesellschaft (vor der intensiven Berührung mit Weißen) 263 Arten von Gegenständen kannte (Gebäude inbegriffen). ... Ein Kritiker der modernen Konsumgesellschaft kann sich nur mit Zahlen behelfen, indem er anführt, daß in den französischen Prisunic-Warenhäusern 2500 Gegenständesorten erhältlich sind, in den Inno-Warenhäusern etwa 60000 und die Auswahl der grössten Warenhäuser sich auf Zahlen von 150000 bis 300000 beläuft" (1969).[11]

Zum Thema wird den Anthropologen auch die Lebensdauer der Sachgüter. Sie finden Beispiele von erstaunlicher, zum Teil generationenübergreifender Langlebigkeit bei den Geräten der ungarischen Bauern: „Ein guter Hackenstiel hält seine vierzig bis fünfzig Jahre, während in derselben Zeit vier bis sechs eiserne Hackenköpfe abgenutzt werden."[12] Und, bezogen auf das ungarische Dorf Átány: „Die eingehende Untersuchung der Átányer Geräte zeigte übrigens, daß vor der Einführung der gußeisernen Geräte die Sachlebensbahnen keinerlei Abfälle zurückließen, sämtliches organisches Material ... kam als Asche oder als Dünger auf den Acker; die schmiedeeisernen Gegenstände wurden umgeschmiedet und wieder verwendet."[13] Und weil viel selbst produziert, wenig gekauft und noch weniger von außerhalb der engeren Umgebung gekauft wurde, war für die Geräte nur minimaler Transportaufwand nötig.

4. Die Symbolbedeutung der Dinge

Worüber wir auch etwas wissen, das sind die symbolischen Bedeutungen von Produkten, denn „*jeder* Gegenstand (ist) zugleich ein Zeichen, und in jedem sind neben der in seiner Gestalt gegebenen Hauptnachricht weitere sekundäre Nachrichten, konnnotative Bedeutungen, ästhetische und gefühlsmäßige Ladungen vorhanden."[14] Die Symbolbedeutungen können sich in der Art der zitierten „hierarchischen Pathologien" verselbständigen, wenn sie nicht eingebunden sind in komplexe sozialregulative Strukturen.

Von „Produktkulturen" reden heute manche Sozial- und Kulturwissenschaftler. Gemeint ist damit zweierlei: Erstens ist jedes einzelne Produkt eingebettet in ein komplexes System von Beziehung und Bedeutung[15], innerhalb dessen seine Nützlichkeit nur ein Ausschnitt ist. Der Begriff „Produktkultur" bezieht sich auf „die materielle Kultur in ihrem Wechselverhältnis mit symbolischen und sozialen Strukturen."[16] Die österreichischen Herausgeber eines Sammelbandes zum Thema Produktkulturen argumentieren: „Materielle Produktion ist in dieser Perspektive nichts anderes als die Produktion und Reproduktion von Sinnstrukturen."[17]

Der Terminus „Produktkulturen" verweist zum anderen aber auch auf systemische Größen[18]: Ein Produkt steht niemals allein, sondern ist mit einem Komplex von anderen Produkten und Bezügen vernetzt; es verlangt ein Umfeld von Produktion, Wartung und Entsorgung sowie oft genug eine Menge von Komplementärprodukten. Wenn es um diese Komplexität von Produktkulturen geht, dann ist als Motto verwendbar, was Mephisto in Fausts Studierzimmer sagt, als er über den einseitig geöffneten Drudenfuß eingedrungen ist: „Das erste steht uns frei, beim zweiten sind wir Knechte."

Zum Problem geworden sind die Produktkulturen in der Gegenwart: Nachhaltige Entwicklung und sozialökologischer Umbau der Industriegesellschaft müssen, sollen sie denn Chancen haben und Effekte zeitigen, sich auf die materiellen Elemente der Lebensweise in den Industriegesellschaften auswirken. Nicht mehr die Produktion von Gütern und die dabei anfallenden Schadstoffe, sondern die durch den Konsum der Güter entstehenden Energie- und Stoffströme sind es, die – schwergewichtig in den Industriegesellschaften – die Probleme der Überlastung und Übernutzung von Ressourcen und Lebenswelt verursachen.

Sinn hat das (kritische) Nachdenken über Produktkulturen nur, wenn es Wahlmöglichkeiten gibt und die Menschen nicht gezwungen sind, ein rundum determiniertes Set von Produkten zu nutzen. Der Mensch als Lebewesen, das Nein sagen kann, ist seinen eigenen Produkten weder materiell noch sozialkulturell hilflos ausgeliefert, sondern er kann Produktion und Naturstoffwechsel kulturell überformen und variieren, und er tut dies auch fortwährend (all die Probleme, die sich aus hegemonialen Definitionsmächten und Marktmacht ergeben, können hier nicht diskutiert werden).[19] Und die Gegenwart ist konkret gekennzeichnet durch „turbulente Märkte“, in denen nicht mehr prognostizierbar ist, wie sich die Konsumenten entscheiden und wie sich die Marktsegemente entwikkeln werden.

In der Beschäftigung mit Produktkulturen begegnen sich gegensätzliche kulturwissenschaftliche Konzeptionen. Für den amerikanischen Kulturanthropologen Marshall Sahlins sind die naturalistischen oder ökologischen „Nützlichkeitstheorien“, ist das utilitaristische Kulturmodell, in dem „Kultur ein Sediment der rationalen Tätigkeit von Individuen ist, die ihre individuellen Interessen verfolgen“, nicht ausreichend.[20] Marshall Sahlins schreibt: „Die entscheidende Eigenschaft der Kultur – daß sie jeder Lebensweise die ihr besonderen Merkmale verleiht – wird somit nicht einfach darin gesehen, daß diese Kultur materiellen Zwängen gehorchen muß, sondern daß sie dies gemäß einem bestimmten symbolischen System leistet, das niemals das einzig mögliche ist. Es ist folglich die Kultur, die jeweils die Nützlichkeit konstituiert.“[21]

Materielle Produktion als Produktion und Reproduktion von Symbol- und Sinnstrukturen zu interpretieren ist ähnlich fern von den derzeit in der ökologischen Diskussion üblichen Energie- und Stoffstromanalysen wie der Menschenrechtsuniversalismus vom kontextualisierenden Relativismus entfernt ist, der Menschenrechte nur innerhalb einer Kulturtradition gelten lassen will.

5. Sinnstrukturen und Stoffbilanzen

Zwischen einer Hermeneutik, mit der Kulturen in ihrem inneren Zusammenhang und Eigensinn „verstanden“ und materielle Kulturen zu „Symbolen von Bedeutung“ werden, und einer Analytik, die den Naturstoffwechsel von Kulturen in seinen materiellen Strukturen und Konsequenzen für die Lebenswelt untersucht, scheint keine Brücke zu bestehen. Entweder man „versteht“ die innere Logik einer Kultur (oder, auf der gleichen Ebene, konstatiert die „Nichtverstehbarkeit“ mangels Brücken „transversaler Vernunft“) und hat keine Möglichkeit mehr, wertend oder normativ ihren Naturstoffwechsel (oder ihren Umgang mit Menschenrechten) zu untersuchen, oder man analysiert die „Nachhaltigkeit“ oder Zukunftsfähigkeit anhand von Stoff- und Energieströmen und scheitert an der Vernachlässigung der Ebene der symbolischen Bedeutung und der Akzeptanz im politischen, sozialen und kulturellen Umfeld.

Wie gelangt man von der kulturrelativistischen Position, in der Produkte und materielle Objektivationen kulturspezifische und kulturimmanente „Sinnstrukturen“ sind, zu den Stoffbilanzen und Energieströmen der ökologischen Diskussion? Werden nicht alle Versuche, entsprechende Kategorien und Kriterien zu implantieren, als Bevormundung – sei es des Westens und Nordens gegenüber den Kulturen des Südens, sei es der Konsumenten durch Öko-Moralisten – interpretiert werden? Ist die „verstehende“ Zugangsweise nicht eine wunderbare Rechtfertigung dafür, die „globalen Probleme“ als Scheinprobleme abzutun, die von den folgenden Generationen mit ihren neuen Mitteln schon gelöst werden – oder sie als Bestandteil einer im Evolutions- oder Schöpfungsprozeß, also einem Prozeß des Werdens und Vergehens, enthaltenen Dynamik zu interpretieren, in der auch die Gattung Mensch notwendigerweise einmal untergehen wird?

Wenn man etwas mehr über die Inhalte und das Entstehen der symbolträchtigen „Sinnstrukturen“ von Produktkulturen nachdenkt, dann erkennt man Verknüpfungen zwischen sozialkultureller Logik und anthropogenen Folgen für die Lebenswelt.

In der europäischen Sozialgeschichte wird gern die aus der aristotelischen Tradition stammende Formel von den sozialregulativen „Ideen des guten und richtigen Lebens“ verwendet.[22] Bei ihnen handelt es sich um typische „Sinnstrukturen“ oder „Bedeutungsschemata“ im Sinne jener Theorien, die wir oben zitierten.

In die Formulierung der sozialregulativen Ideen vom guten und richtigen Lebens gehen heute die Erfahrungen von Umweltkrisen ein (ähnlich wie bei den Menschenrechten „Verletzungserfahrungen“ und Unrechtsempfindungen). Sie verarbeiten sie auf verschiedenen Ebenen: auf jener von Suchbewegungen, die von außen angeregt werden, und in Prozessen im Inneren von Gesellschaften, vermittelt durch die Motive und Handlungen der Individuen. Auch in der Moderne lassen sich die Konsumenten auf Dauer nicht abspeisen mit den Hinweisen auf Sachzwänge oder das Wirken unabhängig voneinander agierender Systeme. Wenn die Folgen der durch den Naturstoffwechsel hervorgerufenen Prozesse mit derjenigen der Wünsche der Individuen konflikthaft und existentiell zusammenstoßen, dann lassen sie sich auch zur Revision der „Sinnstrukturen“ ihres Handelns motivieren.

Amitai Etzioni argumentiert: „Akteure streben nach Vergnügen (und daher nach Eigennutz) und versuchen, nach ihren moralischen Verpflichtungen zu leben.“[23] In der Kombination der beiden Sätze liegt genau der Ansatz, den es hier zu verfolgen gilt. Im sozialkulturellen Bereich definierte und bestätigte Standards, Werte und Normen des Konsums stehen in einer spannungsreichen Beziehung zu bloßer Marktorientierung. Konsumenten entscheiden – darauf haben uns die Gedanken zu Produktkulturen und zu den Sinnstrukturen der Entscheidungen aufmerksam gemacht – nicht nur nach Gebrauchswert, das sei zugestanden. Aber sie entscheiden auch nicht nur aus Habgier oder sozialem Distinktionsbestreben.

Kultur als ein „geordnetes System von Bedeutungen und Symbolen, vermittels dessen gesellschaftliche Interaktion stattfindet“[24], enthält unter den Bedingungen des Lebens in stabilen und überlebensfähigen Kulturen auch Elemente, mit denen der Horizont Zukunft einbezogen wird, und oft genug auch Aspekte einer „Ästhetik der Subsistenz“. „Der Mensch formiert auch nach den Gesetzen der Schönheit“, lasen wir einst bei Karl Marx. Heute sprechen andere von einer „Eleganz der Einfachheit“[25] und konstruieren so einen ästhetischen Unterbau dauerhafter Existenz.

Wenn entsprechende Standards in die „Ideen vom guten und richtigen Leben“ eingehen, dann erspart dies Nutzerbevormundung und Ökodiktatur. Es gilt aber auch umgekehrt: Erst wenn diese Standards Bestandteil der kulturspezifischen Sinnstrukturen des alltäglichen Handelns geworden sind, dann gibt es Chancen für „nachhaltige Entwicklung“. Moral allein genügt dazu nicht. Sie ist auch nicht zuverlässig genug. Für die Zukunft bedarf es einer integralen Sozialkultur, die kompatibel ist mit nachhaltiger Entwicklung. Diese aber wiederum wird nicht ohne weiteres kompatibel sein mit den gängigen Konzepten von Modernisierung.

6. Die Praxis entscheidet

Seit einigen Jahren wird über „Nachhaltige Entwicklung“, „Neue Wohlstandsmodelle“ und „Alternative Konsummodelle“ diskutiert. Das Thema ist „in“. Neue Etiketten werden geklebt, Aktivitäten (oder ist es Aktionismus?) überall beobachtet. Stoff- und Energiestromanalysen sind in aller Munde und signalisieren: Umbau ist machbar. Die Techniker stehen auf dem Sprung, neue Systeme in Serie gehen zu lassen – großtechnisch oder *small is beautiful*, ganz wie es beliebt. Auch die Ökonomen können sich den Umbau vorstellen. Die Politiker scheinen am zaghaftesten zu sein und sich sowie der Bevölkerung am wenigsten zumuten zu wollen.

„Hoffnung Alltag" beschwören die einen, weil sie in empirischen Trends des Alltags bei vielen in den Wohlstandsgesellschaften des Nordens die Bereitschaft ausmachen, über neuartige Ansprüche an Lebensqualität, bezogen auf Zeitsouveränität, gesunde Ernährung usf. bedeutende Potentiale für das Umsteuern ausmachen. Sie lenken die Aufmerksamkeit auf die Macht von Trends und Moden, mit denen wirkungsvoller als mit Vorschriften Veränderungen erzielt werden können.

Skeptisch bis pessimistisch bleiben die anderen: Diese Trends bleiben marginal, meinen sie; notwendig sind Veränderungen von ganz anderen Größenordnungen. Müssen wir nicht, auch weil für das Umsteuern nach Auffassung der Experten wenig Zeit zur Verfügung steht, viel mehr auf Verzicht und Einschnitte vorbereiten?[26]

Scheitert der sozialökologische Umbau an den Definitionsmächten und den bedeutungsgeladenen Symbolsystemen in Konsum und Alltag, die sich genauswowenig den pragmatischen Kalkülen der „nachhaltigen Entwicklung" unterordnen lassen wie Hunger und Not auf der anderen Seite der Medaille? Oder haben wir eine Chance, gestützt auf wirksame neue Ideen vom guten und richtigen Leben, Produktkulturen des nachhaltigen Umgangs mit Ressourcen und Lebenssphären zu entwickeln? Es wird eine Frage der Praxis sein.

7. Fruchtbare Nord-Süd-Begegnungen in der „nachhaltigen Entwicklung"

Bei den Suchbewegungen und Strategien, mit denen Pfade „nachhaltiger Entwicklung" ausgekundschaftet werden, sind heute Nord und Süd, reiche und arme Länder sowohl technisch als auch sozialkulturell miteinander eng verknüpft. Nur wenn im Norden effizient und glaubwürdig Strategien des Umbaues entwickelt und praktiziert werden, dann besteht auch im Süden eine Chance dafür.

Mittlerweile wächst dabei die Reziprozität der Beziehungen. In der Nord-Süd-Begegnung entstehen interessante einschlägige Innovationen, deren Nützlichkeit nicht nur auf die Kulturen des Südens beschränkt ist.

Die Entwicklungszusammenarbeit hat aus der Krise ihrer traditionellen Methoden heraus inzwischen Strategien entwickelt, die sie auch für die Strukturanpassung des Nordens interessant werden lassen.[27] Lehmziegel und Lehmbauweise sind über den Umweg der „einfachen Technologien" der Entwicklungsarbeit wieder zu uns zurück gekommen. Auf der Ebene neuer Agrarkultur sind schon vor vielen Jahren entscheidende Impulse für die „eigenständige Regionalentwicklung" in Österreich und der Schweiz von Rückkehrern aus der sogenannten „Entwicklungshilfe" ausgegangen.[28] Wenn die Millionenstadt Curitiba in Brasilien, wie während der Umweltkonferenz in Rio 1992 bekannt geworden, vorbildliche umweltorientierte Stadtplanungspolitik betreibt, dann wird das möglicherweise auch auf Europa ausstrahlen.[29] Dies wäre eine Chance, die Nord-Süd-Begegnung nicht nur in den Köpfen einiger weniger sensibilisierter Fortschrittszweifler fruchtbar werden zu lassen.[30] Endlich könnten die Länder des Südens einmal nicht nur Empfangende, sondern auch Gebende sein und die Hoffnung von Wolf Lepenies, daß belehrende Gesellschaften zu lernenden werden könnten, wäre nicht eitel.[31] Heute steht nicht mehr „Entwicklung" im Sinne der Konzeptionen und Strategien der 60er und 70er Jahre an. Angemessener ist es, zu reden von einem „Lernprozeß zur Erhöhung der Lebensfähigkeit einer Gesellschaft"[32], und dabei sind Nord und Süd gleichermaßen gefordert.

8. Dreisteinefeuer und Energiekrise

Wie im Süden aus der Kombination von lokalen Erfahrungen und entwickelter Technologie vielversprechende Innovationen entstehen können, zeigt die Geschichte vom Herdfeuer in Kenya. Es ist eine einfache und bekannte, aber immer wieder eindrucksvolle Geschichte aus der Entwicklungszusammenarbeit und deswegen eine globale Geschichte; es ist gleichzeitig aber auch eine lokale, denn es geht um lokal produzierte gebrannte Einsätze für einfache Kochherde in Kenya.[33] Sie sind Produkt der „Entwicklungshilfe“, besser: der „Technischen Zusammenarbeit“ zwischen Nord und Süd, und sie sind ein Produkt, das in dieser Form nur aus der Begegnung von Nord und Süd hervorgehen konnte.[34] Gleichzeitig ist es eine Produktkultur, die nicht nur, wie die inzwischen massenhaft dokumentierten Schrott- und Abfalltechniken, von den Brosamen vom Tisch der Reichen lebt, sondern eigenständiges Neues bedeutet.[35]

Wenn vielleicht drei Fünftel der Menschheit immer noch ihr Essen auf Holz-, Holzkohle- oder Dungfeuer kochen, dann ist es eine außerordentliche Erleichterung, wenn sie beim Kochen Brennstoff einsparen können – zumal wenn das Sammeln und Transportieren dieser Brennmaterialien viel Arbeitszeit beansprucht (vor allem solche von Frauen), und wenn durch das Einsparen Wälder geschützt werden und Dünger für die Weiden oder Äcker erhalten bleibt.

In Kenya, einem für Afrika immer noch verhältnismäßig wohlhabenden Land, wird vom gesamten Endenergieverbrauch mehr als die Hälfte von ländlichen Haushalten in Form von Holz und getrocknetem Dünger für Koch- und Heizenergie verbraucht (im Hochland ist es nachts empfindlich kalt, sodaß man auch für die Wärme des Herdfeuers dankbar ist). Schon 1980 wurden von 12,9 Millionen Tonnen Feuerholz und 0,63 Mio. t Holzkohle (das entspricht 5,8 Mio. t Holz) (insgesamt also 18,7 Mio. t) nur 13,1 Mio. t von nachwachsendem Holz gewonnen, und 5,6 Mio. t von der Waldsubstanz - von der dann in einigen Jahren nicht mehr viel übrig sein wird, wenn man so weiterwirtschaftet. Devisen für fossile Brennstoffe fehlen – ganz abgesehen von der Infrastruktur für Kohletransport oder Tankstellen. Also ist es zunächst sinnvoll, den Holzverbrauch vor Ort zu reduzieren. Man versucht das, indem man das traditionelle „Drei-Steinefeuer“ ersetzt durch Herde. Aber eiserne Kochherde oder „Sparherde“, wie sie in Europa seit dem 19. Jahrhundert eingeführt wurden, wären viel zu teuer. Die Alternative sind Herdeinsätze (Brennkammern) aus gebranntem Ton, um die herum in Eigenbau einfache und leicht zu erneuernde Herde aus Lehm oder Zement und Reisig mit oder ohne Rauchabzug gebaut werden.

Als angepaßte Technologie leben diese Herde von der Verbindung von modernem und altem Wissen und Erfahrungen: Mit modernen Meßtechniken werden die Formen von Herdeinsätzen konstruiert und optimiert, die dann aus lokalem Material in einheimischen Brennöfen als Einsätze gebrannt, auf den lokalen Märkten für wenig Geld verkauft und dann von den Frauen in den ländlichen Regionen Kenyas in ihren Häusern in Lehmherde eingebaut werden: Bis zur Hälfte des Brennstoffes im Vergleich zu dem offenen Dreisteinefeuer kann so eingespart werden, außerdem bleibt die Küche rauchfrei.

Es handelt sich um ein frauenspezifisches Projekt: Gesundheit, Kindererziehung, Landarbeit werden für die Frauen erleichtert, wenn sie weniger Zeit zum Sammeln von Brennstoff verwenden müssen.[36] Es ist ein ökologisch interessantes Projekt: Verbunden mit „Agroforesting“, dem gezielten Anbau von rasch wachsenden Bäumen und Sträuchern, kann der Brennstoffbedarf mit nachwachsenden Rohstoffen oft sogar auf dem eigenen Hof gedeckt, der Wald erhalten und an anderen Stellen durch Anpflanzungen Erosionsschutz betrieben werden.

Das läßt sich nur sehr mühsam flächendeckend verbreiten – aber auch in der europäischen Geschichte hat es lange gedauert, bis rauchfreie Stubenöfen, Sparherde und dergleichen sich durchgesetzt hatten, und auch dabei war die ganze Skala der sozialkulturellen Möglichkeiten von herrschaftlich verordneten Vorschriften zum Brandschutz und Holzsparen über importierte Vorbilder bis zu Marktprozessen beteiligt.

9. Lokalität und Modernität in nachmodernen Wirtschaftsstilen

Projekte wie dieses sind angewiesen auf ein regionales Milieu, in dem sie sich entwickeln können. Die „Hybridität", die Kulturwissenschaftler allen modernen Kulturen bescheinigen[37], findet sich in besonders interessanter Form in jenen Mischungen aus Lokalität und Modernität, die sich aus der Krise der regionalen Lebenswelten ergeben. Der Rückgriff der Entwicklungs- wie der Regionalpolitik auf neomerkantilistische „kleine Kreisläufe" und „eigenständige Regionalentwicklung" ist nicht Produkt voluntaristischer Ideologisierungen, sondern schuldet sich der Realdialektik in der nicht mehr nur auf der Ebene des Gedankens „reflexiven" Modernisierung.

Wenn Regionalentwicklung nicht mehr nur als abhängige Funktion der staatlichen Entwicklung betrachtet wird, sondern die Bewohner der Regionen ihre eigenen Lebensinteressen in den Vordergrund stellen, dann entstehen solche Mischungen. Yash Tandom schildert, wie nach dem Erwachen aus „kolonialer Betäubung" in Zimbabwe nach den Fehlschlägen von „Entwicklung" die regionsspezifischen Produkte (der Grassteppe z.B.) wiederentdeckt werden und mit „Low-External-Input-Agriculture" (LEIA) die Nachteile von High-External-Input-Agriculture (HEIA) kompensiert werden.[38] Das erinnert außerordentlich an die „Eigenständige Regionalentwicklung" im deutschsprachigen Bereich. Sie kommt meist ohne die afrikanische Beschwörung der Geister zugunsten der Ökologie aus[39] – aber auch hier sind die Wege nicht so weit voneinander entfernt, denkt man an die Revitalisierung von spekulativer Naturreligiosität in europäischem Kontext.[40] Die spezifische „hybride" Mischung von Modernität im Detail und Lokalität in der Interessenorientierung verspricht interessante Perspektiven.

Konzepte dieser Art sind zu interpretieren als Suchbewegungen, mit denen in einer mehrfach dilemmatischen Situation Chancen und Spielräume für die Zukunft ausgelotet werden. Im Norden scheint Umbau in Richtung auf Nachhaltigkeit nur mit Verzicht und Rückbau möglich. Aber technisch ist viel mehr möglich – Studien wie „Faktor vier"[41] und „Zukunftsfähiges Deutschland"[42] versuchen dies zu beweisen und Ängste vor dem Verzicht auf Lebensqualität abzubauen. Die dabei erörterten Strategien setzen jedoch lange Fristen voraus, und ihre Ergebnisse laufen Gefahr, durch Wachstum anderswo überkompensiert zu werden. Der entscheidende Engpaß liegt bei den Konsumenten[43]: Nur aus moralischen Gründen werden sie keinen Anlaß sehen, ihr Verhalten zu ändern, selbst wenn sie nicht mit Lebensqualitätseinbußen zu rechnen hätten (und nicht einmal das ist in der Zweidrittelgesellschaft gewährleistet). Daher ist die Vermittlung zwischen den Stoffbilanzen und den für die Konsumenten zentralen Sinnstrukturen der Produktkulturen, wie sie in den unserer Gegenwart angemessenen Mustern des „guten und richtigen Lebens" zu leisten wäre, von zentraler Bedeutung, wenn es um eine akzeptanzfähige Strategie der Nachhaltigkeit geht.

1 Siebel, Walter: Stadtkultur. In: Das neue Interesse an der Kultur. Hagen 1990 (Kulturpolitische Gesellschaft, Dok., 34), 133-146.
2 Groh, Dieter: Anthropologische Dimensionen der Geschichte. Frankfurt/M. 1992, 61.
3 Unter den Archäologen wird über die Interpretation der Kultur des Tarxien im prähistorischen Malta gestritten: Die einen erklären ihren Untergang durch eine „verheerende Fixierung auf die Religion" und eine

„fiebrige Irrationalität", bei der die Tempelkulte „zur Obsession geworden" waren und die natürliche Existenzbasis über Gebühr vernachlässigt wurde, die Gesellschaft somit an einem Ritualzwang zugrundegangen sei (Malone, Caroline u.a.: Totenkult und Ende der archaischen Kultur Maltas. In: Spektrum der Wissenschaft Feb. 1994, 82-90, 90). Die Kritiker dieser These meinen, auch ganz andere Gründe könnten dafür verantwortlich sein, vgl. den Leserbrief von Ulrich Linse Spektrum der Wissenschaft Nov. 1994, 9-11.

4 Groh a.a.O. 62.

5 Groh a.a.O. 72, einen Begriff von K. V.Flannary benutzend. Auch die in Anm. 3 genannte Interpretation der Tarxien-Kultur Maltas wäre eine solche „hierarchische Pathologie".

6 Vgl. die in Art. 6 zitierten Überlegungen von Fred Hirsch: Die sozialen Grenzen des Wachstums. Reinbek 1980.

7 Fél, Edit und Tamás Hofer: Das Ordnungsgefüge bäuerlicher Gegenstände am Beispiel der Aussteuer in Kalotaszentkirály (Siebenbürgen). In: Kontakte und Grenzen. Festschrift für Gerhard Heilfurth, Göttingen 1969, 77-92, 77. Vgl. auch die Erörterungen über Dinge als Zeichen, die neben Aufsätzen zur Aneignung und Ausgestaltung von Produktwelten enthalten sind in: Umgang mit Sachen. Zur Kulturgeschichte des Dinggebrauchs. Volkskunde-Kongreß in Regensburg 1981, Regensburg 1983, und die stärker empirisch-materiell ausgerichteten Annäherungen in: Hansen, Wilhelm (Hg.): Arbeit und Gerät in volkskundlicher Dokumentation. Münster 1969.

8 Fél, Edit und Tamás Hofer: Geräte der Átányer Bauern. Kopenhagen 1974.

9 Hofer, Tamás: Gegenstände im dörflichen und städtischen Milieu. Zu einigen Grundfragen der mikroanalytischen Sachforschung. In: Wiegelmann, Günter (Hg.): Gemeinde im Wandel. Münster 1979, 113-135, 113. Dort auch weitere Literatur.

10 A.a.O. 115.

11 A.a.O. 115/116.

12 A.a.O. 120.

13 A.a.O. 120.

14 A.a.O. 123.

15 Eisendle, Reinhard und Elfie Miklautz (Hg.): Produktkulturen. Dynamik und Bedeutungswandel des Konsums. Frankfurt/New York 1992, 11. Vgl. auch Brewer, John; Porter, Roy: Consumption and the World of Goods. Routledge, London and New York 1993.

16 A.a.O. 12.

17 A.a.O. 18.

18 Zur Systemtheorie vgl. Kornwachs, Klaus: Systemtheorie als Instrument der Interdisziplinarität? In: Spektrum der Wissenschaft 1994, Sept., 117-121.

19 Vgl. die Beiträge 6 und 7 in diesem Band.

20 Sahlins, Marshall: Kultur und praktische Vernunft. Frankfurt/M. 1981, 7.

21 A.a.O. 8.

22 Vgl. Groh 1992: 38, 58.

23 Etzioni, Amitai: Jenseits des Egoismus-Prinzips. Ein neues Bild von Wirtschaft, Politik und Gesellschaft. Stuttgart 1994. zit. in einer Rezension von Warnfried Dettling in Die Zeit v. 12.8.1994.

24 Geertz, Clifford: Dichte Beschreibung. Frankfurt/M. 1983, 99.

25 9. Toblacher Gespräche 1993.

26 Vgl. jetzt Reusswig, Fritz: Lebensstile und Ökologie. Gesellschaftliche Pluralisierung und alltagsökologische Entwicklung unter besonderer Berücksichtigung des Energiebereichs. Institut für sozial-ökologische Forschung, Verlag für Interkulturelle Kommunikation. Frankfurt am Main 1994 (Sozial-ökologische Arbeitspapiere: AP 43), und: Welche Dinge braucht der Mensch? Hintergründe, Folgen und Perspektiven der heutigen Alltagskultur. Katalogbuch zur gleichnamigen Ausstellung. Hg. im Auftrag des Deutschen Werkbundes Hessen von Dagmar Steffen. Frankfurt/M. 1995. Ferner: Zukunftsfähiges Deutschland. Ein Beitrag zu einer global nachhaltigen Entwicklung. Hg. von BUND und Misereor. Studie des Wuppertal Instituts für Klima, Umwelt, Energie GmbH. Birkhäuser Verlag Basel, Boston, Berlin 1996.

27 Elshorst, Hansjörg: Kompetent für Süd und Nord: GTZ. In: epd-Entwicklungspolitik 5/1994, 19-25, 24.

28 Rohrmoser, Anton: Kultur in der eigenständigen Regionalentwicklung. In: Dorf als sozial- und kulturpolitisches Handlungsfeld. VHS Landkreis Kassel, Kassel/Wolfhagen 1994.

29 Goerdeler, Carl D.: Insel der Seligen. In: Die Zeit Nr. 39 v. 23. Sept. 1994, 44.

30 Vgl. Klima-Bündnis/Alianza del Clima e.V. (Hg.): Amazonasindianer am Main. Die Stadt Frankfurt und ihre Partnerschaft mit den Aguaruna- und Huambisa-Indianern Perus. Frankfurt/M. 1994 (Klima-Bündnis-Texte 1).

31 Lepenies, Wolf: Das Ende der Überheblich-

keit. Wir brauchen eine neue auswärtige Kulturpolitik. In: Die Zeit Nr. 48 v. 24. Nov. 1995, S. 62.

32 Ebenezer Mireku (Ghana), zitiert in in: Zukunftsfähiges Deutschland (s. Anm. 26), 265.

33 Wesentliche Anregungen für diese Passage verdanke ich Frau Dr. Agnes Klingshirn, die bei der GTZ dieses Projekt bearbeitete. Vgl. Klingshirn, Agnes: Special Energy Programm Kenya. Women and Energy Project. Final Documentation, April 1989.

34 Westhoff, Beatrix und Dorsi Germann: Stove Images. Foyer en Images. Estufas en Imágenes. Brandes und Apsel, Frankfurt/M. 1996.

35 Kunath, Wolfgang: Schönes aus Schrott. Recyclingkünste in der Dritten Welt. In: Die Zeit v. 3. März 1989, und Aladins neue Lampe. Recycling in der Dritten Welt. Ausstellung Museum für Völkerkunde, Freiburg 1991.

36 Mundt-Beisel, Christina: Studie über die Zusammenhänge zwischen Bevölkerungsentwicklung und Ressourcenverbrauch und über die gesundheitlichen Folgeschäden der Verbrennung von Biomasse. GTZ OE 4230. Eschborn 1994 (Ms.).

37 Said, Edward W.: Kultur und Imperialismus. Einbildungskraft und Politik im Zeitalter der Macht. S. Fischer, Frankfurt/M. 1994.

38 Tandom, Yash: Gemeinschaftsrechte und Umwelt in Afrika. In: Wolfgang Sachs (Hg.), Der Planet als Patient. Über die Widersprüche globaler Umweltpolitik. Birkhäuser Verlag, Berlin, Basel, Boston 1994 (Wuppertal Paperbacks), S. 227-250, 229f.

39 A.a.O. 242.

40 Vgl. z.B. Haid, Hans: Mythos und Kult in den Alpen. Ältestes, Altes und Bergheiligtümer im Alpenraum. 2. Aufl. Mattersburg 1992, oder Kamper, Dietmar; Christoph Wulf (Hg.): Das Heilige. Seine Spur in der Moderne. Frankfurt/M. 1987.

41 Weizsäcker, Ernst Ulrich von, mit Amory und Hunter Lovins: Faktor vier. Doppelter Wohlstand – halbierter Naturverbrauch. Droemer Knaur München 1995.

42 Zukunftsfähiges Deutschland. Ein Beitrag zu einer global nachhaltigen Entwicklung. Hg. von BUND und Misereor. Studie des Wuppertal Instituts für Klima, Umwelt, Energie GmbH. Birkhäuser Verlag Basel, Boston, Berlin 1996.

43 Zinn, Karl Georg: Wie umweltverträglich sind unsere Bedürfnisse? Zu den anthropologischen Grundlagen von Wirtschaftswachstum und Umweltzerstörung. In: Daecke, Sigmund Martin (Hrsg.): Ökonomie contra Ökologie? Wirtschaftsethische Beiträge zu Umweltfragen. Stuttgart/Weimar 1995, S. 31-62.

6.
Marktstruktur und Kulturprozeß. Überlegungen zum Verhältnis von Kultur und kapitalistischer Gesellschaft

1. Gibt es epochale Unterschiede?

Das richtige Instrumentarium entscheidet über den Erfolg einer Arbeit. „Ein Narr fragt mehr, als zehn Weise antworten können", heißt es. Denkbar ist eine Umkehrung der Wertung dieses Spruchs: Ein Weiser ist, wer die richtigen Fragen zu stellen weiß. Die operationalisierte Fragestellung setzt eine Vorstellung von der Struktur des Gegenstands, ja von der Realität im Kopf des Fragenden voraus. Das bewahrt davor, im strukturlosen Sumpf der Totalität einer Wirklichkeit den Boden zu verlieren. Vor der Gefahr, nur das zu finden, was einer sucht, feit dies allerdings auch nicht – dazu bedarf es der Realitätskontrolle und des Kommunikationsprozesses Wissenschaft. Eine richtige Frage zu stellen, setzt freilich auch voraus zu wissen, wozu (warum) einer eine Antwort braucht (will).

Wenn wir uns in der Kulturanalyse die Frage nach dem Verhältnis von Volkskultur und Industriegesellschaft stellen, dann geht es darum, für die Analyse breitenkultureller Prozesse ein geeignetes Instrumentarium zu entwickeln. Es muß bezogen sein auf „Industriegesellschaft" als Ganzes – also kann es nicht um irgendwelche marginalen Teile oder Relikte gehen. Unterstellt wird auch, daß es sich bei „Industriegesellschaft" um etwas handelt, was eine Spezifik besitzt, das heißt, sich unterscheidet von vorhergehenden (und nachfolgenden) Phasen der historischen Entwicklung – weshalb, sofern es um *unsere* geht, am besten von *kapitalistischer* Industriegesellschaft zu reden wäre. Die Berücksichtigung des epochalen Wandels in der Kulturentwicklung befreit von den Fesseln der Bindung an einmalige historische Paradigmen der Kultur wie das der vorindustriellen ländlichen Volkskultur. Als an die Stelle der Suche nach einer ewigen Volksseele, nach dem Volkscharakter oder nach kulturellen Universalien die Einsicht trat, daß die konkrete historische Gestalt der Kultur und die Faktoren ihrer Veränderungen die für eine gesellschaftsrelevante Kulturanalyse wichtigeren Aspekte sind, da traten phasenspezifische Entwicklungen ins wissenschaftliche Blickfeld. Nicht nur die Mikrostrukturen des Alltags, auch die Makrostrukturen der Gesellschaft prägen die Kultur.

Entsprechende theoretische Konzepte sind jedoch erst unzureichend entwickelt. Also müßten wir uns unterhalten über die kulturelle Dimension der Unterschiede „ökonomischer Gesellschaftsformationen" oder „strukturgeschichtlicher" Epochen.[1] Gewiß benennen beide Begriffe als Exponenten unterschiedlicher wissenschaftlicher Schulen nicht das gleiche. Charakteristikum für beide aber ist die Strukturierung des Zeit-Kontinuums, das Unterstellen eines Umschlags von Quantität in Qualität im historischen Prozeß. Gewiß gehen viele Veränderungen so allmählich vor sich, daß die Zeitgenossen oft nicht begreifen, daß (und wo) entscheidende Wandlungen sich abspielen. Sobald aber einer Zeitschnitte in größeren Abständen legt, unterscheidet er epochale Wandlungen auch in der Kultur. Ihren Zusammenhang mit den fundamentalen gesellschaftlichen Wandlungsprozessen zu untersuchen, damit auch nach Ursachen von Kulturwandel zu fragen, das gehörte zur Analyse der Formationsspezifik der Kultur.

Wir müßten in diesem Zusammenhang darüber nachdenken, inwieweit Kultur ein nicht nur gruppenspezifisches, sondern auch gesellschaftliches Phänomen ist, das sich auch mit dieser insgesamt wandelt (und müßten damit eine Antwort auf die Frage „Gesellschaft, was ist das?" bereits im Hinterkopf haben). Wir würden auch unterstellen, daß die Dynamik des Kulturwandels nicht willkürlich ist, sondern daß ein Zusammenhang besteht zwischen dem materiellen Lebensprozeß einer Gesellschaft (Stoffwechselprozeß) und ihrer Kultur – daß nach gut kulturanthropologischer Theorietradition das Kultursystem lebensnotwendige Leistungen für das gesamte gesellschaftliche System erbringt (ein Ansatz, der auch aufrechterhalten werden kann, wenn es um rivalisierende Kulturen innerhalb einer Kultur geht: Arbeiterkultur zum Beispiel produziert für die soziale Gruppe und für die perspektivische Überlebensfähigkeit der Gesellschaft wichtige Leistungen).[2]

Wir gehen davon aus, daß gesellschaftliche Makrostrukturen für die Kulturanalyse wichtig sind, weil diese sich nicht nur mit atomisierten „Kulturelementen" beschäftigt. Die Analyse kann nicht verzichten auf die Interpretation ihrer Gegenstandsbereiche in größeren Zusammenhängen – sonst würde sie stehenbleiben bei Versuchen, zum Beispiel als „Volkskunde des Fahrrads" nur die dekorativen Hinzufügungen, nicht aber die Nutzung (und die Folgen der Nutzung) als eigentlichen kulturellen Umgang mit dem Fahrrad zu untersuchen. Sie kann daher auch nicht auskommen ohne Bezug auf gesamtgesellschaftliche Phänomene wie etwa den Markt.

Wir müssen bei unseren Überlegungen ferner berücksichtigen, daß keine der übrigen akademischen Disziplinen sich systematisch mit diesen gesamtgesellschaftlichen *kulturellen* Makro-Aspekten beschäftigt – Kulturanalyse müßte und sollte sich wohl ihrer annehmen. Kulturtheorie existiert ohnehin nur als rudimentäres Anhängsel verschiedenster anderer Disziplinen. Infolgedessen gibt es – sieht man von der intensiven kulturtheoretischen Tätigkeit der Sektion Ästhetik und Kulturwissenschaften an der Humboldt-Universität in Berlin[3] ab – auch keinen kontinuierlichen wissenschaftlichen Diskussionszusammenhang zu Fragen der Kulturtheorie und der Formationsspezifik der Kultur.

2. *Kapitalismus als Phase der Kulturentwicklung*

Es gibt Versuche, die kulturellen Folgen des Kapitalismus in allgemeiner Form zu beschreiben. „Kapitalismus" ist für sie jene Phase der gesellschaftlichen Entwicklung, in der die Produktion und der gesellschaftliche Reproduktionsprozeß der Gewinnung und Vermehrung von reinen Tauschwerten unterworfen wird: Privates Kapital wird eingesetzt, um Waren zu produzieren, mit denen mehr privates Kapital erzielt werden kann. Die (gesellschaftliche) Form, unter der dies praktiziert wird, ist dabei von kleinen marginalen Bereichen ausgehend allmählich dominierend geworden (ohne deswegen unbeschränkt zu gelten) – aber schon historisch kann „der Kapitalismus" nicht als eine einzige einheitliche Form gesehen werden. Er wandelt seine gesellschaftliche Form gegenwärtig erneut mit rasanter Geschwindigkeit. Aussagen zu den Formen von gestern müssen daher nicht unbedingt für heute gelten. Die verallgemeinernden Aussagen, um die es hier zunächst geht, beziehen sich jedoch vor allem auf die den heutigen unmittelbar vorausgehenden, zum Teil noch wirkenden historischen Formen.

Natürlich verlangt und entwickelt dieses System „Kapitalismus als Industriegesellschaft" in dieser wie in anderen Varianten spezifische Persönlichkeitseigenschaften und kulturelle Orientierungen – Eigenschaften der Produzenten ebenso wie solche der als Konsumenten auftretenden gesellschaftlichen Individuen. Für einige Aspekte liegen dabei die positiven Wertungen dicht neben den negativen. Was einerseits Nivellierung durch den Warenverkehr bedeutet, läßt sich andererseits als Vereinheitlichung interpretieren, mit deren Hilfe universelle Kommunikation möglich ist – Internationalität und Beweglichkeit der Gewohnheiten lassen sich als Fortschritt werten. Der Kapitalismus realisiert „erstmals eine gesamtgesellschaftliche Kultur".[4]

Kaspar Maase faßt die positiven Aspekte[5] folgendermaßen zusammen: „Die Lebensweise der Lohnarbeiter ist kulturhistorisch charakterisiert als bisher höchste Stufe subjektiver Kultur einer werktätigen Klasse durch die *Einheit von tendenziell wissenschaftlich orientierter gesellschaftlicher Praxis* in der Produktion wie in der Regelung der sozialen Lebensverhältnisse *mit prinzipiell unbeschränktem Genuß gesellschaftlichen Reichtums in der Reproduktion* – und zwar als historisch 'nach vorne offener' Massenprozeß. Für die arbeitsfreie Zeit lassen sich folgende progressive Grundzüge nennen (von denen im Kapitalismus jeder durch innere Widersprüche gekennzeichnet ist): räumliche und zeitliche Trennung der Arbeit von den übrigen Lebenstätigkeiten; großstädtische Lebensform; Verfügung über wachsende Mengen individuell freier Zeit, verbunden mit disponiblen Geldmitteln; Konsum rasch wechselnder Güter industrieller Massenproduktion, die über den Markt erworben werden und damit den Reichtum des weltweiten Austauschs materieller und geistiger Produkte erschließen; Teilhabe an allen Formen der Massenkommunikation vom Reisen bis zu modernen Medien; Vergesellschaftung der indivudellen Reproduktionsleistungen mit der Tendenz ihrer zunehmend rationellen, produktiven und entlastenden Gestaltung (Hausarbeit, Erziehung etc.); tendenziell lebenslange Teilnahme an gesellschaftlich organisierten Qualifizierungs- und Bildungsprozessen."[6]

Läßt sich eine solche Einschätzung auch theoretisch trefflich begründen, so befriedigt sie als gleichsam sozialistische Variante von Modernisierungstheorien nicht. Für die Gegenwart können solche Wertungen aufgrund der höchst unterschiedlichen „fragmentierenden" Entwicklung in den verschiedenen Bereichen von Gesellschaft und Produktion nicht mehr einfach nachvollzogen werden – zu deutlich wird das, was Maase als „innere Widersprüche" benennt, als Deprivation und Deformation erlebt.

Im folgenden wollen wir versuchen, einige Aspekte der Dialektik gesamtgesellschaftlicher Kulturdynamik im Industriekapitalismus kenntlich zu machen. Durch sie werden die Grenzen der „Kulturleistungen" des Kapitalismus erkennbar.

3. Kultur und Wachstum in der kapitalistischen Industriegesellschaft

Auf kultureller Ebene ist das gesellschaftliche System des Kapitalismus genausowenig widerspruchsfrei wie auf ökonomischer und politischer (und Kaspar Maase deutete in dem obigen Zitat entsprechende Widersprüche an). Ein Beispiel dafür ist der tendenzielle, allerdings nur scheinbare Egalitarismus der Marktgesellschaft. Thomas Mann nimmt ihn in seiner zweiten Emigrations-Heimat USA mit Erstaunen wahr und schreibt: „Die Gemeinsamkeit der Genuß- und Bildungsmittel ist fast vollkommen. Alle Welt raucht die gleichen Zigaretten, ißt den gleichen ice cream, sieht die gleichen movies, hört im Radio die gleiche Musik, selbst die Unterschiede des Kostüms, der Kleidung, verschwinden mehr und mehr, und der Student, der sich durch seiner Hände Arbeit die Mittel für sein Studium verdient, was im bürgerlichen Europa tief unter seiner Klassen-Würde gewesen wäre, ist eine alltägliche Erscheinung."[7]

Einerseits steigen die Lebenschancen auch des „doppelt freien Lohnarbeiters" im Kapitalismus im Vergleich zu vorindustriellen Zuständen. Andererseits gibt es, wie die Nationalökonomie belegt, enge Grenzen dafür. Die in sich widerspruchsvolle „egalitäre Tendenz" in der Gesellschaft wird gespeist durch – zunächst scheinbar unproblematische – Wachstumsraten: „Bei einer Wachstumsrate des Bruttosozialprodukts pro Kopf der Bevölkerung um jährlich 2 Prozent, die in industrialisierten Ländern über längere Perioden hinweg beobachtet worden ist und in den 60er Jahren als bescheiden bezeichnet wurde, findet in jeder Generation eine Verdoppelung statt. Auf diesem Weg – und auf ihm allein – konnten die Massen, die gegenwärtig die unterste Schicht der Einkommensverteilung bilden, mit der Zeit an deren Spitze gebracht werden. Der Prozeß des wirtschaftlichen Wachstums wird selbst dadurch stimuliert, daß innerhalb der Einkommensverteilung neue und als dringend empfundene Bedürfnisse von oben nach unten weitergegeben werden, weil die unteren Schichten jetzt jene Chancen wahrnehmen, die ursprünglich nur den oberen vorbehalten waren. Es hatte sich gezeigt, daß der Wachstumsprozeß langfristig eine Befriedigung dieser Bedürfnisse möglich machte. Die Luxusgüter der ersten Generation gehörten zum normalen Lebensstandard der zweiten und waren unverzichtbar für die dritte Generation; das galt für Automobile, Waschmaschinen, Fernsehgeräte und Auslandsreisen in unserem Jahrhundert ebenso wie in früheren Jahrhunderten für festgemauerte Häuser und Glasscheiben, wenngleich die entsprechende Verschiebung früher langsamer vonstatten ging."[8]

Das entspricht dem von Thomas Mann formulierten Eindruck. Eine Form der theoretischen Verarbeitung dieser Entwicklungen ist die „Sickertheorie", die entsprechende Prozesse als Kulturmechanik zu allen Zeiten am Werk sieht. Sie vernachlässigt dabei die Akzeleration im Wachstumskapitalismus oder umgekehrte Prozesse in der Krise; sie übersieht auch, daß bei der Begegnung von Kulturen mit unterschiedlichen Wertsystemen auch bewußt auf andere Formen gesetzt werden kann: Eine Kultur bzw. Teilkultur kann, wie dies mit der Tracht im Umkreis des Markt- und Dienstleistungs-Einzugsbereichs großer Städte geschehen ist (Vierländer Marktfrauen, Spreewälder Ammen), Elemente als Markenzeichen beibehalten. Sie kann auch versuchen, ihre Würde und Autonomie durch bewußte Verweigerung zu bewahren. Die in der Zeit der Konjunktur zwischen 1600 und 1850 reich gewordenen Milchbauern des Berner Oberlandes dachten „überhaupt nicht daran ... die Architektur der oberen Klassen zu imitieren oder zu übernehmen, ...sondern (entwickelten) ihre eigene Formsprache auf der Grundlage ihrer Tradition". Sie vollzogen dabei die Entwicklung der mitteleuropäischen Stilgeschichte „in völlig eigenständiger Weise" mit.[9]

Beim Diffundieren von Kulturelementen handelt es sich daher um keine allgemeingültige Mechanik, sondern nur um einen unter bestimmten Umständen eintretenden (oder: einen unter besonderen Bedingungen oft vermiedenen) Prozeß. Und umgekehrt ist einer der wichtigsten kulturellen Aspekte der Marktwirtschaft (mit dem sie sich von vorhergehenden Gesellschaften unterscheidet) die aggressive Dynamik, mit der dieser Widerstand partiell autonomer Teilkulturen für den Markt aufgebrochen wird (s. u.). Die Eroberung der Welt durch Coca-Cola und McDonald's ist nur der Gipfel. Wenn man diese Form von Kulturprozessen zu allgemeingültigen Regeln erklärt, dann fällt man auf die Ideologie der Marktwirtschaft herein, die von sich behauptet, eine überzeitlich „vernünftige" Form zu sein und doch ihre historische Gestalt kaum erst 200 Jahre entwickelt hat – und dies mit weltweiten Folgen, die ihr in dieser Form keine große Dauer mehr verheißen.

4. *Die Dynamik der Kulturwarenproduktion*

Fragen wir uns nach der kulturellen Relevanz von ökonomischer Dynamik, so werden wir verschiedene Ebenen auseinanderhalten müssen. Die erste Ebene ist diejenige der „Kulturwarenproduktion". Über sie wird am häufigsten gesprochen, bei ihr sind am ehesten die Unterschiede der Formation erkennbar: Handwerks- und Industrieproduktion zeitigen in ihr notwendigerweise unterschiedliche Ergebnisse. Bilderbogen sind etwas anderes als „Bild"-Zeitung. Quantitative Überlegungen zu den Kapazitäten von Produktion und Kaufkraft, Marktmodelle zu Produkten und Produktionen ließen sicherlich auch für vorindustrielle Verhältnisse vieles besser verstehen.

Für den entwickelten Kapitalismus gilt es, nicht nur die neuen Technologien (etwa der Kommunikation), sondern auch die immer intensivere, immer universellere Gültigkeit beanspruchende Wirkung von Marktprozessen (mit immanenten Tendenzen zur Monopolbildung) im Rahmen eines meist vom Anbieter (und nicht vom Käufer) dominierten, sich auf immer neue Lebensbereiche ausbreitenden Marktes zu berücksichtigen (und dies eben zeichnet die „Marktwirtschaft" als gesellschaftliches Prinzip aus – Marktprozesse gibt es in allen Gesellschaften, nur sind sie nirgendwo so dominant wie hier).

Die üblichen Beschreibungen von kulturellen Wandlungsprozessen gehen in vielen Fällen von der Fiktion der Konsumentensouveränität aus.[10] Angeblich sollen es freie Entscheidungen freier Marktsubjekte sein, die über Akzeptanz und Innovation entscheiden; notfalls ist es eine mystifizierte kulturelle Eigendynamik wie der „endogene Wandel", der zum Beispiel für Wandlungen der Kleidermode wie der geheimnisvollen Bewegung der Rocklänge von Knöchellänge bis zum Minirock und wieder zurück verantwortlich sein soll.[11] Daß die weltweite Verbreitung von Coke und Pepsi nicht allein eine Folge freier Konsumentenentscheidungen ist, sondern auch Ergebnis von Marktmacht und ausgefeilten Markt-Eroberungsfeldzügen und daß Fast-Food-Ketten wie McDonald's nicht allein wegen der Wunschvorstellungen von Heranwachsenden aus dem Boden sprießen, weiß man. Und wie ein Stadtteil wie Soho in London (das Beispiel ist übertragbar) seine Struktur verändert, läßt sich auch beschreiben: „Sex-Konzerne verdrängten hemmungslos unter Einsatz riesiger Summen das traditionelle Gewerbe des Viertels. Die Bosse der Sex-Branche kauften über Mittelsmänner ganze Straßenzüge auf. Binnen weniger Monate steigerten sie die Mieten derart, daß viele Händler und Restaurantbesitzer sie nicht mehr zahlen konnten und abwanderten. Dort zogen dann Sex-Läden und Pornokinos ein, die Soho nachts in ein riesiges Bordell zu verwandeln drohten."[12]

Aber nicht nur mit der Brutalität von „Big Business" müssen wir rechnen, sondern auch mit dem „kühlen Charme" von kaum entrinnbaren Strukturen. Fred Hirsch illustriert die nicht wählbaren Folgen von Marktprozessen mit dem Beispiel eines Buchladens (ein Fall, der bei uns einträte, wenn die im Prinzip marktwidrige Preisbindung für Bücher aufgehoben würde): „Wahlhandlungen werden oft auf dieser Basis einer Einzelentscheidung getroffen. So führt beispielsweise der Erwerb von Büchern in Discountläden am Ende zur Schließung der Buchhandlung am Ort. Trotzdem können die Käufer von Büchern niemals wählen, ob sie lieber billige Bücher und keine Buchhandlung oder teure Bücher und eine Buchhandlung haben möchten. Sie haben lediglich die Wahl zwischen billigen und teuren Büchern, und selbstverständlich ziehen sie das erstere vor. Die eigentliche Entscheidung für den weiteren Betrieb einer Buchhandlung um den Preis teurerer Bücher wird von ihnen zu keiner Zeit getroffen."[13]

Solange (und weil) der Konsument sich nur mit Hilfe von Marktpräferenzen artikulieren kann, fehlt ihm die Chance, auf die gesellschaftlichen (oder kulturellen) Folgen seines Handelns Einfluß zu nehmen. Marktmacht ist nicht nur Monopolmacht, sondern wird auch durch Kaufkraft realisiert. Sie wird aber in ihrer einfachen Form selten bezüglich ihrer gesellschaftlichen und kulturellen Relevanz diskutiert.[14]

Sowohl für einzelne kulturelle Prozesse als auch für die kulturellen Gesamtfolgen des Marktsystems ist die „Tyrannei kleiner Entscheidungen" wichtig. „Individuelle Entscheidungen, jeweils für sich getroffen und dadurch zwangsläufig ohne Berücksichtigung der zwischen ihnen bestehenden Wechselwirkung, haben in ihrer Gesamtheit zerstörerische gesellschaftliche Konsequenzen" – das Ergebnis ist schlechter „als bei einer Koordinierung der Einzelentscheidungen".[15]

Die Nationalökonomie spricht in diesem Zusammenhang vom „Gefangenendilemma": Gleich Einzelhäftlingen in verschiedenen Zellen können die Konsumenten ohne Kommunikation ihre Entscheidungen nicht zur Optimierung koordinieren. Negative

Gesamtergebnisse der positiv gedachten Einzelentscheidungen sind die notwendige Folge. Es „beeinträchtigt die zunehmende Anzahl von Automobilbesitzern wegen der damit verbundenen Stauungen die Transportleistung eines bestimmten Wagens; und die Verbreitung einer akademischen Bildung beeinträchtigt den Informationsgehalt bestimmter Ausbildungszertifikate und damit die Funktion eines akademischen Grades als Eintrittskarte für eine Karriere."[16]

Am Ende entsprechender Prozesse stehen „Kippeffekte"[17] als Folge von Reaktionsketten, die mit diesem Ergebnis *nicht* gewollt, aber unvermeidlich sind. Die Alternativen werden nicht zur Wahl gestellt, aber es wird bewußt ein Prozeß in Gang gesetzt (wie nach 1945 in den Westzonen Deutschlands) oder der Selbstlauf eines Prozesses toleriert, in dem eine Vielzahl von bewußten *kleinen* Entscheidungen ein Ergebnis zeitigt, das bewußt von den unmittelbar Betroffenen so nicht gewünscht wird.

In seinen Studien zur Geschichte des Alltags präzisiert Jürgen Kuczynski an zahlreichen Stellen diese auch für Kulturprozesse wichtige Dynamik des Marktes mit Beispielen aus früheren Phasen des Industriekapitalismus in Deutschland. Im Zusammenhang mit der neuen Bevölkerungsverteilung durch die Konzentration in Städten, dem Zurückgehen der Selbstversorgung, der Unterwerfung zunächst der Grundbedürfnisse und dann immer weiterer Bereiche der Bedürfnisentwicklung unter den Markt entstehen neue Formen des alltäglichen Lebens. Bei der Entwicklung der Produktivkräfte zum Beispiel wird mit der Durchsetzung der Gewerbefreiheit die Textilproduktion (sowohl die von Kleidern als auch die der Wäsche) in den Marktprozeß einbezogen. Große Einzelhandelsgeschäfte lassen auf Vorrat arbeiten und haben schon in den vierziger Jahren des 19. Jahrhunderts 75 % der Berliner Schneider ruiniert.[18] Es ist klar, daß dieser Prozeß (der zum Beispiel auch die Mode-Abhängigkeit und die Umschlagsgeschwindigkeit der Mode-Zyklen vergrößert) die Entwicklung der Bedürfnisse und die Art ihrer Befriedigung maßgeblich beeinflußt. Ähnliche Entwicklungen lassen sich bei den Lebensmitteln verfolgen.

An anderer Stelle zeigt Jürgen Kuczynski, wie strukturelle Gründe (kommerzieller Wohnungsbau, niedrige und unregelmäßige Familieneinkommen, „doppelt freie" Arbeiter usw.) für die Form der Wohnkultur und für das Entstehen des Typus „Haustyrann" (des die Miete eintreibenden Hausbesitzers bzw. seines Vertreters) im Zins-(Miet-)Haus verantwortlich sind.[19] Diese strukturellen Wandlungen reichen weiter als die Veränderung der Lebenshaltung, die von der wechselnden Lohnhöhe zum Beispiel im Familien-Lebenszyklus verursacht werden.

Einer, der diese Veränderungen für den Kulturprozeß, bezogen auf Massenkommunikation, wirksam auf den Begriff gebracht hat, ist Umberto Eco: Er verlangt, auf „die neue anthropologische Situation" der „Medienzivilisation" mit einer „konstruktiven Forschungseinstellung" zu reagieren. Die Scheinwelt der Massenkultur soll als offener Prozeß begriffen werden, statt, wie die „Apokalyptiker" der Frankfurter Schule dies tun, den Eindruck zu erwecken, sie sei „von keiner Macht der Welt zu bändigen".[20] Die „Apokalyptiker" müssen sich vor allem die Vernachlässigung der politischen Ökonomie und der Politik vorwerfen lassen. Bei den „Integrierten", den positivistischen Mediensoziologen, fehlt diese zwar auch, sie müssen sich jedoch gleichzeitig noch massive Kritik von der ästhetischen Seite gefallen lassen. Dies gilt besonders für die ästhetisch-theoretischen Implikate der kulturellen Schichtentheorien.[21]

Den „Integrierten" und ihrer optimistischen Ideologie fehlt jegliche Vorstellung von der kulturellen Bedeutung der Marktmacht und den wirtschaftlichen Mechanismen der Kulturproduktion. Sie reden einem „unsinnigen kulturellen Freihandel"[22] das Wort. Und für Eco ist es ein zentraler Ansatzpunkt, die Massenkultur *zunächst* einfach als industrielles Faktum zu begreifen, das für sich weder gut noch schlecht ist und dem man nicht mit Kritik und Abwehr beikommt, sondern mit Politik: „Das Problem der Massenkultur ist das folgende: Sie wird heute von 'Wirtschaftsgruppen' geprägt, die Profitzwecke verfolgen, und sie wird von 'spezialisierten Ausführenden' betrieben, die dem Auftraggeber liefern, was er als besonders verkäuflich erachtet. Ein gezielter Eingriff der Kulturtätigen in die Produktion findet nicht statt; sie bevorzugen den Protest und die Zurückhaltung. Das heißt nicht, daß ein solcher Eingriff in die Produktion der Massenkultur, würde er riskiert, notwendig an den Marktgesetzen scheitern müßte."[23]

Eco schlägt, ähnlich wie Diether Dehm[24], die aktive Beteiligung an den Kulturprozessen, auch mit Hilfe der Kulturpolitik, vor und meint, bezogen auf das Fernsehen: „Worauf es jedoch ankommt, ist, das Verhältnis zwischen Produzenten und Benutzern von einem paternalistischen in ein dialektisches zu verwandeln."[25]

Allein von den Veränderungen der Kommunikation (festgemacht bzw. orientiert an der kapitalistischen Form, unter der diese zuletzt stattfanden) ausgehend, beschreibt auch Neil Postman epochale Veränderungen: Das Fernsehen, so Postmans These, ist „fähig, eine ganze Kultur zu verändern, wie es seinerzeit die Druckerpresse war."[26] Er zitiert Harold Innis, der „betont, daß Veränderungen innerhalb der Kommunikationstechnik stets drei verschiedene Wirkungen haben: sie verändern die Struktur der Interessen (die Dinge, über die nachgedacht wird), den Charakter der Symbole (die Dinge, mit denen gedacht wird) und das Wesen der Gemeinschaft (die Sphäre, in der sich Gedanken entwikkeln)."[27]

Daß diese Prozesse, so sehr die technologischen Erscheinungen sich auch gleichen mögen, in unterschiedlichen Gesellschaften verschieden ablaufen, also unterschiedlicher ökonomischer Formbestimmtheit unterworfen sind, müßte ausführlicher diskutiert werden. Uns interessiert noch ein anderer Aspekt stärker, nämlich die von Postman mit Innis angesprochene epochale Veränderung der Gemeinschaft. Nicht nur in der Kulturwarenproduktion (oder den Kommunikationsformen) gibt es formationsspezifische Unterschiede, auch in den Verhaltensanforderungen.

5. Die kulturellen Wert- und Normsysteme der Marktgesellschaft

Das Marktsystem und der mit ihm einhergehende „Kommerzialisierungseffekt"[28] produziert neue Produkte, neue Konsumtionsformen und neue Bedürfnisse. Produktion und Konsumtion stehen dabei in einem dialektischen Verhältnis: „Die Produktion vermittelt die Konsumtion, deren Material sie schafft, der ohne sie der Gegenstand fehlte. Aber die Konsumtion vermittelt auch die Produktion, indem sie den Produkten erst das Subjekt schafft, für das sie Produkte sind. Das Produkt enthält erst den letzten finish in der Konsumtion."[29] Das Marktsystem induziert dabei auch neue Normen und erzwingt von den Individuen neue Verhaltensweisen. So wie die Produktion an die Individuen als Produzenten neue Anforderungen stellt, so auch die Reproduktions- und Konsumsphäre, aber auch jener Bereich, in dem die Menschen ihr Handeln als Marktsubjekte strukturieren. Indem sie ihr Verhalten darauf einstellen, daß immer mehr Bereiche marktwirtschaftlicher Kalkulation unterworfen werden, organisieren sie einen bedeutenden Teil ihrer sozialen Beziehungen neu (nie jedoch alle, s.u.) So ist der Einfluß des Marktes auf die Kulturwarenproduktion nur eine Seite. Eine andere ist die Frage, welche Veränderungen das soziale System bei den Konsumenten als Marktsubjekten und sozialen Individuen bewirkt.

Ein zentraler Aspekt ist die Individualisierung des Verhaltens. „Der Marktprozeß steht und fällt mit dem individuellen Streben nach Nutzenmaximierung."[30] Es ist so, „daß eine Marktwirtschaft dazu neigt, die Verfolgung ichbezogener, individueller Ziele zu ermutigen und die Verwirklichung sozial orientierter Ziele zu erschweren". – „Eigeninteresse wird zur gesellschaftlichen Norm, um nicht zu sagen zur Pflicht."[31]

Karl Oldenburg hat darauf hingewiesen, daß der Marktprozeß traditionelle Wert- und Normsysteme aufbricht und gleichzeitig individualisiert. Er beschreibt, wie die vergleichsweise wenig dynamische Bedürfnisstruktur der mittelalterlichen Gesellschaft dynamisiert wurde. „Die erhöhte Lebenshaltung wird zu einem willkommenen, weithin sichtbaren Zeugnis hervorragender Tüchtigkeit", „Fassadenbedürfnisse" entstehen, die Bedürfnisstruktur wird dynamisiert, der soziale Ehrgeiz und die Chance zum sozialen Aufstieg wirken als Leistungsanreiz. Gleichzeitig treten „weltliche Lebensinhalte" an die Stelle überweltlicher Lebensziele.[32] Luxusindustrie, Mode usf. sind Produkte dieser Prozesse. Über weite Strecken läßt sich die Kulturgeschichte der Neuzeit beschreiben als ein Prozeß der Entgrenzung der Bedürfnisse, der Auflösung und Sprengung aller Elemente der Statik im Gesellschaftsprozeß: die Aufhebung des besonderen Rechts der verschiedenen Stände und der Beschränkungen von Bewegungs- und Heiratsfreiheit, die Erweiterung des Zugangs zu Berufen, Politik, Künsten usf. im Prozeß der Herausbildung der bürgerlichen Gesellschaft. In diesem irreversiblen Prozeß der Individuation werden auch Teile jener Beschränkungen der freien Verfügung über Besitz, vor allem auch über Grund und Boden, beseitigt, die teils einen Schutz für die Armen, teils einen Schutz der Ressourcen der Natur vor einer ihre Regenerationsfähigkeit bedrohenden Ausbeutung darstellten (Beschränkungen der Fisch-, Jagd-, Weidenutzungen zum Beispiel, Flurzwänge usw.).

Beseitigt wurden all diese Einschränkungen nur zum Teil durch Gesetze und Verordnungen. Viel wirkungsvoller war die Freisetzung jener Dynamik der individuellen Bedürfnissteigerung, die wir in Karl Oldenbergs Beschreibung zitierten und mit der auch die inneren (moralischen) Schranken gebrochen wurden. Es handelt sich dabei um einen Prozeß und keinen Automatismus. Dieser Prozeß läßt sich (und hier würde die Aufgabe der Kulturanalyse einsetzen) beschreiben und in seinen Wirkfaktoren und Hemmungen analysieren. Es sind die gleichen Mechanismen, mit denen der von Pier Paolo Pasolini beschriebene Konsumismus die „lautlose Revolutionierung der Infrastrukturen"[33] und die Nivellierung bewirkt.

Es läßt sich feststellen, daß die Dynamisierung der Bedürfnisstruktur nie vollständig gelungen ist. Deshalb wurden immer neue Systeme von Leistungsanreizen entwickelt – beginnend mit der Peitsche des Hungers, deren Schlagkraft dadurch bewußt verstärkt wurde, daß die traditionellen Formen der Armenfürsorge aufgelöst wurden, um zur Leistung zu zwingen (ein Punkt, an dem die neomarktwirtschaftliche Politik heute vielfach wieder angelangt ist). Öffentliche Armut zwingt zu verstärktem Bemühen um privaten Reichtum, und als besonders wirkungsvoll erweisen sich heute die Versprechungen des Luxuskonsums in Verbindung mit dem nach oben prinzipiell offenen (ressourcenvergeudenden, konfliktträchtigen) Wettlauf um „positionelle Güter" im Prestigekonsum.

Auch dies zeugt neue Widersprüche. Karl Oldenberg weist darauf hin, daß der Gebrauchswert jener Konsumgüter, nach denen die Begehrlichkeit geweckt wurde, nicht unbegrenzt steigt. „Durch diesen sanften Druck sieht sich der Konsument in immer neue Bedürfnisse verstrickt, und das Bedauerlichste ist, daß diese Aufwendungen ihm mit abnehmender Genußempfindung lohnen. Denn gerade solche Bedürfnisse, die über das bare Existenzminimum hinausgehen, unterliegen mehr oder weniger einem Gesetz der *Abstumpfung*."[34] Das bedeutet, daß mehr Konsumtion keineswegs mehr Genuß zur Folge hat – auch noch aus anderen Gründen: „Der in weitem Maße konventionelle Charakter unserer Konsumtion, die Vergeudung durch den Rivalitätsaufwand, die Steigerung des Bedürfnisses durch die Konsumtion selbst, die progressive Abstumpfung der Genußfähigkeit bedeuten Abzüge vom Genußwert der heutigen hochgesteigerten Konsumtion."[35]

Aber dennoch trägt für Karl Oldenberg der „wirtschaftliche Fortschritt seinen idealen Wert in sich selbst“, „unabhängig vom Konsumtionswerte der durch ihn geschaffenen Güter. Die Steigerung der Bedürfnisse, auch wenn sie nicht zu gesteigerter Lust führt, zwingt doch den Menschen zur Anspannung seiner Kräfte und wird durch diese belebende Wirkung zu einer der Grundlagen moderner Kultur. Sie ist das wirksamste Erziehungsmittel für die träge Masse. Sie schafft auch in der Befriedigung des Erfolges Genußwerte, die denen des Konsumtionsgenusses überlegen sind. Kurz, die Konsumtion, die uns als Zweck erscheint, ist jetzt in Wirklichkeit vielmehr Mittel für einen höheren Zweck. Es ist wie eine List der Natur, die den Menschen ködert, um ihn seiner Bestimmung zuzuführen; wie der um seiner selbst willen erstrebte Genuß des Essens die Erhaltung des Körpers zur Nebenfolge hat, und der Geschlechtsgenuß die Erhaltung der Menschheit, so löst die lockende Aussicht auf Befriedigung brennender Bedürfnisse überhaupt die Anspannung der Kräfte aus, die dem Leben Wert und Würde gibt, wenn sie sittlich rein bleibt. Und sie züchtet starke Menschen und starke Völker, die über die anderen herrschen und ihnen ihr Gepräge aufdrücken.“[36]

Eine offenere, einsichtigere Ableitung dafür, daß Kapitalismus auch auf dieser Seite durch seine Manipulation der Bedürfnisstruktur Imperialismus hervorbringt, ist kaum denkbar. Und wenn der geographische Imperialismus nicht mehr möglich ist, dann führt's zu Krieg gegen Umwelt und Zukunft. Nur auf diesem Hintergrund ist dann auch zu verstehen, daß Karl Oldenbergs Wertung diametral entgegengesetzt ist den modernen Kultur-Definitionen, bei denen der Mensch sich selbst zum Zweck setzt: Ob der Konsument „die Konsumtion in den Dienst überweltlicher Pflichten stellt, oder in den Dienst gesellschaftlicher Rücksichten, oder in den Dienst der Selbsterziehung oder ob die Konsumtionsperspektive nur die Kulisse ist für die Lust kapitalistischen Gewinnstrebens: lediglich Selbstzweck ist ihm die Befriedigung seiner Bedürfnise nur auf rohester, reflexionslosester Kulturstufe“.[37] Im Gegensatz dazu formuliert Wolfgang Fritz Haug: „Die Dimension der Ausbildung und des einverständigen Lebens von Gruppenidentität, Lebensformen, in denen Individuen, Gruppen oder Klassen das praktizieren, was ihnen lebenswert erscheint und worin sie *sich selber als Sinn und Zweck ihrer Lebenstätigkeit fassen,* können wir als *kulturelle Dimension* bezeichnen.“[38]

Die Glücksversprechungen der Marktgesellschaft sind verlogen, sie werden auf Dauer nicht erfüllt. Fred Hirsch zitiert Richard Easterlins Zusammenstellung der „empirischen Belege über den Zusammenhang von Einkommen und geäußerter Lebenszufriedenheit im Sinn von Glück“ zwischen 1946 und 1966. „In jeder einzelnen Erhebung bezeichneten sich die Befragten in der höchsten Einkommensgruppe oder allgemein definiert in der Gruppe mit dem höchsten sozio-ökonomischen Status im Durchschnitt als glücklicher als die Befragten der untersten Gruppe.“ Vom Glück im Winkel der Armut zu träumen ist also illusionär. Überraschend aber ist das zweite Ergebnis: „Zugleich besteht keine vergleichbare Korrelation zwischen Einkommen und Glück zwischen einzelnen Ländern zu einem bestimmten Zeitpunkt. Die Amerikaner scheinen nicht glücklicher als die Kubaner, Deutschen oder Nigerianer zu sein. Noch zeigt sich eine ähnliche Korrelation zwischen Durchschnittseinkommen und Zufriedenheit innerhalb der USA über einen längeren Zeitraum hinweg. Obgleich die Amerikaner 1970 ein Pro-Kopf-Einkommen hatten, das das 1,7fache des Einkommens von 1947 betrug, schienen sie aufgrund der Antworten keinesweg glücklicher als 1947.“[39] Darin bestätigt sich die Hypothese vom immer größeren Aufwand für das im wesentlichen gleiche Ergebnis.[40]

6. Parallele und konkurrierende Systeme

Es wurde schon angedeutet, daß durch die Marktdynamik noch längst nicht alle Schranken der Tradition niedergerissen wurden, nicht alle Lebensbereiche vollständig den Marktgesetzen unterworfen wurden. Hinzu kommt, daß inzwischen im Kontext von „Wertewandel“ und Fortschrittskrise viele Menschen sich bewußt oder unbewußt diesem Druck entziehen. Diese Verweigerung ist der Niederschlag jener Widersprüche, die das Verhältnis zwischen Aufwand und Ergebnis immer mehr zuungunsten des Ergebnisses verschieben. „Was die Wohlhabenden von heute besitzen, das kann morgen unmöglich auch der übrigen Bevölkerung gegeben werden; und doch erwarten wir genau das, da wir als Individuen reicher werden.“ – „Das Rennen wird länger, aber die Siegesprämie wird nicht höher.“[41]

Mit den Studien von Edward P. Thompson, Michael Vester[42] und anderen kam vor einigen Jahren ins Blickfeld, wie stark wir mit dem Nachleben vorindustrieller Werte und Orientierungen zu rechnen haben. Jetzt hat der Nationalökonom Fred Hirsch darauf aufmerksam gemacht, daß es dabei um noch mehr geht. Eine seiner erstaunlichsten Erkenntnisse ist: Die Marktwirtschaft kann nicht leben ohne nichtmarktwirtschaftliche Elemente. Ihr System arbeitet auf „gesellschaftlichen Fundamenten, die unter einer anderen Gesellschaftsordnung gelegt worden waren“[43] – Fundamenten, die sie selbst zerstört. Sie tut dies u.a., weil sie den Anschein erweckt, als könne das, was in der Adam Smithschen Theorie nur Privileg einiger weniger war, jetzt allen gegeben werden: Die „invisible hand“ des Marktes führt nur dann zu dem Ergebnis, daß die Armen dank der Luxusbedürfnisse der Reichen sich versorgen können, wenn die Zahl der Reichen begrenzt ist; alle oder auch nur die meisten können nie in die gleiche Position aufrücken. Damit ist das, was Edward P. Thompson die „moral economy“ nennt, mehr als das zufällige, vernachlässigbare Überbleibsel vorindustrieller Zeiten, es ist Lebensvoraussetzung des Kapitalismus, denn „... das Prinzip des Eigennutzes ist als gesellschaftlicher Organisationsmechanismus unvollständig. Seine Effizienz kann es nur in Verbindung mit einem stützenden sozialen Prinzip entfalten.“[44]

„Kein ding sei, wo das wort gebricht“, formulierte Stefan George. Die Marktgesellschaft will Marktprozesse und Kaufkraft an die Stelle des Wortes setzen. Aber nie herrscht das Marktmotiv allein: „In keinem Land und zu keiner Zeit ist die kapitalistische Marktwirtschaft die ausschließliche Basis der politischen Ökonomie gewesen, und darin bestand auch ihre Stärke. Es war die Verbindung der kapitalistischen Marktwirtschaft mit einer staatlichen Regulierung, die ein gemischtes politökonomisches System hervorbrachte, das genügend Flexibilität und Plastizität besaß, um zu überleben.“[45] Es werden „Verhaltensstandards in vielfacher Weise immer unentbehrlicher für das Funktionieren der Wirtschaft“[46], und es genügt nicht der Buchstabe des Gesetzes als ordnungspolitisches Instumentarium, auch der Geist des Gesetzes muß Geltung haben, muß internalisiert sein.[47] Die Marktwirtschaft braucht ein ihre Dynamik einschränkendes „soziales Ehtos“, sie braucht zusätzlich den „Samariter“[48] und fundamentalste, marktwirtschaftlich gesehen kontraproduktive soziale Lebensäußerungen wie Liebe.[49] Aber die vorindustriellen Steuerungsprinzipien ermüden; Moral ist *keine* nie versiegende Quelle. Es „beruht die Fortdauer des Wachstumsprozesses selbst auf bestimmten moralischen Vorbedingungen, die durch seinen eigenen Einfluß gefährdet sind, und zwar durch sein individualisitisches Ethos. Das wirtschaftliche Wachstum unterminiert seine gesellschaftlichen Fundamente.“[50]

Will-Erich Peuckert[51] hat am Beispiel des Brotes auf die Dauerhaftigkeit von Normen hingewiesen: Brot nicht wegzuwerfen, hat sich als individuelle Norm gehalten, auch als der ökonomische Wert einer Scheibe Brot immer geringer wurde – bis in die Zeiten der EG, wo die Vernichtung von Nahrungsmitteln durch die Behörden eine öffentliche Tugend wurde. Daß dies für viele (glücklicherweise) immer noch ähnlich schockierend wirkt wie in der 1929er Krise das Verfeuern von Getreide und Kaffeebohnen, ist ein Beispiel für die Persistenz von Normen, die unter neuen Bedingungen (ökologisch orientierter Politik etwa) wieder eine größere Bedeutung erlangen müssen.

Fred Hirsch deutet noch einen anderen wichtigen Aspekt an. Wenn die Marktwirtschaft den Menschen ihr „soziales Wesen" austreibt, dann zerbrechen damit überkommene kollektive Organisationsformen und Strukturen gemeinschaftlichen Arbeitens. Sie sind verloren, auch wenn man sie wieder brauchte. Die Nationalökonomie kennt dies unter dem Stichwort der „Tragödie der Gemeindewiesen".[52] Keiner kümmert sich um ihren Unterhalt, jeder nutzt sie rücksichtslos, bis sie verkommen. Daß vorindustrielle Gesellschaften über Jahrhunderte hinweg funktionierende komplizierte öffentliche Regelungen für eben solche „Gemeindewiesen", Gemeinschaftseinrichtungen, Bewässerungsanlagen usw. praktizierten, ist dem Menschenbild der Marktwirtschaftler entsprechend die Ausnahme – obwohl es historisch gesehen vermutlich eher die Regel ist. Diese Gesellschaften waren nicht nur in der Lage, die „Gemeindewiesen" und Vergleichbares zu sichern, sondern konnten in der Regel auch das ökologische Gleichgewicht ihres Lebens- und Wirtschaftsraums über lange Perioden hinweg stabil halten. Fast ließe sich so behaupten, daß vorindustrielle Gesellschaften die Wirkungen ihres Handelns und Wirtschaftens besser zu koordinieren verstanden als die Marktgesellschaft – denken wir an die oben erwähnten „Kippeffekte" und das „Gefangenendilemma". Je stärker jenen Strukturen volle Wirkungsmöglichkeiten verliehen wurden, in welchen die Menschen sich nur noch als habgierige Mängelwesen halten konnten, desto stärker wurden die Konflikte und Krisen im Verhältnis zur Natur und Umwelt, vielleicht aber auch in den Beziehungen der Menschen zueinander.

Mit solchen Überlegungen wird erkennbar, warum „Kultur" als Wert- und Normensystem in der Gegenwart wieder eine zunehmende Bedeutung erlangt. Nicht das Wirken ökonomischer Gesetze allein, nicht allein die Basis, auch die *relative* (nie absolute) Eigendynamik des Überbaues spielt eine Rolle (die indes nur dann richtig eingeschätzt werden kann, wenn auch die Gewalt der Strukturen nicht vergessen wird). So wie das marktwirtschaftliche System allein zu seiner Existenz das Fortbestehen vormarktwirtschaftlicher Elemente braucht, so ist die Überwindung seiner zerstörerischen Strukturen angewiesen auf entsprechende Normen, die sich freilich nicht automatisch entwickeln, sondern nur dann, wenn die entsprechenden Widersprüche verarbeitet werden können.

Nicht denkbar in den gegenwärtigen Krisen ist eine Rückkehr zu Wertsystemen etwa ständischer Gesellschaften, in denen eine Verbindung von relativer Statik der Bedürfnisstruktur mit expansiver territorialer Dynamik der Gesellschaft (ja teilweise sogar deren Statik) existierte, ideologisch und durch außerökonomischen Zwang abgesichert. Sicherlich ist es kein Zufall, daß in Krisen des kapitalistischen Systems immer auch wieder Versuche zu beobachten sind, mindestens partiell zu solchen Modellen zurückzukehren. Sie reichen von den ständischen Elementen im Nationalsozialismus und im „Ständestaat" des Austrofaschismus bis zum Programm der „formierten Gesellschaft" der sechziger Jahre. Ja vielleicht ist auch die ideologische Absicherung der „sozialökologischen Fragmentierung" in der Gegenwart nur auf diese Weise möglich.

Kulturgeschichte kann uns heute erkennen helfen, daß „Kollektivität" mehr ist als jene negativ besetzte Worthülse, die von den interessegeleiteten politischen Polemiken der letzten Jahrzehnte übriggeblieben ist.

Es wäre, so will es mir scheinen, höchst kurzsichtig, wenn Kulturanalyse Makroaspekte dieser Art ausklammern würde. Sie erschöpfen sich nicht in der Schematik der Formationsspezifik, sie sind aber nicht denkbar ohne den Bezug auf die materiellen

Grundmuster des gesellschaftlichen Lebens. Nie wird sich Kulturanalyse allein darauf beschränken können – die Analyse der Mikrostrukturen und der Konkretisierungen des Alltags ist unverzichtbar. Aber sie wird konturlos und letztlich belanglos, wenn sie die bedingenden Makrostrukturen nicht mit der nötigen Präzision und Komplexität einbezieht.

1 Vgl. u. a.: Ökonomische Gesellschaftsformationen. Theorie und Geschichte, Frankfurt/M. 1981 (IMSF, Theorie und Methode V).
2 Vgl. D. Kramer: Theorien zur historischen Arbeiterkultur, Marburg 1986.
3 Vgl. die Mitteilungen aus der kulturwissenschaftlichen Forschung. Lehrstuhl Kulturtheorie der Sektion Ästhetik und Kunstwissenschaften der Humboldt-Universität zu Berlin (DDR), ab Nr. 1/1978.
4 Vgl. D. Mühlberg u.a.: Der Beitrag von Marx und Engels zur wissenschaftlichen Kulturauffassung der Arbeiterklasse. Kulturhistorischer Studientext, Manuskriptdruck Berlin (DDR) 1970-1975, S. 75.
5 Weitere Beispiele für die Widersprüche vgl. Mühlberg u.a., S. 41 f; vgl. K. Marx: Grundrisse der Kritik der politischen Ökonomie, Frankfurt/Wien o. J. S. 599.
6 K. Maase: Lebensweise der Lohnarbeiter in der Freizeit. Empirische Materialien und theoretische Analyse, Frankfurt/M. 1984 (IMSF-Informationsbericht Nr. 38).
7 Th. Mann: Schicksal und Aufgabe (1944); ders.: Essays II, hg. v. H. Kurzke, Frankfurt/M. 1977, S. 245-261, S. 259.
8 F. Hirsch: Die sozialen Grenzen des Wachstums, Reinbeck 1980, S. 233.
9 Vgl. W. Bätzing: Die Alpen. Naturbearbeitung und Umweltzerstörung, Frankfurt/M. 1984, S. 40.
10 Vgl. F. Hirsch (wie Anm. 8), S. 98.
11 Vgl. G. Wiegelmann/M. Zender/G. Heilfurth: Volkskunde, Berlin 1977, S. 47.
12 Soho befreit sich, in: Frankfurter Rundschau vom 2.1.1983.
13 F. Hirsch (s. Anm. 8), S. 68 f., vgl. S. 49f. und S. 136 f.
14 Ebd., S. 217, S. 219.
15 Ebd., S. 65.
16 Ebd., S. 130.
17 Ebd., S. 134.
18 J. Kuczynski: Geschichte des Alltags des deutschen Volkes, Studien 3, Köln 1981, S. 110.
19 Ebd., S. 380.
20 U. Eco: Apokalyptiker und Integrierte. Zur kritischen Kritik der Massenkultur, Frankfurt/M. 1984, S. 33.
21 Ebd., S. 40.
22 Ebd., S. 48, vgl. S. 24 f.
23 Ebd., S. 49.
24 D. Dehm (Lerryn): Politik live gemacht. Kulturarbeit und politische Praxis, Wuppertal 1984.
25 U. Eco (wie Anm. 20), S. 51.
26 N. Postman: Wie man sich zu Tode vergnügt (Eröffnungsrede zur Buchmesse 1984), in: Frankfurter Rundschau, 2.3.1985, S. 10.
27 N. Postman: Das Verschwinden der Kindheit, Frankfurt/M. 1983, S. 34.
28 F. Hirsch (wie Anm. 8), S. 133, vgl. S. 59, S. 129.
29 Karl Marx: Grundrisse der Kritik der politischen Ökonomie, Frankfurt/Wien o.J., S. 12.
30 F. Hirsch (wie Anm. 8), S. 124.
31 Ebd., S. 125.
32 K. Oldenberg: Die Konsumtion, in: Grundriß der Sozialökonomik, 2. neubearbeitete Auflage, Tübingen 1923, S. 201; vgl. auch W. Sombart: Liebe, Luxus und Kapitalismus, München 1967 (1. Auflage 1922 unter dem Titel „Luxus und Kapitalismus").
33 P. P. Pasolini: Freibeuterschriften, Berlin 1978, S. 27.
34 K. Oldenberg (wie Anm. 32), S. 205.
35 Ebd., S. 206.
36 Ebd., S. 207.
37 Ebd., S. 212.
38 Projekt Ideologie-Theorie: Theorien über Ideologie, Berlin 1979 (= Argument-Sonderband 40), S. 184, S. 185.
39 F. Hirsch (wie Anm. 8), S. 163 f.
40 Vgl. I. Fetscher: Überlebensbedingungen der Menschheit, München 1980, S. 48.
41 F. Hirsch (wie Anm. 8), S. 105.
42 E. P. Thompson: Plebeische Kultur und moralische Ökonomie, Frankfurt/M. 1980; M. Vester: Die Entstehung des Proletariats als Lernprozeß, Frankfurt/M. 1970.
43 F. Hirsch (wie Anm. 8), S. 30.
44 Ebd., S. 31.
45 Ebd., S. 171.
46 Ebd., S. 184.
47 Vgl. ebd., S. 188.
48 Ebd., S. 121.
49 Ebd., S. 149.
50 Ebd., S. 246.
51 W.-E. Peuckert: Probleme einer Volkskunde des Proletariats, in: Zeitschrift für Volkskunde 55 (1979), S. 11-23, s. S. 11.
52 F. Hirsch (wie Anm. 8), S. 137. Vgl. Beitrag 4.

7.
Innovationen im Kulturprozeß. Aktuelle Überlegungen zu einem alten Thema[1]

1. Einleitung

Es ist nicht leicht, aus dem Komplex „Innovationen, Kulturwandel, Modernisierung" (denn erst in dieser Kombination wird das Thema richtig interessant) einen kurzen Aufsatz zu destillieren. Zu komplex ist das Thema, am Wege zu einem Ergebnis stoßen wir auf Um- und Abwege, wir begegnen interessierten Begleitern, um Mitfahrgelegenheit bittenden Anhaltern, die zu lästigen Aufhockern oder raffinierten Räubern werden, und wir treffen Wegelagerer, die sich als nützliche Helfer in ausweglosen Situationen entpuppen. Die folgenden Passagen beschäftigen sich, eine subjektive Auswahl treffend, mit dem Weg der volkskundlichen Kulturwissenschaft von der Denunziation des Wandels zu seiner liebevollen Beschreibung, mit Innovationen als Möglichkeitsform des kulturgeleiteten Handelns, dann mit Innovationen als Komponenten langfristigen irreversiblen Kulturwandels. Sie beziehen sich schließlich auf innovative Absichten der Zentraldirigierung und die Soziogenese kultureller Hegemonie, auf Suchbewegungen im Raum neuer Möglichkeiten und auf die aktuelle Diskussion über die „Kultur des Wählens".

2. Von der Denunziation des Wandels zu seiner liebevollen Beschreibung

Eindrucksvoll ist der Weg der Europäischen Ethnologie als Volkskunde im Umgang mit Innovationen. Erst jagt sie der Fiktion des zu entdeckenden Ursprünglichen nach und betreibt Ursprungsforschung als gleichsam negative Innovationsforschung (und provoziert am englischen Beispiel Edward P. Thompson zu seiner wunderbaren Kritik). Und am Schluß verliebt sie sich hemmungslos in die Beschreibung des Wandels. Dazwischen liegen alle möglichen Versuche, ähnlich wie Zenons Paradoxon die Bewegung eines Pfeiles in eine Vielzahl von festen Punkten auflöst, den Wandel zu eskamotieren – indem man, konservativ, hinter ihm das immer noch überdauernde Wesen sucht, oder indem man mit Kompromißformeln wie „Kontinuität im Wandel" oder „Stetigkeit des Wandels" operiert.

Am ausgeprägtesten versucht Günter Wiegelmann, beinflußt von der schwedischen Forschung, Kulturwandel und Innovation auch in einem theoretischen Konzept des Faches zu berücksichtigen. Mit Vorliebe (so auch in Helge Gerndt's Studienskript Volkskunde) bezieht Innovationsforschung sich dabei auf Sachkultur und punktuell nachvollziehbare Wandlungen im Bereich der „Objektivationen", d.h. auf isolierbare Sachgüter, Bräuche oder Verhaltensmuster: Sie lassen sich, wie in der vom schwedischen Beispiel inspirierten landkartengestützten Diffusionsforschung, am leichtesten und eindrucksvollsten diachron und synchron darstellen. Es lassen sich Phasen des Wandels entdecken, typische Zuwachskurven (wie bei Bausinger für den Adventskranz zitiert, S. 242) aufzeigen, und es lassen sich Regeln aufstellen, wie Günter Wiegelmann dies in bewußter Bescheidung für die mittlere Reichweite und „ursachenneutral" tut.

Und seit die Kulturfixierungsthese (die unterstellt, daß in Zeiten der Konjunktur eingeführte Prestige-Innovationen in Phasen des konjunkturellen Rückganges beibehalten werden) sich zur „Wirtschaftslagen-Theorie" gemausert hat (die kaum mehr als den Zusammenhang zwischen Kultur und Konjunktur bestätigt), lassen sich auch in der Volkskunde Beziehungen zwischen Wirtschaftszyklen, Konjunkturen, Krisen und Marktprozessen auf der einen, Kulturentwicklungen auf der anderen Seite herstellen, ohne deswegen in den Verdacht des materialistischen Denkens zu kommen.

Andere Kulturwissenschaftler, von der Sozial- und Mentalitätsgeschichte inspiriert, werfen sich, Interpretationsparadigmen wie „Zivilisationsprozeß", „Disziplinierung" oder „Mentalitäten" als Ersatz für Theorie benutzend, auf die liebevolle, unendlich fortsetzbare Beschreibung von Wandlungsprozessen, dabei die jeweilige Spezifik sowohl gegen „Regeln" der genannten Art als auch gegen kulturtheoretische Interpretationen eintauschend.

Innovationen sind ein wundervolles Feld der Forschung. Wir werden auch zahllose gegenwartsbezogene Studien über Innovationen als Formalqualifikationsarbeiten und als akademische Bravourstückchen wiederfinden können. Es wird gewiß nicht mehr lange dauern, bis wir auch liebevolle Studien über die Verbreitung von Neuerungen wie die aufgeklebten bunten Kleckse auf Autos oder über die versuchte Einführung des japanischen Karaoke in deutschen Gaststätten haben werden. Fasziniert von den wunderbaren Möglichkeiten für gängige, öffentlichkeitswirksame Themen wirft die Kulturforschung sich auf Felder, deren Relevanz für den Beobachter eher marginal scheint – und überläßt (ich verkürze polemisch) die wichtigeren Definitionen und die neuen Interpretations-Paradigmen anderen.

Eine Menge von Fragen bleibt beim gängigen Umgang mit Innovationsprozessen in der Europäischen Ethnologie offen. Das kann doch nicht alles gewesen sein, denke ich mir. Wiegelmann bescheidet sich mit Regeln mittlerer Reichweite und erhebt keinen Anspruch auf Modelle der Erklärung – seine Regeln sind „ursachenneutral". Aber wo wird über Ursachen und Triebkräfte nachgedacht? Sein vielfach übernommenes Konzept der endogenen und exogenen Dominanten krankt unter anderem daran, daß die exogenen Dominanten nur nach innen wirken; die Dialektik von Kultur und Rahmenbedingungen, wie sie heute auch in den Sozialwissenschaften so wichtig geworden ist (vgl. Beck 1986, S. 325), bleibt ausgeklammert. Erneut dominiert die Basis den Überbau, nachdem in der materialistischen Dialektik die Diskussion nach der „kulturalistischen Wende" der 70er Jahre längst davon abgekommen ist.

Und die kulturgeschichtliche Beschreibung vermag wunderbar zu erklären, warum alles so gekommen ist, wie es ist. Es hätte anscheinend gar nicht anders kommen können. Regeln, die nichts erklären, und Beschreibungen, die nur affirmieren – sonst nichts? Aber der Weg ist noch nicht zu Ende, es gibt noch andere Möglichkeiten.

3. Innovationen als Möglichkeitsform des kulturgeleiteten Handelns

Bei der Fortsetzung unserer Überlegungen lassen wir uns inspirieren von einer Disziplin, die einige Wegstrecken (manche meinen, zu wenige) gemeinsam mit der Volkskunde und Europäischen Ethnologie zurückgelegt hat. Aus der Völkerkunde kennen wir Ansätze, die, für eine Kulturwissenschaft sicher sehr empfehlenswert, stärker nach der Spezifik des Kulturellen fragen, und wir können solche Gedanken in unsere Überlegungen über die Bedeutung von Innovationen einbauen. Wir erhalten dadurch die Chance, uns stärker auf die Motive der Auswahl von Innovationen und auf die prägenden Faktoren des Wandels zu beziehen.

Kultur ist keine automatische Folge materieller Strukturen, kein bloßer Überbauvollzug vorgegebener Elemente, sondern eine von handlungsleitenden Wertorientierungen und symbolischen Präferenzen geprägte Auswahl von möglichen Realisierungen, die ihrerseits wieder sich auswirken auf den weiteren Fortgang von Kultur und Gesellschaft. In der Völkerkunde wird dies unter dem Stichwort des „Possibilismus" (als Gegenfigur zum Determinismus) diskutiert. Die Menschen haben den Spielraum, den ihnen Natur und Geschichte bieten, in unterschiedlicher Weise ausgefüllt. Wenn die Kulturökologie Thomas Bargatzkys danach fragt, „wie weit menschliche Kulturformen durch die Art der Auseinandersetzung mit der natürlichen Umwelt geprägt werden und wie weit diese Kulturformen wiederum ihre natürliche Umwelt prägen" (Bargatzky, S. 13), dann versucht sie, genau diesen Spielraum auszuloten. Es geht dabei nicht um einen Voluntarismus, der alles jederzeit für möglich hält, sondern um das Sprengen der (auch für das Handeln entmotivierenden) Fesseln des Determinismus. Das „Habitat" (der Lebensraum, der Standort – auch historisch zu sehen) gibt nicht alles vor, sondern wird von den Menschen gestaltet (Bargatzky, S. 24f.). Zugespitzt: Oft genug ist es nicht so, daß die Menschen sich an die Lebensbedingungen in einer „Nische" anpassen, sondern sie schaffen sich diese Nische erst (Bargatzky, S. 121).

Diese „possibilistische" Dimension erscheint bei dem Soziologen Ulrich Beck als eine der Kulturgeprägtheit des Handelns. Sie stärker herauszuarbeiten ist mir wichtig. Die Wissenschaftsentwicklung in der Europäischen Ethnologie ermutigt solche Überlegungen: Die ganze Diskussion um die Kulturfixierung hat die zunächst eher mechanistisch erscheinenden Regeln dieser Art so relativiert, daß kaum noch etwas von ihnen übrigbleibt als die Aussage: Es gibt Fälle, in denen Innovationsprozesse gewissen regelhaften Strukturen folgen. Ja, vielleicht sind die Regeln in erster Linie deswegen interessant, weil sie uns die Anomalien, die nicht-regelhaften Abläufe erkennen helfen (ein für jeden systemanalytisch arbeitenden Unternehmensberater vertrauter Gedanke). Die Menschen können sich auch über Regeln hinwegsetzen – aber unter welchen Bedingungen, mit welchen Motiven und Zielen tun sie es? Das wären die Fragen, die dann für den „possibilistischen" Ansatz wichtig werden. Mit anderen Worten: Vielleicht wäre es für kulturwissenschaftliche Fragestellungen interessanter, in dieser Art über „Regeln" nachzudenken, als nur kultur- und sozialgeschichtliche Entwicklungen zu beschreiben.

4. Innovationen als Komponenten langfristigen und irreversiblen Kulturwandels

Aber vielleicht haben wir uns eingelassen auf einen Umweg, der ein Abweg ist? Ist diese Möglichkeitsform überhaupt mehr als eine Fiktion? Ein anderer Diskurs könnte uns einen solchen Schluß nahelegen: Die Menschen machen ihre Geschichte selbst, aber nicht aus freien Stücken, sagt uns auch Norbert Elias, und er relativiert unseren Possibilismus, indem er den Prozeß der Zivilisation als einen nicht-zielgerichteten, aber auch irreversiblen, d.h. nicht folgenlosen Prozeß, als „Tatsache eigener Art" analysiert hat.

Der Marburger Volkskundler Gerhard Heilfurth hat schon sehr früh auf Norbert Elias hingewiesen hat (ich gebe zu, daß auch ich dies damals noch nicht recht zu schätzen wußte). Er hielt ihn aber nur wegen der Beziehungen zwischen den verschiedenen kulturellen Schichten für wichtig, weil er seiner Interpretation nach vornehmlich Oberschicht-Kultur analysierte. Wir werden uns heute nicht so bescheiden können – nicht nur, weil Elias ohnehin ein Konzept des gesamtgesellschaftlichen Wandels formulieren wollte und sein „Prozeß der Zivilisation" als einer konzpiert ist, der immer breitere Schichten erfaßt, sondern auch, weil dieses Schichtenmodell für die Gegenwart nur noch begrenzten Wert hat.

Es genügt nicht, Ansätze wie die von Norbert Elias einfach zu rezipieren. Versuchen wir doch besser, genauer zu schauen, was bei Elias für die Kulturwissenschaft wichtig und weiterführend ist, statt nur bei Mentalitätsgeschichte, Affektkontrolle und der Diskussion um Körperscham stehenzubleiben. Versuchen wir auch, so sorgfältig mit seinen Thesen umzugehen, daß nicht aus den von ihm beschriebenen Tendenzen langfristiger und irreversibler Veränderungen ein gradliniger Prozeß der Zivilisation wird. Er hebt diese Existenz von „langfristigen Wandlungen des menschlichen Empfindens und Verhaltens“ hervor. Sie entstehen aus zahllosen kleinen Innovationen, nicht aus planvollen Strategien, sind also anscheinend zunächst das Gegenteil von „kulturgeleiteten“ Strategien – wenigstens, was die Reichweite anbetrifft. Zivilisation ist „langfristig betrachtet, eine Entwicklung, eine aus der Verschränkung vieler Absichten hervorgehende, primär ungeplante, ziel- und zwecklose Veränderung des sozialen Standards der individuellen Selbststeuerung“ (Elias 1988, vgl.Elias 1969, Bd. 2, S. 313).

Dieses unbewußte Gleiten in neue Strukturen finden wir in anderer Form auch in Ulrich Becks „Risikogesellschaft“ (wie wir es schon lange bei C. Wright Mills als Form des „Schicksals“ fanden, oder bei den Ökonomen als „Gefangenendilemma“ kennen). Es kann freilich, wie uns gerade Ulrich Becks Analyse deutlich macht, eben auch das Gleiten in Strukturen neuer Barbarei sein.

Wenn allerdings die nichtintendierten Nebenfolgen statt des historischen Subjektes mit seinen kulturgeleiteten Handlungsstrategien zum Akteur der Geschichte werden, dann bringt das eigene Probleme mit sich. Es entsteht die „Normalität zustimmungsloser Umwälzung gesellschaftlicher Lebensbedingungen“ (Beck 1986, S. 334), z.B. durch „Investitionsfreiheit der Unternehmen und Forschungsfreiheit der Wissenschaft“ (S. 302), die uns und die Politik z.B. in der Gentechnologie, in den neuen Medien usf. überraschen mit Technologien, die unser Leben verändern, ohne uns eine Wahl zu lassen. Also auch hier kein Possibilismus, kein „kulturgeleitetes Handeln“ – beziehungsweise nur ein solches im Mikrobereich, aber unvorhergesehene, irreversible Veränderungen im Großen? Nur im Kleinen Möglichkeiten, aber keinen Einfluß auf das Ganze?

Roman Sandgruber (1982) beschreibt eine andere Form von irreversiblen, gerichteten Prozessen – sie ließen sich als Prä-Fordistische Prozesse, nämlich solche der Vorstufen der Herausbildung von Mustern des Massenkonsums und der Massenproduktion bezeichnen. Wenn man landwirtschaftlichen Produzenten Steuern in Geldform abverlangt, dann zwingt man sie zwar zur Produktion für den Markt, induziert aber noch keine neuen Konsumgewohnheiten (S. 14). Aber interessanter ist, herauszuarbeiten, „in welchem Ausmaß Bedürfnisse, Einstellungen und Mentalitäten der Bevölkerung umgeformt werden mußten, um die Entwicklung zur modernen Konsumgesellschaft in Gang zu setzen“ (S. 12). „Die Eigenerzeugung und der Eigenverbrauch können einer spezialisierten Marktproduktion nur Platz machen, wenn der bäuerliche Verbrauch sich ebenfalls auf Güter verlagert, die außerhalb produziert werden. ... Die Bauern werden dann zu bewußteren Marktteilnehmern mit höherer Angebotselastizität, wenn gleichzeitig Marktprodukte von ihnen als erstrebenswert und der autarken Versorgung gegenüber überlegen eingeschätzt werden“ (S. 14). Auch dies sind zunächst weitgehend ungeplante, ungerichtete Prozesse, sie werden allerdings zunehmend zum Gegenstand planvoller Politik- und Marketingstrategien.

Auch in dieser Interpretation wird die Möglichkeitsform, wird die regelüberschreitende possibilistische Auswahl eingeschränkt. Aber immerhin: Es gibt auch Möglichkeiten, sich in der Tradition der eigenen Kultur und Wertewelt Innovationsangeboten zu verweigern oder den Zeitpunkt der Übernahme hinauszuzögern. Je häufiger solches geschieht, desto stärker wird die gesamte Entwicklung modifiziert.

5. „Zentraldirigierung“ und die Soziogenese kultureller Hegemonie

An diesem Punkt unseres Weges begegnen wir einer Figur, die um Mitfahrgelegenheit bittet, aber wir können noch nicht entscheiden, ob es ein freundlicher und hilfreicher Begleiter sein wird oder ein lästiger Aufhocker.

Die staatsförmige Ordnung der Vergesellschaftung verspricht Gerichtetheit der Innovationen, Subsumtion des Wandels unter kulturelle Staatsziele. Aber gelenkter Kulturwandel von oben, in innigem Zusammenhang mit Prozessen der „Modernisierung" und Hegemoniebildung stehend, bringt immer eigene Probleme mit sich. Die von Norbert Elias und Egon Matzner (1983) hervorgehobene „Soziogenese" des Staates im Zusammenhang mit dem Steuermonopol (zwischen den einfachen Modellen des „Staatsvertrages" und denen des Staates als Herrschaftsmittel stehend) weist hin auf die Eigendynamik von Gesellungsformen. Auf der Ebene der Vergesellschaftung heißt das: Je komplexer die soziale Organisation, zu desto mehr Überschaubarkeit, Planbarkeit, Reglementierung und damit Disziplinierung sowie Konditionierung (wie von Elias beschrieben) müssen die Individuen (zunächst) sich bereitfinden. Auf der Ebene des Herrschaftsprozesses heißt es: Die Bevölkerung wird gezwungen, immer mehr materielle und personelle Ressourcen bereitzustellen, gleichzeitig werden die sozialkulturellen Strukturen für die Vergesellschaftung von oben, für die Hegemonie verstärkt, bis hin zu der versuchten Gestaltung des kulturell homogenen Untertanen- oder Bürgerverbandes.

Diese Dialektik ist für uns Grund, Skepsis anzumelden gegen die Chancen einer machtgestützten oder herrschaftlich organisierten Vergesellschaftung, bei der Innovationen, gesellschaftlicher Wandel oder „Modernisierung" in langfristiger Übereinstimmung mit den Wünschen und Vorstellungen der Betroffenen zu realisieren versprochen wird. In den Vordergrund drängen sich allzu rasch Privilegiensicherung und Partialinteressen, kaschiert als „Sachzwänge", aber auch als nichtintendierte Nebenfolgen der Vergesellschaftung. Sie alle werden schnell und leicht zum Selbstzweck, der sich spannungsreich gegen andere Wert-und Symbolorientierungen durchsetzen will.

Staatsziele wurden auf unterschiedliche Weise kulturell abgesichert, mit den Mitteln der Eingliederung in einen verbindlichen Kanon von Werten und Symbolen (in einer „formierten" Gesellschaft oder einem System von „Grundwerten") bis zur fraglos akzeptierten Unterstellung, die Werte der Kultur oder der Modernität trügen ihren Wert in sich.

Von der Analyse der Konflikt- und Spannungspotentiale, die dabei entstehen, leben ganze Forschungsrichtungen – man denke nur an Themen wie Aufklärung oder Josephinismus und Volkskultur. Hegemoniebildung als „Vergesellschaftung von oben", Produktion des kulturell homogenen Untertanenverbandes ist in der Ethnologia Europaea, ausgehend von schwedischen Beispielen des 17./18. Jh., unter der verharmlosenden und entdynamisierenden Bezeichnung „Zentraldirigierung" thematisiert. Aber, und das ist das Interssante, die Volkskunde wußte immer auch, daß dies nicht alles ist. „Widerständigkeiten", Verweigerungen, Opposition gegen die Reglementierungs-und Erziehungsversuche des Staates sind ein beliebtes Thema von schönen Studien, und es gilt, diesen Aspekt in Bezug zu setzen zu den Interpretationsmodi des Wandels. Dabei merken wir allerdings bald, daß so sehr viel die Europäische Ethnologie auch nicht über die konkrete Struktur und die eigentlichen Triebkräfte dieser anderen Dynamik weiß.

6. Suchbewegungen im Raum neuer Möglichkeiten

Wir müssen danach fragen, von welchen Motiven denn die Verweigerungen ausgehen, von welchen Motiven die auch bei Norbert Elias angenommene permanente Auswahl aus den möglichen Reaktionen auf neue Möglichkeiten und auf Herausforderungen zum Wandel oder zur Innovation bestimmt ist. Es ist nicht nur die Orientierug an überkommenen Traditionen, an denen das Neue gemessen wird. Das gilt vor allem dann, wenn, wie in Roman Sandgrubers Beispiel, das Neue mit bisher nicht gekannten Möglichkeiten verbunden ist. Die volkskundliche Innovationsforschung ging lange davon aus, daß neue

Standards sich an der nächsthöheren Schicht orientieren (und oft ist dies ja auch so). Aber wenn für den Umgang mit neuen Chancen nicht auf das Vorbild anderer zurückgegriffen wird (werden kann), und wenn auch das Neue nicht in der „Luxurierung" (ein Begriff aus dem Regel-Repertoire Günter Wiegelmanns) vorhandener Kulturgüter gesucht wird, dann findet etwas anderes statt: „Suchbewegungen" kann man es nennen, von explorativem Verhalten sprechen die Psychologen, von Bewegen in einem „Suchraum" spricht Hartmut Lüdtke (39). Alle meinen damit etwas, was dem ähnlich ist, was der Alltags-Sprachgebrauch mit Neugierde beschreibt.

Nicht das Wünschen und Begehren allein (wie die Ökonomen meinen) schafft Innovationsdynamik, sondern die Existenz von Spielräumen, in denen es seine Suchbewegungen entfalten kann, ist dafür verantwortlich. Arthur E. Imhof hat, bezogen auf Lebenszeit und Lebenserwartung, herausgearbeitet, wie im historischen Prozeß solche neuen Chancen entstehen; die Art, wie die Prosperitätsgesellschaft mit ihrem Reichtum umgeht, ist ein anderes Beispiel.

7. Die aktuelle Diskussion um die Kultur des Wählens

Provozierend scheint die heutige Situation in den industriestaatlichen Prosperitätsinseln Westeuropa, Japan und USA. Eine Menge Kaufkraft und Zeit steht für Luxusbedürfnisse jenseits des Lebensnotwendigen zur Verfügung.

Das ist die Situation, in der der Berliner Soziologe Hermann Schwengel aus der „Lebensstil"-Gesellschaft die „Kultur des Wählens" destilliert (1991). „Lebensstile sind die subjektive Innenseite einer objektiv möglichen Kultur des Wählens, übergreifen insofern sozial die zeitlich-biographische Differenzierung von Lebensläufen und die auf einem bestimmten Niveau der Wohlstandsgesellschaft mögliche Erweiterung der sachlich-materiellen Lebenschancen" (67). In dieser Argumentation ist eine programmatische Komponente enthalten: Ohne diesen Horizont einer möglichen positiven Erweiterung der Chancen von Souveränität der Individuen über ihre eigenen Lebensverhältnisse (vgl. 69) hat die Prosperität der Konsumgesellschaft keinen subjektbezogenen Sinn. Erst mit ihr erhält die Zivilgesellschaft ihre Legitimität, mit ihr lassen sich die „Modernisierungsfrüchte" ernten (70 f.). Das ist der Hintergrund der „Idee einer Kultur des Wählens, in dem doppelten Sinne, daß Wählen eine Kultur stiftet und daß das Wählen kultureller Voraussetzungen und Hegungen bedarf" (69).

Wir werden hinter aller postmodernen Aufgeregtheit in den Formen der Ästhetisierung und Stilbildung, wie sie in prosperierenden Lebensstilgruppen sich breit machen, auch Aspekte der „Luxurierung" nach der Wiegelmann'schen Terminologie finden können, und beim Umgang damit kann handwerklich solide kulturwissenschaftliche Forschung auch zur Theoriebildung viel beitragen. Die „Selbstdarstellung als Selbstverwirklichung" in der Selbstthematisierung der sozialen Akteure der prosperierenden Lebensstilgruppen, die Wiederentdeckung des Flaneurs und der Urbanität (vgl. Editorial, 17/18) gehören hierher. Inhalte wie Affektkontrolle, Selbstdisziplinierung, Berechenbarkeit waren Inhalte des Zivilisationsprozesses bei Elias, aber dieser Prozeß ist nicht zu Ende. Disziplinierung mag einst die Voraussetzung für das Leben in größeren Einheiten gewesen sein – heute sehen viele in der prosperierenden „Gesellschaft des Wählens" neue Chancen, vielleicht auch sogar Notwendigkeiten der Freiheit, der Ent-Disziplinierung, der Auflösung von Traditions-und damit Disziplinierungszusammenhängen.

Natürlich ist es eine Herausforderung für eine Wissenschaft, die einst das „Leben in überlieferten Ordnungen" (Leopold Schmidt), „traditions- und gruppengebundenes Leben" (Gerndt) zu ihrem Schwerpunkt hatte, wenn jetzt Traditionszusammenhänge sich auflösen, Schichten zerbröseln und Gruppenzugehörigkeit sich dynamisiert. Vielleicht aber erschließt uns diese Verunsicherung, in der wir unsere Kulturschichten nicht mehr wiederfinden, endlich den Weg zu einem Paradigma der Interpretation von Kulturen als Mosaik von aufeinander wirkenden Teilkulturen (vgl. Kaschuba 483). Kulturprozesse so zu interpretieren macht uns darauf aufmerksam, daß Kultur ein Prozeß der ständigen Bildung, Veränderung und Neubildung von Werten und Symbolwelten ist, in dem stabile Formen des gestaltenden Umganges mit Chancen und Rahmenbedingungen sich immer nur temporär herausbilden. Auch deswegen übrigens können wir uns nicht mit dem Studium von Teilkulturen zufriedengeben, sondern müssen den gesamtgesellschaftlichen Kulturprozeß einbeziehen.

8. Die Grenzen der Lebensstil-Gesellschaft

Vielleicht aber liegen auf diesem schönen Weg der Lebensstil-Gesellschaft auch gefährliche Minen, die explodieren können und ihn insgesamt fragwürdig werden lassen. Einschränkungen macht schon Hermann Schwengel, wenn er auf die nötigen Elemente von sozialer Gerechtigkeit hinweist: „Wer an der Durchsetzung der Kultur des Wählens nicht teilnehmen kann, fällt in ein ganz tiefes kulturelles Loch, aus dem nach einiger Zeit auch die Leiter herausgezogen wird, auf der man wieder aufsteigen könnte. Je länger und härter diese Ausschlüsse dann sind, ... desto mehr beschädigen sie auch die Kultur des Wählens selbst..." – eine Zwei-Fünftel- (oder Zweidrittel-) Gesellschaft kann nicht die Perspektive sein. Aber auch Schwengel kennt keine Garantien dafür, daß die Ausnahme der Ausgrenzung nicht die Regel wird – die Prachtbauten der Gesellschaft des Wählens stehen auf brüchigem Grund.

Es gibt Gründe, auch über die von Schwengel selbst thematisierte Zurückhaltung hinaus Bedenken gegenüber einer allzu euphorisch positiven Bewertung der skizzierten Tendenzen anzumelden. Kulturelles und ökonomisches Kapital sind noch immer weitgehend gekoppelt. Auch bezüglich der Dauerhaftigkeit läßt sich relativieren: Die hohe Dynamik einer auf dauernde Veränderung, auf permanentes Wachstum angewiesenen Gesellschaft mit hoher Veränderungsbeschleunigung kommt angesichts zunehmend krisenhaft werdender Wachstumsprozesse bald selbst an ihre objektiven Grenzen. Völlig unzureichend werden die globalen Probleme einbezogen. Schließlich haben wir es mit einem Wohlstandsmodell zu tun, dem der gravierende Mangel anhaftet, nicht weltweit übertragbar zu sein, aber genau mit diesem Anspruch aufzutreten.

Auch Elias' Vorstellung vom irreversiblen Zivilisationsprozeß schließt nicht aus, daß „zivilisierte" Gruppen ihre Zivilisationsprivilegien gegen andere sehr unzivilisiert verteidigen. Wohlstandschauvinismus, „Festung Europa", „Mantaismus", neuer Nationalismus, Wachstumszwang sind die Stichworte, unter denen dies heute diskutiert wird. Offen ist diese Konzeption auch für die Legitimation ökonomiegeleiterter Modernisierungszwänge, wie wir sie in anderer Form schon in Peter Roseggers schönem Dialog zwichen dem Pfarrer und „Jakob dem letzten" finden: Der Mensch hat die Pflicht, sein Leben zu verbessern, wenn er die Chance dazu hat, argumentiert der Pfarrer – ist sich selbst aber nicht einmal der Verbesserung sicher.

Sicher, es ließe sich auch beschwichtigend relativieren: Es wird nichts so heiß gegessen wie es gekocht wird. Aus der zentraleuropäischen Perspektive sieht vielleicht manches viel dramatischer aus als es ist. Aber das Ozonloch wird doch noch schneller größer als erwartet.

Ein besonders neuralgischer Punkt des Konzepts der Kultur des Wählens sind die Definitionsmächte. Was aus den neuen Chancen gemacht wird, hängt, genau wie die Entscheidung darüber, welchen Innovationsangeboten man sich verweigert, ab von den „Definitionsmächten". Sie entscheiden, welche Motive und Ziele in den Innovationsprozeß eingehen. Für Hermann Schwengel ist die Souveränität der Individuen unverzichtbarer Bestandteil der Hoffnungen auf die „Zivilgesellschaft": Sie „kann von einem bürgerlichen Mittelstand getragen werden, von kulturellen Eliten, die die entscheidenden sozialen Prozesse in das Licht der Öffentlichkeit zerren wollen, wie von libertären und populistischen Zwischenschichten. Zivilgesellschaft ist ohne Markt und politische Demokratie nicht denkbar, aber sie impliziert letztendlich die Vorstellung einer souveränen Individualität, die wirtschaftliche Eigeninitiative, politische Interessen und kulturelle Empfindsamkeit in sich vereint..." (68/69).

Die Figur der gesellschafts- und politikrelevanten kulturellen Öffentlichkeit, in der uns kulturgeleitetes Handeln wieder begegnet, erscheint manchen als eine fromme Vorstellung angesichts der Gewalt, mit der fremde Definitionsmächte sich interessen- und ökonomiegeleitet an die Definition dessen machen, was ein „anständiges Leben", was Stil und was Kultivierung der feinen Unterschiede zu bedeuten haben. Was ist ein Markteroberungsfeldzug gegen den Diskurs einer kulturellen Öffentlichkeit – gerade in Situationen, in denen die Funktion der kulturellen Eliten als Vorbild im Schwinden ist (ganz andere Schichten als früher sind heute die Innovatoren, man denke nur an den Siegeszug des Video in den Kulturen der Arbeitsmigranten). Veränderungsdruck wird ausgeübt nicht nur durch die Vorbilder aus der nächsthöheren Sozialschicht (wie in Wiegelmanns Theorie), auch nicht durch das offene Wünschen und Begehren allein, sondern durch Marktmacht, die ihm Gestalt verleiht. Ist das noch eine Form der souveränen Definition des „guten Lebens"? Sind nicht in einer Situation, in der eine „Modernisierung der Moderne", eine „reflexive Modernisierung" (Beck 1991) ansteht, ganz andere Kräfte nötig?

9. Ein neues Verhältnis zur Konsumkultur

Aber siehe da: Was in Form fremder Definitionsmacht manchen als gefährlicher Wegelagerer erscheint, ist für andere schon wieder ein hilfreicher, angenehmer Mitfahrer. Der Diskurs um die „Lebensstil"-Gesellschaft beinhaltet ein Plädoyer für ein neues Verhältnis zur Popular- und Konsumkultur. Und die kulturpolitische Szene in der Bundesrepublik entwickelt derzeit einen Diskurs, der sich abwendet von edukativ-pädagogisierender Kulturkritik (wie sie die alte Volkskunde, es sei nur an die Grazer Schule erinnert, ja auch kannte). Heute beobachten wir eine Entmystifizierung von Markt und Kulturindustrie. Gängig ist die Relativierung der Konsumkritik, die Aufwertung der Konsum- und Kulturindustrie als Medium der Selbstdarstellung prosperierender Schichten.

Peter Alheit hat, Kaspar Maase folgend, dem noch einen besonderen Dreh gegeben: Bisher wurden nach seiner Interpretation in der Lebensstil-Diskussion um vorherrschende Kulturmuster nur diejenigen der Mittelschichten berücksichtigt (der „creaming-off"-Effekt): Skeptisch, rebellisch, ökologisch, cool waren jeweils nur spezifische Schichten. Die „Halbstarken" der 50er Jahre sperren sich gegen diese Einteilung, aber möglichweise waren sie für die Entstehung des 1968er Klimas wichtiger als die „skeptische Generation": Sie waren Exponenten dessen, was Raymond Williams als „einfache Kultur" (gegen die strukturelle Diskriminierung der Rede von den „Massen") bezeichnet und als wichtigen Teil des gesamtgesellschaftlichen Kulturmosaiks betrachtet. Bei Peter Alheits Plädoyer für eine „demokratische Sicht sozialer Kultur" (statt missionierender „Kultur für alle") wird erkennbar, wie die Generation dieser „Halbstarken" mit ihrem anti-utilitaristischen Habitus, mit ihrem lockeren Umgang mit Kulturindustrie und Kommerzialisierung als Elementen der „Befreiung von moralisch-pädagogischen Diktaten" einen irreversiblen „Informalisierungsprozeß“ mit „Egalisierungserscheinungen“ einleiteten, dessen Früchte wir heute ernten.

Kulturgeleitetes Handeln im Umfeld einer Gesellschaft souveräner Konsumenten? Ganz so einfach wird es nicht sein – nicht einmal mehr die Ökonomen glauben an die Konsumentensouveränität. Aber immerhin wird hier ein Denkanstoß gegeben, an dem sich abzuarbeiten fruchtbar zu sein verspricht. Peter Alheit selbst qualifiziert das Milieu für seine Perspektiven, wenn er sagt: „Zivile Gesellschaften entstehen nur, wenn möglichst viele teilhaben“ (39) – das ist das, was die Kulturpolitik immer wieder zur Legitimation ihres Handelns hervorhebt.

Jedernfalls ist es – auch Umberto Eco hat darauf hingewiesen – sinnvoll, auch die Rolle der Kulturindustrie nüchterner einzuschätzen. Auch sie ist genausowenig wie der Staat der allumfassende Manipulator, auch ihr kann man sich verweigern.

So können wir jetzt ausgehen von einem Mosaik unterschiedlicher Kulturen und Kulturströmungen, die nicht völlig überlagert sind von dominierenden Diskursen oder Definitionsmächten – weder denen der Hegemonie staatstragender Kräfte, noch denen eines unentrinnbaren Käfigs von Kulturindustrie und Marktzwängen. Die Kulturen agieren in der Form von kulturellen Öffentlichkeiten auf komplexe (nicht nur verbale) Weise, und in ihnen entscheiden vergesellschaftete Individuen darüber, was ihnen wichtig ist und worin sie Sinn und Zweck ihrer Lebenspraxis sehen. Eine Innovationsforschung, die mit angemessenen Mitteln dazu beiträgt, den Spielraum dieser kulturellen Öffentlichkeiten auszuloten, braucht um ihre Bedeutung nicht verlegen zu sein.

10. Schluß

Wir kommen zum Schluß. Wir begannen unseren Weg bei einer europäischen Ethnologie, die von der Ursprungsforschung und vom Studium des Lebens in überlieferten Ordnungen den Weg zur liebevollen Beschreibung von Innovationsprozessen gefunden hat. Wir fragten dann nach der possibilistischen Dimension, d.h. danach, wie weit Innovationen kulturgeprägt und kulturgeleitet sind, und wir fanden in den unkontrollierten, aber irreversiblen (und damit gerichteten) Prozessen sowie in hegemonialen und staatlichen Mächten, in offenen Suchbewegungen des Wünschens und Begehrens (wie sie in Konflikt liegen mit fremden Definitionsmächten) ein Bündel jener Faktoren, die wir beim Umgang mit der Frage nach den Spielräumen kulturgeleiteten Handelns berücksichtigen müssen. Wir fanden ein widerspruchs- und spannungsreiches Mosaik kultureller Kräfte, die Raum bieten für Subjektivitäten und kulturelle Öffentlichkeiten – mit realen Chancen, jedenfalls mit spannenden Prozessen, die zu analysieren lohnt, wenn man gutes Handwerkszeug besitzt.

Ein Dilemma der aktuellen Theorie-Diskussion ist, daß keines der angebotenenen Modelle alle wichtigen Bereiche und Erscheinungen abdeckt bzw. erklärt. Ich weiß nicht, ob nur mir das so geht, aber ich ertappe mich beim Jonglieren mit verschiedenen Interpretationsansätzen, bei denen ich merke, daß sie alle nur eine begrenzte Reichweite haben. Immer gehen sie nur auf bestimmte Aspekte der Realität ein; sie ergänzen sie sich gegenseitig – auch sie stehen miteinander in einem strukturierten Kräftefeld. Daher meine ich, wir sind bei unseren Überlegungen nicht an einem Ziel angelangt. Ich habe eher den Eindruck, es bestätigt sich die alte Touristen-Weisheit: Der Weg ist das Ziel, und die Abenteuer auf dem Wege sind der Lohn.

Literatur:

Alheit, Peter: Soziokultur – ein unvollendetes Projekt. In: Kulturpolitische Mitteilungen (Hagen) 54 (H. III/1991), S. 34-40.
Bausinger, Hermann: Volkskunde. Darmstadt 1971, Tübingen 1979.
Beck, Ulrich: Politik in der Risikogesellschaft. Frankfurt/M. 1991.
Beck, Ulrich: Risikogesellschaft. Frankfurt/M. 1986.
Drucker, Peter F.: Innovationsmanagement für Wirtschaft und Politik. Düsseldorf, Wien 1985.
Eco, Umberto: Apokalyptiker und Integrierte. Zur kritischen Theorie der Massenkultur. Frankfurt/M. 1984.
Editorial Lebensstile. In: Ästhetik und Kommunikation 18. Jg. 1989 (H. 70/71), S. 17-18.
Elias, Norbert: Über den Prozeß der Zivilisation. Bern 1969, Frankfurt/M. 1980.
Elias, Norbert: Was ich unter Zivilisation verstehe. In: Die Zeit Nr. 25 v. 17.6.1988, S. 37.
Gerndt, Helge: Studienskript Volkskunde. München 1990.
Heilfurth, Gerhard: Zur Beschäftigung mit den Problemen des Kulturwandels. In: In Memoriam António Jorge Dias. Lissabon 1974, Bd. 2, S. 245-255.
Imhof, Arthur E.: Ars moriendi. Die Kunst des Sterbens einst und heute. Wien, Köln 1991.
Kaschuba, Wolfgang: Mythos oder Eigen-Sinn? „Volkskultur" zwischen Volkskunde und Sozialgeschichte. In: Volkskultur in der Moderne. Reinbek 1986, S. 469-507.
Lüdtke, Hartmut: Expressive Ungleichheit. Zur Soziologie der Lebensstile. Opladen 1989.
Maase, Kaspar: BRAVO Amerika. Hamburg 1992.
Sandgruber, Roman: Die Anfänge der Konsumgesellschaft. Wien 1982.
Schwengel, Hermann: Kultur des Wählens. In: Lebensstil und Gesellschaft – Gesellschaft der Lebensstile? Loccum/Hagen 1991 (Loccumer Protokolle 6/90; Dokumentation 39, Kulturpolitische Gesellschaft), S. 67-79.
Thompson, Edward P.: Volkskunde, Anthropologie und Sozialgeschichte. In: Ders., Plebeische Kultur und moralische Ökonomie. Frankfurt/M., Berlin 1980, 289-318.
Wiegelmann, Günter: Theoretische Konzepte der europäischen Ethnologie. Diskussionen um Regeln und Modelle. Münster 1990.
Wiegelmann, Günter (Hg.): Kultureller Wandel im 19. Jahrhundert. Göttingen 1973.
Wiegelmann, Günter: (Hg.), Wandel der Alltagskultur seit dem Mittelalter. Phasen – Epochen – Zäsuren. Münster 1987 (Beiträge zur Volkskultur in Nordwestdeutschland, 55).

1 Vortrag, gehalten am Montag, den 16.12.1991 im Institut für Volkskunde Wien

8. Menschenrechtsdiskussion und Ethnologen

1. Die marginalisierte Ethnologie

Ethnologische Wissenschaften haben zwar häufig Rechtfertigungen für Eroberung, Kolonisierung und Unterdrückung geliefert, aber in allen Phasen der menschlichen Geschichte haben sie auch die behauptete Überlegenheit der eigenen Kulturmodelle relativiert. Sie haben immer wieder auf die Würde und Qualität anderer Lebensformen hingewiesen und den Blick über die kulturellen Grenzen ermöglicht. Darüber hinaus besitzen sie eine lange Tradition des hermeneutischen, deswegen dennoch nicht affirmativen Umganges mit solchen Lebensformen, deren Andersheit mit den „modernen" Formen des Zusammenlebens der Kulturen nicht vereinbar scheint.

Umso mehr erstaunt, daß sie in den Diskussionen um Multikulturalismus, Menschenrechte und Modernisierungskrisen so wenig auftreten. Dieter Haller hat das so thematisiert: „Das Interesse an ethnologischen und kulturellen Fragestellungen erlebt in Deutschland seit den späten 70er Jahren einen Boom. Die Öffentlichkeitswirkung *des Faches* Ethnologie bzw. Kulturanthropologie ist dagegen extrem gering. Vertreter dieser Disziplin drängen weder in Schulbuchkomissionen, noch propagieren sie die Einrichtung der Ethnologie als Schulfach – eine Forderung, die sich im Rahmen des Zusammenwachsens von Europa und der zunehmenden Multikulturalisierung unserer Gesellschaft geradezu aufdrängt. Sie sitzen auch nicht in TV-Talkshows, in denen Experten unterschiedlicher Disziplinen über die Kultur und die menschliche Natur diskutieren."[1]

Ob das am mangelnden Geschick der Vertreter der Disziplin im deutschsprachigen Raum liegt, oder ob es mit der Verunsicherung durch die permanente Nabelschau der „selbstreflexiven Ethnologie" zusammenhängt, mag offen bleiben. Jedenfalls fehlen damit in der öffentlichen Diskussion die qualifizierten Argumente dieser Wissenschaften.

Dabei sind die Voraussetzungen günstig: Für den Ethnologen wird die Relativierung der eigenen Selbstverständlichkeiten schon bei der Feldforschung zum Thema. Die Diskussion über die Ethik der Anthropologen bezieht sich darauf. Interessant wäre es, die im Umgang mit den Bewohnern des „Feldes" gewonnene Sensibilität zu übertragen auf den Umgang der westlichen Industriegesellschaften mit der übrigen Welt: Die Ethik des Anthropologen könnte sich ausweiten auf die Ethik des Umganges der Kulturen miteinander.[2] Und dies bräuchte sich nicht nur zu beziehen auf die ethisch-moralische Spekulation, bei der die Optionen der Diskurspartner sich in nahezu beliebiger Weise auf Versatzstücke aus der Ethik- und Philosophiegeschichte beziehen können, sondern man könnte sich abarbeiten an der gesellschaftlichen Praxis. Eine ethnologische Unterfütterung würde der Diskursphilosophie nicht schaden. Auf allen Ebenen, von der lokalen bis zu derjenigen der internationalen Institutionen im Rahmen der Wahrnehmung von gemeinsamer Verantwortung für die Zukunft, geht es um das Aushandeln von Regelungen unter höchst unterschiedlichen Partnern – sollte da die intime Kenntnis der Unterschiede der Kulturen unerheblich sein?

2. Eine anthropologische Stellungnahme zur Menschenrechtsdiskussion

Als die Frankfurter „Römerberggespräche" 1994 mit Philosophen, Soziologen, Politikern, Schriftstellern und Künstlern über das Thema „Anderssein, ein Menschenrecht"[3] diskutierten, da wurde ich auf ein im Zusammenhang mit der Diskussion um den Kulturrelativismus am Rande erwähntes Dokument aufmerksam, das erkennen läßt, wie interessant der Beitrag der ethnologischen Wissenschaften zur aktuellen Menschenrechtsdiskussion sein könnte.[4] Das „Statement on Human Rights" des Executive Board der „American Anthropological Association", der Menschenrechtskommission der Vereinten Nationen schon am 24. Juni 1947 übermittelt, lohnt eine Wiederaufnahme in der Diskussion.[5]

Ich habe die Wirkungsgeschichte dieses Dokumentes nicht ausführlicher verfolgen können. Von der UN-Diskussion scheint es überhaupt nicht beachtet worden zu sein.[6] Noch 1992 kann Christian Tomuschat in der Einleitung zu einer Zusammenfassung der UN-Menschenrechtsdokumente meinen, bezüglich der Menschenrechtskodifizierungen der Vereinten Nationen setzte „erst in späteren Jahren eine – bis heute nicht verstummte – Kritik ein, deren Grundtenor lautet, die Erklärung verkörpere weitgehend nur die Wertvorstellungen der Länder der industrialisierten Welt und beruhe daher auf gewissen kulturellen Vorurteilen."[7] Dieses Dokument weist schon vor der Verabschiedung der ersten UN-Deklaration auf diesen Mangel hin.

3. Das mehrschichtige Individuum

Das Statement von 1947 nimmt die Dialektik von Individuum und Gruppe aus kulturwissenschaftlich-empirischer Perspektive auf. In den ersten Teilen freilich gewichtet es die Gruppe sehr stark; fast am Schluß erst klagt es wieder die Rechte des Individuums ein und beansprucht „the free play of personality of the members of its constituent social units, and draws strength from the enrichment to be derived from the interplay of varying personalities."[8]

Ohne diese Dialektik zu berücksichtigen, müssen universalisierende Formulierungen notwendig scheitern. Das Individuum europäisch-modernen Verständnisses, wie es nur unter den Rahmenbedingungen dieser Moderne entstehen konnte und das trotz aller Individualisierungsschübe und Wahlmöglichkeiten auch in der „Lebensstilgesellschaft" mit tausend Fäden in seiner Gesellschaft kontextualisiert ist, es kann ohne vergleichbare Rahmenbedigungen nicht Maßstab für den Rest der Welt werden. Und die sind, so heute die gängige Auffassung, nicht mehr herzustellen.

Man kann den Anthropologen von 1947 vorwerfen, sie gingen in ihrem Statement allzusehr vom geschlossenen Charakter einer Kultur aus. Homogenität der Kultur wird weitgehend vorausgesetzt. Diese Position entspricht den klassischen Feldstudien der damals vorherrschenden anthropologischen Schulen, die am liebsten von homogenen, nach dem Muster der Informanten standardisierten Stammeskulturen ausgingen. Aber weit darüber hinaus ist solches Homogenitätsdenken auch das Prinzip des modernen europäischen Nationalstaates[9]; von diesem wurde es in der Moderne auf andere Staaten und Gesellschaften übertragen. Aber diese Homogenität kann auf sozialer oder auf geschlechts- und altersspezifischer Ebene immer problematisiert werden – von außen durch die Wissenschaft und die Analyse, von innen durch die Akteure, die in günstigen Situationen (Prosperität, Einflüsse von außen, innere Verschiebungen im Parallelogramm der gesellschaftlichen Kräfte) mehr und neue Rechte für sich beanspruchen und durchsetzen können. Auch durch solche Relativierungen wird die Dialektik von Gruppe und Individuum, auf die es ankommt, *nicht* aufgehoben. Individual- und Kollektivrechte bilden ein spannungsreiches Geflecht; Achtung des Individuums und Achtung der Kulturen sind den Anthropologen von 1947 daher gleich wichtig.

Zwar kann, wie die Anthropologen 1947 sagen, Individualität nur im Rahmen und in den Ausdrucksformen einer Kultur entwickelt werden, aber umgekehrt läßt sich auch sagen: Eine Gruppe, Kultur oder Gesellschaft ist nur überlebensfähig, wenn sie über das Innovationspotential kreativer Individuen verfügt, die sich ohne Rücksicht auf die Konventionen der Gruppe und Kultur mit wechselnden und veränderten Rahmenbedingungen auseinandersetzen und schöpferisch mit Anregungen von außen umgehen, sei es als junge Generation, die sich von den Älteren bewußt absetzen will (muß), sei es in Gestalt von Innovatoren. Das Streben nach kultureller Homogenität hat einen Gegenspieler im explorativen Verhalten und in der innovatorischer Neugier. Ähnlich wird es sich auch mit der Fremdenfurcht verhalten. Mag sein, daß sie sogar als anthropologische Konstante existiert[10], aber immer hat sie als Gegenspieler die genauso intensiv verankerte Neugier (von „explorativem Verhalten“ sprechen die Psychologen) – und damit wird ein offenes Feld von Spielräumen und Gestaltungschancen geschaffen.

Vielleicht hängt dies zusammen mit dem, was Wolfgang Rudolph, bezogen auf Douglas G. Haring, als „existentielles Paradoxon des Menschen“ benennt, nämlich „daß keine Reaktion eines lebenden Organismus dem Reiz, der sie hervorrief, äquivalent ist“, sondern ein „dynamic hiatus between stimulation and the form of the response“ besteht.[11] Der „biologisch (-soziale) Bereich“ ist beim Menschen vom (sozial-)kulturellen Bereich durch diesen Hiatus getrennt. Dadurch sind „Kulturwerte im Gegensatz zu Instinktgrundlagen modifizierbar“[12], Spielräume entstehen. Das Vorhandensein von Instinktgrundlagen (oder, in der angeführten Menschenrechtsdiskussion, von Gruppenbindung) und die Modifizierbarkeit (das unabhängige Individuum in unserem Falle) sind in einem solchen Modell gleichermaßen notwendig. Das Modell des Akteurs und des Gegenspielers, mit dem vielleicht heute die Systemtheorie argumentieren würde, macht derartige Spannungen in vielen Bereichen beschreibbar. Die Sicherheit und Zukunftsfähigkeit der fragilen Gebilde von Gruppen, ohne die auch das Individuum keine Chance hat, in ebenso fragilen lebensweltlichen Systemen über Zeit (und sogar über Raum) zu erhalten ist jedenfalls nur mit Hilfe von Kultur und Enkulturaltion in die Gemeinsamkeit der Anstrengungen einer Gruppe beim Naturstoffwechsel und der sozialen Sicherung möglich.

Die Spannung zwischen Individuum und Gruppe ist für die Menschenrechtsdiskussion nicht ein irgendwann einmal durch eine geschickte Formulierung und Kodifizierung auflösbarer Konflikt, sondern ist jeder Formulierung von allgemeinen Menschenrechten immanent. Das deuten die Anthropologen 1947 an, wenn sie meinen, eine wirkungsvolle Weltordnung müsse die freie Entfaltung der Persönlichkeit der Mitglieder der sie konstituierenden Einheiten gewährleisten und beziehe ihre Stärke aus dem Reichtum, der dem Zusammenspiel unterschiedlicher Persönlichkeiten entspringt.[13]

Damit ist nicht mehr der kulturelle Relativismus mit der Rivalität unterschiedlicher Wertsysteme das Problem, sondern die diesem vorgelagerte Dialektik Individuum-Gruppe. Bei ihr spielen auch lebensphasenspezifische Orientierungen eine Rolle: Jugendkulturen z.B. können radikal oppositionell sein, bleiben aber dennoch teilintegriert und ihre Angehörigen werden später in der Mehrzahl integrierte Erwachsene. Mit Recht läßt sich von der „Mehrschichtigkeit“ des Individuums in der Gesellschaft reden, die sich auch in der individuellen Biographie niederschlägt.

4. Homogenität und Dynamik ethnisch-kultureller Gruppen: Die mehrschichtige Gruppe

Gesteht man den Individuen diese Mehrschichtigkeit zu, so muß sie erst recht der Gruppe zugestanden werden. Nie integriert sie alle Individuum gleich stark. Kulturen und Ethnien sind keine geschlossenen Gebilde. Sie sind auch kein „in sich geschlossener Text“, wie es den Anschein hat, wenn man die „manichäischen Reinheitsideale“ derjenigen Hermeneutiker ernst nimmt, für die es überhaupt kein Verstehen einer anderen Kultur gibt.[14]

Auch ohne biologisch-ethnische Komponente kann man in Kategorien geschlossener kultureller Gebilde mit in sich legitimierter „werthaltiger Verschiedenheit“[15] denken. Aus ihnen können selbst bei prinzipiell anerkannter Gleichwertigkeit der Kulturen und der Anerkennung einer „kulturübergreifenden Rationalitätsgemeinschaft der Menschen“ sowie dem „Postulat einer psychophysisch im wesentlichen gleichartigen Menschheit“[16] starre Käfige werden, die kein Entrinnen erlauben.[17]

In solch statischen Kategorien verbleibt das „ethnopluralistische“ Denken. Es interpretiert – so der Freiburger Politologe Dieter Oberndörfer – „alle reinen, unvermischten und daher echten Nationalkulturen ... als gleichrangig“[18] und will sich dabei dann auf Herder berufen, wenn man aus dessen Anerkennung der Rolle und des Existenzrechtes der verschiedenen Sprachen und Kulturen die Pflicht zur Pflege von deren Reinheit ableitet. Freilich wird man auch bei Herder Elemente der Dynamik finden können: Die Kultur eines Volkes ist für Herder nichts Überhistorisches, sondern hat transitorischen Charakter.[19]

Gleichberechtigte Nationalstaaten und Nationalkulturen sollen nach dem Programm der Ethnopluralisten nebeneinander existieren, sich aber nicht vermischen. Die Apartheid Südafrikas legitimierte sich auf diese Weise. In dem Augenblick, wo man die Unterschiede nicht, wie oben angedeutet, aus Geschichte und Dynamik erklärt, sondern substantialisiert, entsteht ein ethnopluralistischer Käfig, der nicht nur der gegenwärtigen globalen Situation völlig inadäquat ist, sondern auch in der Geschichte keine Bestätigung findet.

In der Ethnologie gibt es diesbezüglich den alten Streit zwischen Primordialisten oder Objektivisten, die, ein substantielles Ethnos unterstellend, „ethnische Gruppen als weitgehend stabile und klar abgrenzbare Einheiten“ sehen, und den Situationalisten oder Subjektivisten, die „die Idee einer flexiblen, kontextabhängigen Grenzziehung, und damit die Idee einer dynamischen Definition von Identität und ethnischer Gruppe“ vertreten.[20] Dieser Streit ist in der heutigen Forschung zugunsten des dynamischen Ethnos-Begriffes der letzten Art entschieden, für den „auch primordiale Merkmale in Abhängigkeit von der Situation selektiert werden“. Eine solche Position kann auch in dem aktuellen Streit mit der Soziobiologie um die genetische Disposition Bestand haben.[21]

Einst schon versuchte der österreichische Sozialist Otto Bauer, im habsburgischen Vielvölkerstaat besonders intensiv mit Nationalitätenproblemen konfrontiert, durch sozialhistorische Analyse der nationalen Komponente den „trügerischen Schein der Substantialität der Nation“ zu nehmen.[22] Die von ihm für Nationen verwendeten Vokabeln „aus Schicksalgemeinschaft erwachsene Charaktergemeinschaften“[23] sind nach dem Nationalsozialismus nicht mehr verwendbar, meinen aber eigentlich nur jene Historizität, die auch im neueren Denken über Nation und Ethnos im Mittelpunkt steht.

Für die dynamische Sichtweise von Ethnos und Kultur läßt sich profitieren von dem Ertrag der Arbeiterkulturforschung. Sie hat herausgearbeitet, wie im modernen Staat die Heraufkunft einer neuen sozialen Schicht oder Klasse mit eigenen Interessen und Bedürfnissen das Mosaik und das Kräfteparallelogramm der Kultur beeinflußt und auf alle kulturellen Bereiche Auswirkungen zeitigt.[24] Mehr oder weniger ausgeprägt existieren in allen Kulturen „zwei Kulturen“ (oder mehr), die miteinander um die Hegemonie konkurrieren und den kulturellen Prozeß prägen. Das ist auch für ethnische Prozesse nicht folgenlos.

Es gibt keine geschlossenen homogenen Kulturen. Sie ändern sich in einem unabschließbaren Prozeß. Es würde vielen unmenschlichen Praktiken der Boden für die ideologische Rechtfertigung entzogen, wenn ein dynamischer Begriff von Ethnos, Kultur, Nation usf. allgemein anerkannt wäre. Der dynamische Ethnosbegriff wäre die erste Voraussetzung eines „zivilgesellschaftlichen" Verständnisses von sozialkultureller Differenz: Jeder Kultur wird die Fähigkeit der Veränderung zugestanden. Die zweite wäre die Anerkennung von Vielfalt als Ressource. Nicht nur defensiv, sondern auch offensiv läßt sie sich einfordern. Die alte Trias von „Freiheit, Gleichheit, Brüderlichkeit" wird heute ergänzt durch eine neue Trias von „Sicherheit, Vielfalt, Solidarität"; von einer „neuen Lust an der Vielfalt" wird gesprochen.[25] Das Andere, das Fremde bedeutet Reichtum; das Nichtidentische und die Mehrschichtigkeit des Individuums charakterisiert unsere Existenz. Das dialektische Denken bedarf des Anderen, das Widerspruch erregt und einen ergebnisoffenen Prozeß in Gang bringt.

Solche Überlegungen mögen den gedanklichen Umgang mit der Vielfalt erleichtern. In der Praxis bedarf die Differenz solcher Stützen nicht, sie bezieht ihren Existenzanspruch aus den Widersprüchen der Gegenwart und aus den uneinlösbaren Versprechungen der Moderne.

Aus solchen Thesen muß kein kultureller „Artenschutz" nach dem Muster der Ökologie entstehen oder eine „Sicht der Welt als eine(m) sorgfältig zu bewahrenden Völkerkundemuseum."[26] Jürgen Habermas formuliert die entsprechenden Ansprüche: „Kulturelle Überlieferungen und die in ihnen artikulierten Lebensformen reproduzieren sich normalerweise dadurch, daß sie diejenigen, die sie ergreifen und in ihren Persönlichkeitsstukturen prägen, von sich *überzeugen*, d.h. zur produktiven Aneignung und Fortführung motivieren."[27] *Wenn* und *solange* sie dies tun, bleibt die Integration in die globale Verantwortung eine Aufgabe des permanten Diskurses (der mit unterschiedlichen Mitteln geführt wird, nicht nur mit Institutionenbildung und Kodizifierungen, sondern auch mit symbolischen Akten – und gelegentlich auch mit Gewalt).

5. *Universalistische Schwarz-Weiß-Malerei*

Die Repräsentanten der Moderne lassen sich Furcht vor der Vielfalt einjagen. Karl-Heinz Koepping zitiert Edmund Leach mit einer Aussage von 1967: „... when your good liberal conscience next leads you to support some political crusade for the rights of national minorities, bear in mind that the other side of that penny is the fragmentation of the world... It is nationalism, not technology, which is our contemporary desaster, the lamentable delusion that only the separate can be free."[28] Aber wenn heute doch die Probleme aus der unbeherrschten (unbeherrschbaren?) Dynamik der Technik (oder des technisch-industriell-ökonomischen Komplexes) resultieren und aus dem mit ihr gekoppelten Problem-Mix der Wachstumsgesellschaft?

Heiner Geißler beantwortet bei den Römerberggesprächen 1994 die Frage, ob der Nationalismus die einzige Form sei, in der ein Volk Dummheiten begeht, für Europa seit 1871 mit einem klaren Ja.[29] Läßt man freilich Fortschritts- und Entwicklungsideologie, Wachstumszwang, Antikommunismus und Kommunismus und die jeweiligen Folgen Revue passieren, dann fällt die Antwort nicht mehr so klar aus.

Dies soll nicht als Rechtfertigung des Nationalismus mißverstanden werden, sondern sei als Warnung vor zu einfachen Schuldzuweisungen angeführt. Was ist in einer Situation, in der die industriegesellschaftlich-moderne Lebensweise nicht weltweit übertragen werden kann? Werden dann nicht die Unterschiede aufgewertet? Und was hat das wiederum für Konsequenzen? Das Leben in akzeptierter Differenz kann als Perspektive nicht mehr durch den einen (einzigen) Weg des Fortschritts und der „Entwicklung" ersetzt werden. Zwischen Skylla und Charybdis scheitert nicht die Interpretation der relativierenden Ethnologie, sondern ein Denken, das jene Differenz nicht aushält, die von der Dialektik der Realität produziert wird.

Für das moderne universalistische Denken resultiert aus der Anerkennung der Vielfalt ein Dilemma: „Der Kulturrelativist endet ungewollt dabei, die Absolutheit anderer Kulturen anzuerkennen, die dieser der eigenen verweigert."[30] Dieter Oberndörfer sieht die gleiche Tendenz in der romantischen Anerkennung der Vielfalt und interpretiert: „Kollektiven Kulturen und insbesondere ethnisch definierten kollektiven Kulturen wurde Toleranz gewährt, während Toleranz von nun an *dem* Verständnis von Kultur verweigert wurde, dessen Kern die individuelle Freiheit, der kulturelle Pluralismus und der Glaube an transkulturell verbindliche Normen des menschlichen Verhaltens und Zusammenlebens war."[31] Aber dieses Dilemma kann nicht dadurch gelöst werden, daß die parlamentarisch-demokratische Republik zum Maßstab aller Dinge gemacht wird.[32]

6. *Die Ethnie der Verfassungspatrioten*

Die Republik ist kulturell pluralistisch. Es gibt und gab auf deutschem Boden keine ethnisch-kulturell homogenen Staaten (vermutlich nirgendwo) – da ist Dieter Oberndörfer zuzustimmen.[33] „In der Republik gibt es also keine nationalen Religionen oder Kulturen, die für ihre Bürger verbindlich gemacht werden dürfen. ... Die Kultur der Republik wird somit unvermeidlich zu einer Mischung unterschiedlicher oder sogar konfliktiver Güter und Werte."[34] So ähnlich hatte auf der empirisch-sozialgeschichtlichen Ebene schon Edward P. Thompson das Geflecht der Kulturen in geschichteten Gesellschaften beschrieben – auch als Prozeß mit offenem Ausgang.[35] Im Sinne der im Statement der Anthropologen von 1947 angedeuteten Dialektik von Gruppe und Individuum sind Ansätze dafür freilich in allen Gesellschaften zu finden.

Hinter dieses Verständnis von Demokratie und Liberalität wird niemand mehr zurückfallen wollen, ja kann auch niemand mehr zurückfallen wollen – der Preis dafür wäre der Verlust von Flexibilität und Zukunftsfähigkeit (das angeführte Lob der Vielfalt ensteht in der Gemengelage dieser Moderne).

Nicht nur traditionelle „Nationen" neigen in der Praxis zur Selbsthomogenisierung, auch die kulturell offene Republik tut dies. Auch sie will vereinheitlichen – bei Oberndörfer mit der „Lebendigkeit der republikanischen Kultur, ... der Kraft ihres Verfassungspatriotismus", mit „nüchterne(m) und zweckrationale(m) Verhältnis zur politischen Gemeinschaft."[36] „In der offenen pluralistischen Kultur der Republik müssen kulturelle Werte und Überlieferungen von ihren Anhängern sehr viel überzeugender und engagierter vertreten werden als in einer Gesellschaft, in der 'die' Überlieferung unbefragt und unkritisch die Gegenwart und Zukunft prägen soll."[37] Das gilt auch für die Werte der Republik, die keine unhinterfragbaren Selbstverständlichkeiten sind, sondern in den fragilen Mustern der Demokratie der sozial fragmentierten Gesellschaften immer wieder neu bestätigt, akzeptiert und verteidigt werden müssen. Man kann nicht die ethnisch-nationale Homogenisierung kritisieren, aber der Republik zugestehen, daß sie ihre Werte auch inhaltlich und nicht nur prozedural zur verpflichtenden Norm werden läßt, wie im französischen Streit um die Kopftücher der muslimischen Mädchen im Unterricht. Bei dieser Republik und nicht, wie Oberndörfer befürchtet, bei den Minderheiten wird Kultur „bis in die Kochtöpfe hinein" zum Gegenstand politisch-rechtlicher Normierung.[38]

Ein verbündetes Europa soll nicht „die glückaufzwingende Tyrannin aller Erdnationen" werden, lesen wir bei Herder.[39] Die Diskursgesellschaft freilich würde ihren Dominanzanspruch wie jede andere Kultur oder Ethnie erheben, wenn sie postulierte: Alle sollen sich infragestellen lassen, nur nicht die Republik. Deutlich wird ein solcher Dominanzanspruch auch in der aktuellen Multikulturalismus-Debatte in den USA. Bassam Tibi zitiert Samuel P. Huntington (unkommentiert) mit einer entlarvenden Aussage:

Wenn in den aktuellen nordamerikanischen Diskussionen um Multikulturalität „im Banne des Multikulturalismus“[40] in den Bildungsinstitutionen amerikanische Geschichte unter Berücksichtigung der Rolle der verschiedenen ethnisch-kulturellen Gruppen und nicht nur konzentriert auf die „toten weißen Männer“ neu geschrieben werden soll, dann gewännen, so fürchtet Huntington, „obskure Führer von Minderheitskollektiven ... dadurch eine Wichtigkeit, die jener der Gründungsväter Amerikas gleichkommt.“[41] Für die Ethnologie sind solche „Gründungsväter“ (wie z.B. Wilhelm Tell für die Schweiz) als Bestandteile von Gründungsmythen typische „Mythomoteure“[42], wie sie auch im europäischen Nationalismus zur Konstruktion kulturell homogener Gebilde verwendet wurden. Der „american way of life“, inzwischen oft genug mit Sendungsbewußtsein kombiniert, wird genau wie die europäisch-moderne Ausgestaltung der Republik weitgehend der Kritik entzogen, während alle anderen Kulturen sich am Maßstab des modernen Universalismus messen lassen sollen.

Aber so wie ethnisch-kulturelle Sonderungen prozessual enstanden sind, so ist auch der Universalismus westlicher Prägung eine kulturelle Sonderung (formal nicht unterschieden von früheren ethnisch-kulturellen Sonderungen) – mit einem auch von dem „Statement“ der nordamerikanischen Anthropologen zugestandenen – für uns (wie für jede andere stabile Kultur) unverzichtbaren Geltungsanspruch, aber nicht das Ende der Geschichte. In der Krise der Moderne wird er massiv und aktiv von denen zur Disposition gestellt, die nicht teilnehmen können an den anderen Segnungen der Moderne.

Dieter Oberndörfer preist die USA als Beispiel gelungener Integration. Gerade die ethnisch-kulturellen Probleme im nicht funktionierenden Schmelztiegel USA aber waren es, die in der Ethnologie zur Neudiskussion des Ethnizitätsproblems zwangen.[43]

Sprachfragen und solche des Bildungskanons sind es, die innerhalb von Staaten Kulturkonflikte aufbrechen lassen. Sie können nicht einfach durch den Hinweis auf das Schweizer Beispiel[44] abgehakt werden: Im Bildungssystem des homogenisierenden Nationalstaates[45], das bruchlos von der Republik übernommen wurde, steht Sprachvereinheitlichung den kleineren Sprachen zerstörerisch gegenüber (z.B. bei den Samen und den Sorben) – Sprache aber ist ein so zentraler Bestandteil von Kultur, daß ihr Verschwinden den Tod der Kultur einleitet.[46]

Natürlich muß beim Schutz von Minderheiten (wie ihn ein Vorschlag für eine Änderung des Grundgesetzes in Art. 20 b vorschlug) die Frage beantwortet werden, „wer diese Kulturen, ihre Normen und Verhaltensweisen definieren soll.“[47] Aber da kann die Republik ja glücklicherweise mit ihrer Prozeduralität aufwarten und braucht nicht „obskuren Minderheitenführern“ das Feld zu überlassen, wie sie als Schreckgespenster zitiert werden – die mischen sich auch ohne entsprechende Regelungen ein. Karl-Otto Apels „Metaethik des gleichberechtigten Zusammenlebens“[48] verzichtet bewußt auf das Ausformulieren der das ganze Leben gestaltenden Werte und definiert nur, immer mehr von konkreten Inhalten losgelöst, die Grenzen. Auch diese Grenzen setzt sie nicht ein für allemal, sondern historisch-konkret in immer neuen Prozessen der Verständigung zwischen „strategischen Selbstbehauptungssystemen“.[49] Positiv herausdestilliert wird im Laufe der Zeit das, was das Zusammenleben und die mitverantwortliche Kooperation möglich macht.

Auch in der Menschenrechtsdiskussion mit islamischen Gesellschaften, bei der im religiösen Bereich schon eine Menge Vorarbeit geleistet ist, wird man ähnlich vorgehen können.[50] Die Alternative ist ein erbarmungsloser und letztlich alle zerstörender Kampf der Kulturen.

Menschenrechte werden in diesem Diskurs nicht abstrakt definiert, sondern leiten sich aus konkreten Unrechtserfahrungen ab. „Ein Ansatz, die kulturspezifische Pägung und die Frage der Universalität oder Partikularität der verschiedenen Rechtsauffassungen zu thematisieren und möglicherweise zu überwinden, ist die Begründung der Menschenrechte aus konkreten, exemplarischen Unrechtserfahrungen. Der Denkansatz, die Menschenrechte als Antworten auf fundamentale Unrechtserfahrungen zu verstehen, hält sich grundsätzlich offen für unterschiedliche und kulturspezifische Sinngebungen und versucht, das menschenrechtlich notwendige Minimum in einer Formel zu fassen."[51] Kontextualisierung und Universalitätsanspruch stehen in dieser Interpretation von Ute Gerhard in einem dialektischen Verhältnis zueinander.

Im UNO-Jargon wird zwischen drei Generationen der Menschenrechte unterschieden. 1948 wurden zivile und politische Rechte für alle kodifiziert. Auf der zweiten Stufe wurde 1966 das Paket der ökonomischen und sozialen Rechte verankert, und zu Beginn der 70er Jahre kam mit dem Recht auf Entwicklung eine dritte Kategorie hinzu.[52] Kollektivrechte im Sinne der modernen UN-Politik benennen materielle Grundrechte wie das auf Gesundheit, Bildung und Entwicklung. Alle drei Formen der Menschenrechte ergänzen einander, aber sie rivalisieren in manchen Aspekten auch miteinander.

Kurz vor der Wiener Menschenrechtskonferenz von 1993 wurde begonnen, das Kollektivrecht auf Entwicklung gegen die Individualrechte auszuspielen. Staaten wie China beanspruchen für sich das Recht, die Kollektivrechte für alle in ihrem Staatsgebiet lebenden Gruppen einheitlich (im Sinne des modernen homogenisierenden Nationalismus) zu definieren und kraft dieser Setzung Individualrechte, aber auch rivalisierende Kollektivrechte (von Minderheiten z.B.) einzuschränken. In Wien waren es vor allem südostasiatische Regierungen, von denen das Recht auf Entwicklung als Legitimation von Modernisierungs- und Erziehungsdiktaturen interpretiert wurde. Im Interesse der Entwicklung, sagen sie, können wir uns nicht den Luxus erlauben, auf alle Individualrechte Rücksicht zu nehmen. In offensiver Argumentation unterstellen südostasiatische Staaten gleichzeitig, der Westen wolle ihnen aus wirtschaftlichen Gründen ein individualistisch-utilitaristisches Menschenrecht aufzwingen, während sie das kollektivistische Menschenrecht im Osten beibehalten wollen (in Wirklichkeit treten sie vielleicht nur in jene Homogenisierungspolitik ein, die bezüglich des Nationalstaates von Ernest Gellner beschrieben wird). Diese Rechtfertigungsstrategie bedeutet für die westlichen Menschenrechtspolitiker eine Herausforderung; sie ist aber die Quittung dafür, daß die USA die individuellen Menschenrechte schon seit langem politisch instrumentalisiert haben. Wichtig wird sein, ob die chinesischen Politiker mit ihrem Beharren auf dem Vorrang des kollektiven Rechtes auf Entwicklung ihre Rechnung ohne den Wirt, d.h. ohne ihre Bevölkerung, machen.

Zu den Kollektivrechten gehören auch die vormodernen traditionellen Landrechte von Stammeskulturen. Sie werden in der Gegenwart von den gleichen Regierungen, die sich für ihre gesamtstaatliche Politik auf die von der UNO kodfizierten Kollektivrechte beziehen, in individuelle Ausbeutungsrechte für Minen- oder Holzkompagnien transformiert. Für eine Politik der „nachhaltigen Entwicklung" könnten sie jedoch äußerst wichtig sein (Restbestände solcher Kollektivrechte gibt es in allen, auch den modernen Kulturen).

8. *Unrechtserfahrungen der internationalen Gemeinschaft*

Was fängt die *internationale* Gemeinschaft in Situationen an, in denen Staatsterror auf eine Weise zuschlägt wie im Iran mit Todesdrohungen für Abweichler oder wie Gruppenterror in Algerien? Bei Staatsterror gibt es immerhin noch einen Adressaten, dem man, konsequent wie leider nicht praktiziert, durch Ächtung und Boykott klarmachen kann, daß er sich mit der Duldung solcher Praktiken von wesentlichen Ressourcen der Moderne ausschließt. Aber bei dem Gruppenterror in Algerien, wo systematisch die Intelligenz ausgerottet wird, gibt es keinen so beeinflußbaren Adressaten.

Geld dorthin zu werfen, wo es Probleme gibt (wie es eine zeitlang Prinzip der US-amerikanischen Außenpolitik war), hilft genauso wenig weiter wie Interventionstruppen mit den gleichen Motiven zu verteilen. Also sind die Instrumente der internationalen Konfliktregulierung (einschließlich des von Tibi geforderten und von den Kulturwissenschaften zu unterstützenden kulturellen Unterfutters) interessanter.

Die Probleme resultieren auch aus der eigenen Geschichte: Man wird man zu den Unrechtserfahrungen auch die „kulturelle Aggression des Westens" rechnen müssen, wie die Araber den Kolonialismus benennen.[53] Probleme resultieren heute nicht zuletzt auch aus der Inkonsequenz und Amoralität westlicher Politik. Erst werden z.B. fundamentalistische Bewegungen im Kampf gegen den Kommunismus unterstützt, und dann wundert man sich, wenn sie ihre Eigendynamik entwickeln. Und wenn die französische Regierung die algerische bedingungslos unterstützt, auch wenn sie die Möglichkeiten des politischen Weges nicht ausschöpft, dann hilft das nicht weiter.

Bassam Tibi hat, mit Bezug auf die Thesen vom „Zusammenprall der Kulturen" von Samuel Huntington, aus der neuen Konfrontation der verschiedenen Kulturen den Schluß gezogen: „Kulturdialog gehörte bisher nicht zu den Aufgaben der Wissenschaft von den internationalen Beziehungen, wohl aber Konfliktdiagnose und Konfliktmanagement. Eine der Konsequenzen aus Huntingtons Thesen könnte es sein, daß der Kulturdialog die neue Form von Konfliktmanagement sein wird."[54] Es ist dies der mühsame Weg der Tugendhaftigkeit und Unbelehrbarkeit der weltbürgerlichen Absichten und Friedenshoffnungen, den Lothar Brock skizziert hat.[55]

Ohne Berücksichtigung objektiver Faktoren aber wird man diesen Weg nicht dauerhaft gehen können. Die Ungleichmäßigkeit der ökonomischen Entwicklung produziert den Gegensatz zwischen Arm und Reich, und sie lebt zur gleichen Zeit von der Globalisierung wie der Fragmentierung.

Werden wir in Zukunft mit tribalistisch regierten Zerfallsgesellschaften zu rechnen haben, in denen War-Lords ihre Territorien mit Gewalt kontrollieren und auf der Grundlage von Beutewirtschaft für ihre Klientel rudimentäre Ordnungsfunktionen erfüllen, aber noch nicht einmal wie die frühmittelalterlichen Machtzellen des Rittertums durch eine zivilisierende Ideologie gebunden und untereinander verbunden sind? Wird das zu unserer Realität, was uns die Helden der Bildergeschichten und unterhaltenden Science-Fictions schon lange erzählen?

Vielleicht gibt es auch andere Perspektiven: Der von Ulrich Menzel zitierte „Casino-Kapitalismus" soll angeblich „die Auflösung kultureller Identitäten und die Auflösung der Nationalstaaten" zur Folge haben.[56] Aber weil Globalisierung und Fragmentierung parallel laufen, findet vielleicht die Globalisierung nur inselhaft statt. So gut wie man aus der Fortsetzung der Trends der „Modernisierung" einen aggressiven Migrationsschub prognostizieren kann, läßt sich auch ein Szenario entwickeln, in dem die Weltmarktvernetzung nur noch selektiv und inselhaft funktioniert, während beträchtliche Teile teilabgekoppelt nicht einfach im Elend versinken, sondern auf Substistenzproduktion und den in den Weltmarkt teilintegrierten informellen Sektor sich zurückziehen. Die Verbreitung von Coke und Fernsehen allein ist noch keine Globalisierung. Der Casino-Kapitalismus kann zwar Handelskriege führen, aber seine Krisen, weil weitgehend im Finanzraum sich abspielend, haben in letzter Zeit die Sphären der Produktion weniger stark beeinflußt als befürchtet.

Zurück zu den eingangs zitierten Ethnologen: Sie würden ihre Möglichkeiten und ihren Einfluß überschätzen, wenn sie meinen, es sei von nennenswertem Einfluß auf die Tendenzen der Realität, ob sie Universalismus oder Tribalismus legtitimieren. Die Wirklichkeit ist nicht vom *Willen* abhängig. Sie verkaufen sich allerdings auch unter Wert, wenn sie zu den angeführten Problemen nichts sagen. Die aktuellen Prozesse und Diskurse können sehr wohl mit dem Wissen und den Erfahrungen der Ethnologen, Anthropologen und Kulturwissenschaftler sinnvoll begleitet werden. Das galt es hier zu belegen.

1 Haller, Dieter: Über die Wiederkehr des biologisch-kulturalistischen Denkens. Aufgaben einer modernen Kulturanthropologie in globaler Perspektive. In: Viele Kulturen, eine Welt. Museum für Völkerkunde Frankfurt/M. 1995 (interim 15), 17-36.

2 Vgl. Koepping, Klaus-Peter: Ethics in Ethnographic Practice: Contextual Pluralism and Solidarity of Research Partners. In: Anthropological Journal on European Cultures 3/2, 1994, 21-38, 23.

3 Dokumentiert in: Hoffmann, Hilmar/Dieter Kramer: Anderssein, ein Menschenrecht. Weinheim, Basel 1995.

4 Szalay, Miklós: Historismus und Kulturrelativismus In: Grundfragen der Ethnologie. 2. Aufl. Berlin 1993, 233-253, 243, 247/248. Und: Statement on Human Rights. American Anthropologist Vol. 49/1947, 539-543. Vgl. auch Köpping, Klaus-Peter: Ethik in ethnographischer Praxis: zwischen Universalismus und pluralistischer Autonomie. In: Grundfragen der Ethnologie. 2. Aufl. Berlin 1993, 107-128.

5 Evelyn Riegel, Institut für Europäische Ethnologie, hat für die Gesellschaft für Ethnographie von HU Berlin eine Übersetzung angefertigt, vgl. Erklärung zu den Menschenrechten. Info-Blatt der Gesellschaft für Ethnographie e.V. Nr. 9 (1994), 2-7.

6 Szalay (s. Anm. 4), 247.

7 Tomuschat, Christian (Hg.): Menschenrechte. Eine Sammlung internationaler Dokumente zum Menschenrechtsschutz. Bonn 1992 (DGVN-Texte 42), 5/6.

8 Statement ... (s. Anm. 4), 543.

9 Vgl. auch Gellner, Ernest: Nationalismus und Moderne. Berlin 1991.

10 Zur Auseinandersetzung mit entsprechenden Theorien vgl. Haller (s. Anm. 1).

11 Rudolph, Wolfgang: Die amerikanische „Cultural Anthropology" und das Wertproblem. Berlin 1959, 173/174.

12 A.a.O. 176.

13 Statement ... (s. Anm. 4), 543.

14 Szalay (s. Anm. 4), 35, vgl. 69.

15 Szalay (s. Anm. 4) 243.

16 Stagl, Justin: Szientistische, Hermeneutische und phänomenologische Grundlagen der Ethnologie. In: Grundfragen der Ethnologie. 2. Aufl. Berlin 1993, 15-49, 33, vgl. 24 und Szalay (s. Anm. 4), 238.

17 Schmied-Kowarzik, Wolfdietrich: Strukturale Ethnologie und geschichtsmaterialistische Kulturtheorie. In: Grundfragen der Ethnologie (s. Anm. 4), 275-307, 298.

18 Oberndörfer, Dieter: Nation und Republik. Kollektive Kultur oder kulturelle Freiheit. In: Blätter für deutsche und internationale Politik 9/1994, 1068-1081, 1072.

19 Vgl. Auernheimer, Georg: Allgemeine Werte oder betonte Unterschiede? – Konflikte um das Eigenrecht der Kulturen. In: Viele Kulturen, eine Welt. Museum für Völkerkunde Frankfurt/M. 1995, 55-60. [vgl. jetzt auch Vf.: Die Ressource „kulturelle Vielfalt" und die Transkulturalität. Bemerkungen zu Wolfgang Welsch und Johann Gottfried Herder. In: Kunst und Kultur 9/1996, 14-15].

20 Orywal, Erwin und Katharina Hackstein: Ethnizität. In: Handbuch der Ethnologie. Berlin 1993, 592-609, 595/596.

21 Hemminger, Hansjörg: Soziobiologie des Menschen – Wissenschaft oder Ideologie? In: Spektrum der Wissenschaft, Juni 1994, 72-80. Vgl. Cavalli-Sforza, Luca: Verschieden und doch gleich. München 1994.

22 Bauer, Otto: Die Sozialdemokratie und die nationale Frage. 2. Aufl. Wien 1924, S. XX. Vgl. auch den dynamischen Nationsbegriff von Ernest Renan: Was ist eine Nation? In: Michael Jeismann, Henning Ritter (Hg.): Grenzfälle. Über neuen und alten Nationa-

lismus. Leipzig 1993, 290-311.
23 Bauer a.a.O. S. XI.
24 Vgl. Kramer, Dieter: Theorien zur historischen Arbeiterkultur. Marburg/Lahn 1987.
25 Denninger, Erhard: Menschenrechte und Grundgesetz. Weinheim 1994, 23, 38.
26 Oberndörfer (s. Anm. 18), 1073.
27 Habermas, Jürgen: Anerkennungskämpfe im demokratischen Rechtsstaat. In: Tayler, Charles: Multikulturalismus und die Politik der Anerkennung. Frankfurt/M. 1993, 147-196, 173.
28 A.a.O. 30f.
29 Geißler, Heiner: Der Irrweg des Nationalismus. In Hoffmann/Kramer (s. Anm. 3), 73-90, 76.
30 Tibi, Bassam: Streit über Kulturrelativismus. Posthysterisch. In: Frankfurter Allgemeine Zeitung v. 22. Juni 1994, N 5.
31 Oberndörfer (s. Anm. 18), 1073.
32 Vgl. Denninger (s. Anm. 25), 77.
33 Oberndörfer (s. Anm. 18).
34 A.a.O. 1070.
35 Thompson, Edward P.: Plebeische Kultur und moralische Ökonomie. Frankfurt/M., Berlin, Wien 1980.
36 A.a.O. 1079.
37 Oberndörfer, Dieter: Deutschheit darf für die Zugehörigkeit zur Republik kein Kriterium sein. In: Frankfurter Rundschau v. 15.10. 1994, 16 [Dok].
38 Dieter Oberndörfer: Völkisches Denken. In: Die Zeit v. 10.6.1994.
39 Ideen ... 1784-91, Bd. 3, 365; 2, 206, zitiert bei Hourani, Albert: Der Islam im europäischen Denken. Essays. Frankfurt/M. 1994, 39.
40 Wolf, Susan: Kommentar. In: Taylor, Charles: Multikulturalismus und die Politik der Anerkennung. Frankfurt/M. 1993, 79-93, 84.
41 Tibi in Hoffmann/Kramer (s. Anm. 3), 69.
42 Haller (s. Anm. 1).
43 Vgl. den in Anm. 20 zitierten Aufsatz.
44 Oberndörfer (s. Anm. 18), 1078.
45 Wie er affirmiert wird von Gellner, Ernest: Nationalismus und Moderne. Berlin 1991.
46 Vgl.: So langsam wird es Zeit. Kulturelle Perspektiven der Sorben in Deutschland. Bonn 1994 (Kultur und Wissenschaft 12).
47 Oberndörfer (s. Anm. 18), 1075.
48 Vgl. den Text von Karl-Otto Apel in Hoffmann/Kramer: Das Recht auf Andersheit. Weinheim, Basel 1995.
49 A.a.O.; vgl. auch den „Minimalkonsens ... der Dissens ermöglicht“ bei Walther Ch. Zimmerli: Das Abendland nach seinem Untergang. In: Hilmar Hoffmann/Dieter Kramer (Hg.): Das verunsicherte Europa. Frankfurt/M. 1992, 54-76, 65.
50 Vgl. Johannes Schwartländer (Hg.): Freiheit der Religion. Christentum und Islam unter dem Anspruch der Menschenrechte. Mainz 1993 (Forum Weltkirche, Bd. 2); Menschenbilder Menschenrechte. Islam und Okzident: Kulturen im Konflikt. Schweizerische Akademie für Entwicklung SAD, Zürich 1994. Vgl. auch Menschenrechte zwischen Universalisierungsanspruch und kultureller Kontextualisierung. Internationales Symposium. Ev. Akademie Loccum, Rehburg-Loccum 1993 (Loccumer Protokolle 10/93).
51 Gerhard, Ute: Anerkennung der Menschenwürde und kulturelle Differenz – ein Rechtsproblem? In: Hoffmann/Kramer (s. Anm. 3), 47-64, 61.
52 Vgl. Tomuschat (s. Anm. 7).
53 Arkoun, Mohammed: Die Frage nach dem Staat am islamischen Beispiel. In: Schwartländer, Johannes (Hg.): Freiheit der Religion. Christentum und Islam unter dem Anspruch der Menschenrechte. Mainz 1993 (Forum Weltkirche, Bd. 2) 294-315, 313.
54 Tibi, Bassam: Gehäuse der Hörigkeit. Samuel Huntingtons Thesen über Zivilisationskonflikte. In: Frankfurter Allgemeine Zeitung v. 10.11.1993.
55 Brock, Lothar: Eine Welt – Von der Hoffnung zum Alptraum. In: Hoffmann/Kramer (s. Anm. 3), 21-36.
56 Menzel, Ulrich: Global und im Dickicht der Städte: Stammesverhalten. In: Frankfurter Rundschau D-Ausg. v. 22. Aug. 1994, Dok. 16.

9. Dürfen Ethnien sein? Zur Diskussion um das Recht auf Anderssein

1. Polarisierungen

Auf der einen Seite wird der „Zusammenprall der Zivilisationen“ als Gefahr an die Wand projiziert.[1] Andere glauben die unaufhaltsame Verwestlichung der Erde feststellen zu können. Manche träumen immer noch von einer in Kultur und Wertvorstellungen möglichst homogenen Gesellschaft.[2] Den Gegenpol repräsentieren jene, die auch Kultur und Sprache völlig dem freien Spiel der Kräfte überlassen wollen und daher z.B. auch auf Minderheitenschutz als „positive Diskriminierung“ verzichten wollen und die kulturelle Selbstbehauptung auf den liberalistischen „Markt der Möglichkeiten“ verweisen.[3] Die „multikulturelle Gesellschaft“ wird von manchen als das *Nebeneinander* von eher voneinander abgeschlossenen ethnisch-kulturellen Gruppen gedacht. Genau dort wittern die Kritiker mit Recht die Gefahr eines intoleranten „Ethnopluralismus“, der am liebsten aus dem sozialkulturellen Nebeneinander auch ein geographisches in unterschiedlichen Territorien machen möchte. In den zeitgenössischen dynamischen und offenen Konzeptionen von Kultur, Ethnizität und Identität dagegen werden das „mehrschichtige Individuum“ und die „mehrschichtige Gemeinschaft“ zu konstituierenden Größen.[4]

2. Opportunistische Fleißarbeiten

Die Literatur zum Umgang mit *den andern* ufert aus. Eine Menge unterschiedlicher Disziplinen sind daran beteiligt. Konjunktur hat gutgemeinte Dutzendware der „Lichterketten“-Literatur mit dem „pathetischen, aber folgenlosen Gestus des Mahnens“[5]: Alle überstürzen sich im Bekenntnis zu Toleranz, Multikulturalität und Offenheit.[6] Sie vernachlässigen dabei eine Menge Probleme. Wie weit etwa ein opportunistischer Multikulturalismus Begleiter der sozialpolitischen „Deregulation“ ist, darüber zu diskutieren scheint tabusiert.[7] Die rücksichtslosesten Modernisierer und Globalisierer propagieren den Universalismus und die Multikulturalität am intensivsten. Daß sie Wasser predigen und selbst Wein trinken, merkt man beim Studium der Praktiken der transnationalen Unternehmen: Immer dann, wenn es Geschäftsvorteile verspricht, beziehen auch sie sich auf die regionalen und nationalen Differenzierungen.[8]

Dem kulturwissenschaftlich geprägten Beobachter fällt die geringe historische Tiefe der meisten Diskussionen auf.[9] In den vornationalen Staaten war interkulturelle Kompetenz eine Selbstverständlichkeit.[10] Wenn die ausufernde Beschreibung von ethnischen Prozessen in der Gegenwart wenigstens auch einmal ein paar gut erarbeitete kulturwissenschaftliche Studien zu den Strukturen der historischen multikulturellen und multiethnischen Lebensformen erarbeiten würde, wäre das ein großer Gewinn.[11]

Wichtig wäre der Versuch, die Herangehensweisen der unterschiedlichen Disziplinen zu verknüpfen, statt nebeneinander her zu werkeln.[12] Das wäre nützlicher als Analysen, die zum wiederholten Male bestätigen, was schon seit guten alten Zeiten der Wissenschafts- und Ideologiekritik Konsens ist, daß Ethnien Konstruktionen und Erfindungen sind, die man „dekonstruktivistisch“ bearbeiten kann, während die Realität nur zusammengesetzte „multiple“ Kulturen und dynamische Kulturzustände kennt.[13] Interessant wird es erst, wenn auch die eigene Option als Konstruktion bewußt und anerkannt wird, daß kein Sozialgebilde ohne solche auskommen kann, und daß jede Konstruktion auch ihre materiellen Gründe hat. Und wenn man Ethnizitätskonzepte kritisiert und diejenigen der *Wissenschaft* und nicht der Politik meint, dann müßte man mindestens darauf verweisen, daß die gängigen Theorien von Ethnologie und Anthropologie seit langem einen dynamischen Ethnos-Begriff verwenden, für den der Konstruktcharakter der Ethnien eine Selbstverständlichkeit ist.[14]

3. Eine Schuld der Kulturwissenschaften?

„Unser Kulturverständnis ist ein Wirkfaktor in unserem Kulturleben". Die „'Realität' von Kultur [ist] immer auch eine Folge unserer Konzepte von Kultur", lesen wir bei Wolfgang Welsch.[15] In der Tat sind „Deutungen der Wissenschaft auf die Dauer nicht ohne Einfluß auf die Lebenswirklichkeit"[16] – nicht nur auf diejenige der „einfachen Menschen", sondern auch auf die Politik, so sie denn akzeptiert werden. Sie haben Praxisfolgen. Werner Schiffauer zeichnet nach, wie heute im Rahmen von „political correctness" der Vorwurf der Ausgrenzung solchen Studien gegenüber gemacht wird, die die oppositionelle Differenz positiv werten.[17] Die „konstruktivistische" Theorie verstärke dies, weil sie den Wissenschaftlern die Verantwortung für ihre „Bilder oder Modelle von der Realität" zuschreibe; daher sei auch ein nur „spielerisches Verhältnis zur Wahrheit" nicht möglich.[18] „Weil wir die Welt nicht nur registrieren, sondern auch schaffen, sind wir verantwortlich für das, was aus unseren Konstruktionen wird."[19]

Zu warnen ist gleichwohl vor der Überheblichkeit einer Wissenschaft, die sich einbildet, Realität zu konstruieren, während sie in Wirklichkeit sie nur begleitet und einen bescheidenen Beitrag zur ideologischen Drapierung der Macht (oder der Ohnmacht) leistet. Auch Werner Schiffauer betont: Wir „sind ... nicht so wichtig – die Argumente für die Ausgrenzungsdiskurse brauchen wir nicht erst zu liefern."[20] Und eigentlich kann die Kulturanthropologie auch leicht „Waffen gegen den Rassismus" schmieden. Ob es dazu genügt, nur *andere* Identifikationsangebote[21] zu liefern, oder ob nicht vielmehr die Dynamisierung von Identitäts-, Kultur- und Ethnizitätskonzepten überhaupt der sinnvollste Beitrag ist, wäre zu fragen.

Gewiß, zu den „intellektuellen Agenturen" der Identitätskonzepte gehören natürlich die Volkskundler.[22] Aber nicht weil die Kulturwissenschaften sich mit den ohnehin und notwendigerweise vorhandenen kulturellen Unterschieden beschäftigten, haben wir es mit einer Revitalisierung ethnischen Denkens oder essentialistischer Ethnizitäts-, Identitäts- und Kulturkonzepte (z.B. des „Ethnopluralismus"[23]) zu tun, sondern, könnte man sagen, ihre Themen lassen sich mißbrauchen, weil die kritischen Kulturwissenschaftler zu wenig öffentlichkeitswirksam präsent sind. Die Nichtpräsenz oder nur dekorative Beteiligung der aktiven Kulturwissenschaft z. B. bei Themen wie Menschenrechte und Multikulturalität hat fatale Folgen, weil manche Argumentationen nicht kompetent in die Schranken verwiesen werden. Deswegen können z.B. machtgierige Politiker für Aus- und Abgrenzungsstrategien, Privilegienverteidigungen und „ethnische Säuberungen" sich mancher Argumentationen aus den ethnologischen Wissenschaften bedienen.

„Diese Rationalität des Marktes, die sich der Welt mit ihren gewachsene historische und religiöse Traditionen einordnenden Bildern vehement aufdrängt, fordert den lokalen Widerstand heraus, der seine tiefen archaischen Wurzeln spürt", so essentialisiert in der FAZ Constantin von Barloewen von der Hochschule für Gestaltung in Karlsruhe, der dort das Fach Anthropologe und vergleichende Kulturwissenschaft vertritt, auch Teilnehmer der Weltkommission für Kultur und Entwicklung der UNESCO ist.[24] Aber die Herkunft der Ideen ist unerheblich, wenn die materiellen Krisen genügend Anlaß für den

Bezug auf die Sicherheit oder Hilfe versprechenden überschaubaren kleinen Gemeinschaften bedeuten. Erst die vielfältigen Formen der sozialen Krise und der enttäuschten Hoffnungen liefern das Substrat für die Revitalisierung von dann rasch ideologisierend essentialisierten Regionalitäten und Ethnizitäten, so wie sie in den USA der Anlaß für den eher lokal als ethnisch argumentierenden Kommunitarismus darstellen.

„Eine Vielzahl bürgerkriegsähnlicher Unruhen resultiert aus der Nichtanerkennung der kulturellen und religiösen Vielschichtigkeit“[25], lesen wir beim gleichen Autor. Aber das Beharren auf den primär kulturellen Unterscheidungen und Ursachen für solche Konflikte[26] ist der erste Schritt in den kulturalistischen „Ethnopluralismus“ und die „ethnische Säuberung“ (s.u.).

4. Eine Gegenstrategie zur „Modernisierung“?

Ethnologen und Kulturwissenschaftler melden sich mittlerweile häufiger zu Wort.[27] Einige ihrer Vertreter entwickeln ein schlechtes Gewissen, wenn sie an mögliche Nutzungen ihrer Wissenschaft denken. Sie sehen in ihrer „Einladung zum Differenz- und Fremdheitsdiskurs“ den Besen, den der Zauberlehrling nicht mehr bändigen kann.[28] Die politische Argumentation[29] aber bedarf keineswegs der ethnologischen Wissenschaften, ihr genügt das eigene Vorurteil oder das Lob der Grenzen[30], um Wählerstimmungen zu manipulieren.

Konrad Köstlin sieht in der „neue(n) Himmelfahrt der regionalen Eigenarten“[31], im „ethnographischen Paradigma“ eine „Konträrstrategie gegen die Modernisierung“[32]; die „Idee der Ethnie“ „widerruft die Aufklärung“.[33] Ähnlich argumentiert Wolfgang Kaschuba, der dann aber auch mit Habermas darauf hinweist, daß „fundamentalistische Werthaltungen“ gleichzeitig eine spezifische Form von Modernisierung sind.[34] Auch der Nationalsozialismus zielte schließlich auf eine Form von national- und machtstaatlicher Modernisierung durch Bündelung aller Kräfte (und dabei versuchte Hans Naumann die Volkskunde in ganz anderer Weise als mit Ethnizitätskonzepten einzubringen), und für die bürgerlichen Nationalstaaten des 19. Jahrhundert war in der Tat, wie Kaschuba betont, die „Konstruktion ethnischer Identität geradezu ein Motor der Moderne“[35] – so wie Herders Ideen nur im Kontext der Aufklärung entstehen konnten (s.u.).

Statt von einer „Konträrstrategie gegen die Modernisierung“ zu reden läßt sich mit ähnlicher Plausibilität auch eine andere Interpretation verwenden, selbst wenn man das Projekt „Modernisierung“ mit dem der „Aufklärung“ eng und untrennbar verbunden sieht[36]: Für die Emanzipation des Individuums wie für die industriegesellschaftliche „Modernisierung“ spielten Ethnizitätskonzepte als Bestandteil der bürgerlichen Nationalismen eine zentrale Rolle. In ihrer Opposition gegen die feudalbürokratische Ständegesellschaft mit ihren transnationalen Eliten setzten sie die Rechte des Individuums und die (nationalstaatliche) Demokratie.[37] Daß sie dies mit „nationaler Exklusivität“ taten, hängt mit einem heute viel zu wenig diskutierten Problem zusammen, daß nämlich auch Solidarität immer ein exkludierendes Element beinhaltet: Sie kann nicht unterschiedslos auf alle ausgedehnt werden, sonst zerstört sie schnell ihre eigenen materiellen Grundlagen. Daß die Herausbildung nationaler Märkte ein elementarer Bestandteil der „Modernisierung“ war, dürfte ebenfalls Konsens sein.

Ehe man die Ethnisierung als „Absage an das Konzept der Moderne“ interpretiert, müßte man diese Moderne näher umschreiben und bewerten. Bei Köstlin lesen wir: „Unter der Decke der freundlich-harmlosen Folklore schlummerte offenbar etwas, was man 'kollektive Erinnerung‘ nannte; eine Potenz, die offenbar leicht abrufbar und vor allem stärker war, als man angenommen hatte und die zerstörerisch wirkte.“[38] Aber dann wäre genauso darauf aufmerksam zu machen, daß unter der Decke der „Modernisierung“ der Terrorismus der Zwangsmodernisierung, des realen Kolonialismus und der „Kolonisierung der Lebenswelten“ schlummert. Ethnizität und Modernisierung brauchen regulierende Gegenkräfte, und Regionalismen, die aus den nicht erfüllten Versprechungen der Modernisierung erwachsen, können auch als Bestandteil der „reflexiven Modernisierung“ interpretiert werden.[39]

5. *Regionalisierung als Folge von Modernisierung*

Niemand in den Industriegesellschaften wird verzichten wollen auf jene innere und äußere Vielfalt, die nicht nur fasziniert, sondern gleichzeitig Ressource ist – daß in dem Bekenntnis zu beidem auch ein gerüttelt Maß an Opportunismus liegt, braucht nicht bezweifelt zu werden.

Die Wiederaufwertung der Regionalität und Ethnizität hat materielle Komponenten. Das Interesse an den ethnischen und regionalen Unterschieden entsteht in den unterschiedlichsten Interessenkonstellationen[40]: Nicht nur interkulturelles Management[41], sondern auch binnendeutsches Management fragt nach den „wirtschafts- und arbeitskulturellen Unterschieden in Deutschland“.[42] „Kulturalisierung“[43], die Verwandlung des Gesellschaftsdiskurses in einen Wertediskurs, ist in den „Lebensstil“-Konzepten mehr eine Angelegenheit von Interessen des Marketings und der Werbung als der Kulturforschung, die sich die Paradigmen dazu ohnehin von der Marktforschung leihen mußte.[44] Und regionales oder lokales „Identitätsmanagement“ ist ein beliebtes Instrument in der Standortkonkurrenz der Städte und Regionen.[45] Darauf lassen sich Kulturwissenschaftler aus verschiedensten Gründen ein – und hier müßten die unterschiedlichen regionalistischen Motive ausdifferenziert werden. Wolfgang Kaschuba spekuliert zwar mit einem anscheinend allgemeinmenschlich und nicht konkret-historisch verstandenen „Bedürfnis nach erreichbaren und versichernden Identitätsangeboten“, fordert aber dann doch auf, „zwischen lebensweltlich begründeter ethnischer Identität und politisch-strategisch vorgetragenem Ethnizitätsdiskurs“ zu unterscheiden[46] – dabei wäre dann zu fragen nach dem Zusammenhang von „Lebenswelt“ und den Elementen gemeinschaftlicher Gestaltung von Lebensverhältnissen, das auch jeder Politik innewohnt.

Solche Differenzierung ist in mehrfacher Hinsicht dringend zu empfehlen. Ohne die Berücksichtigung des Kontextes führt aus einem idealistischen Konstruktivismus der breite Weg allzuleicht zum ideologischen Dezisionismus: Wenn schon alles Konstruktion und Ideologie ist, dann bekennen wir uns doch freudig zu der unsrigen.

Zwei Strategien seien als Hilfsmittel vorgeschlagen, um aus dem konstruktivistischen Dilemma der bloßen Beschreibung von Ethnizitätskonstruktionen herauszukommen: *Dialektik* und *politisch-ökonomische Analyse.* Wem das zu altmarxistisch klingt, der mag sich die Vokabeln übersetzen und auf der Beschreibungsebene davon sprechen, daß kulturelle und ethnische Elemente mehrfach determiniert sein können und in dynamischen sowie wechselnden Beziehungen zu anderen, z.B. politischen und ökonomischen, Umwelten stehen. Auf jeden Fall aber bitte ich, den möglicherweise vorhandenen substantiellen Gehalt der vorgeschlagenen Analysen bzw. Interpretationen zu berücksichtigen.

In dem Maße, in dem die Moderne ihre Versprechungen nicht mehr erfüllen kann, wird die Differenz aufgewertet. Warum trennen sich Ethnien, die vorher zusammengelebt haben?[47] Otto Bauer, auf den viel zu wenig rekurriert wird (in Hobsbawms „Leseliste“ steht er neben Ernest Renan an zentraler Stelle), belegt, wie nicht nur „die bürgerlichen Vordenker“, sondern auch politisch-ökonomische Ursachen dafür maßgeblich waren.[48] Auch Köstlin weiß um das „Interpretament sozialer Probleme in den Kategorien des Ethnischen“[49], aber für seine Argumentation spielt das keine tragende Rolle. Natürlich muß sich heute jede politökonomische Analyse auch der Diskussion um externe und interne Ursachen von historischer Benachteiligung und Unterentwicklung stellen.[50]

„Allzuschnell wird Kriegen das Etikett 'ethnisch' angeheftet, komplexere Erklärungen bleiben dabei auf der Strecke“, so leitet die Frankfurter Rundschau den Abdruck einer schweizerischen Studie ein.[51] Robert Kurz, der als Beispiel für politökonomische Interpretation angeführt sei, hat den „Verfallsnationalismus“ beschrieben.[52] Die durch die Asymmetrie des Weltmarktes hervorgerufenen „Verliererkatastrophen“, mit produziert von einer Modernisierung, die die Geschäftskosten exportiert, können für die armen Staaten nicht folgenlos sein.[53] Die Warengesellschaft, so Robert Kurz, hat alte Identitäten entwurzelt, aber nicht beseitigt. Sie werden in den Status der Äußerlichkeit und Beliebigkeit gerückt, bleiben aber bestehen. Ihren Bürgern zwingt die Warengesellschaft die neue Identität des universellen Geldverdieners auf. Wenn nun diese Warengesellschaft einer wachsenden Zahl von Menschen die Fähigkeit nimmt, als Konkurrenzsubjekte im Markt zu agieren oder sie gar nicht erst in diesen Status gelangen läßt, dann ist es nicht verwunderlich, wenn diese Menschen versuchen, auf die alten entwurzelten Identitäten zurückzugreifen, um in irgendeiner Weise sich überhaupt Raum zum Atmen und zum Leben zu schaffen. Resultat ist dann allerdings nicht, daß diese Identitäten ihre alten Festigkeiten zurückgewinnen, sondern es entsteht der von György Konrád[54] skizzierte „kichernde Wahnsinn“ (es mag freilich sein, daß die Nationalismen des frühen 19. Jahrhunderts von den Vertretern der multinationalen Reiche ähnlich interpretiert wurden).

Der Nationalismus, so Robert Kurz, war bis zur Mitte dieses Jahrhunderts ein Phänomen, das immer mit Nationalökonomien und staatlicher Integration vermittelt war. Er war eine Kraft der gesellschaftlichen Synthetisierung. Jetzt ist der neue Ethno-Nationalismus ein Phänomen der Desintegration von Nationalstaaten und Nationalökonomien: „Aus den vom Weltmarkt hinterlassenen Ruinen aber sprießt der Giftpilz eines tertiären Nationalismus“, der, meint Kurz, „reines Zerfallsphänomen ohne jede historische Perspektive“ ist. Kleinere relativ wohlhabendere Regionen trennen sich von ärmeren, weil sie sich auf diese Weise besser am Weltmarkt zu behaupten hoffen. „Überall ist das Problem abgeschwächter oder versiegender staatlicher Umverteilungskompetenz die treibende Kraft“ – jene Kraft, derentwillen der Nationalstaat auch in Zeiten der Globalisierung nicht überflüssig wird: Als Agentur des sozialen Ausgleichs und als ein für die Wirtschaft Hilfsdienste erbringender „Wettbewerbsstaat“ bleibt er wichtig. Der Bürgerkrieg ist damit in vielen Fällen vorprogrammiert.[55]

Diese Interpretation sieht nur die negativen Aspekte. In ausweglosen Krisensituationen gibt es jedoch immer wieder Ansätze für qualitativ Neues.[56] In den Verliererregionen des Weltmarktes entstehen vielleicht in dem Mix von Teilintegration in den Weltmarkt, Transferleistungen durch Migration usf., revitalisierter Subsistenzproduktion und Neugewichtung von Eigenarbeit im informellem Sektor weltweit auch Ansätze für Lebensweisen, die aus dem Dilemma der auf Vollbeschäftigung angewiesenen, aber sie nicht mehr realisierenden globalen Industriegesellschaft herauskommen könnten.

Auf solchen Ebene weiterzudiskutieren hielte ich für nicht uninteressant, wenn auch die sozialkulturellen Ebenen eines neuen Regionalismus zum Gegenstand der Diskussion werden sollen.

6. Ethnisch-kulturelle Differenzierung als Notwendigkeit

Erfrischend ist die Nüchternheit, mit der ein Autor wie Eric Hobsbawm unbelastet von völkischen Wissenschaftstraditionen mit dem Problem umgehen kann. „Menschen haben sich seit jeher als Mitglieder einer Wir-Gemeinschaft definiert im Unterschied (und zumeist im Gegensatz) zu den anderen Sie-Gemeinschaften, und daran wird sich wohl in absehbarer Zukunft nichts ändern."[57] Nach seinem Dafürhalten sind Nationen „Doppelphänomene, im wesentlichen zwar von oben konstruiert, doch nicht richtig zu verstehen, wenn sie nicht auch von unten analysiert werden, d.h. vor dem Hintergrund der Annahmen, Hoffnungen, Bedürfnisse, Sehnsüchte und Interessen der kleinen Leute" (eine von Ernest Gellner[58] nach Hobsbawms Auffassung zu wenig berücksichtigte Perspektive – zudem affirmiert Gellners Interpretation das Homogenisierungsprogramm des Nationalismus als notwendige Voraussetzung der Moderne auch in der Gegenwart). Entsprechende Fragen wären auch beim ethnischen Regionalismus zu stellen.

Mario Erdheim verteidigt die Ethnizität und macht damit aufmerksam auf das, was auch den amerikanischen Anthropologen 1947[59] selbstverständlich war: Individuen entfalten sich im Rahmen ihrer Kultur und Gruppe; nicht voll determinierte Entfaltungsmöglichkeiten für die Individuen und Kreativität sind freilich (mindestens heute) als Voraussetzungen für die Überlebenskraft und Elastizität der Gruppen, Kulturen oder Ethnien[60] genauso notwendig wie oder sogar notwendiger als Geschlossenheit und Homogenität. Es ist „die kulturelle Identität zur Orientierung in Gesellschaft und Geschichte ebenso wichtig ... wie die Geschlechtsidentität." Das Ethnische kann man „zwar zerstören, man unterbindet damit aber auch die Entwicklung von wichtigen sozialen Fähigkeiten, nämlich eine über das einzelne Subjekt hinausreichende Beziehung zu Raum und Zeit, zu Umwelt und Geschichte herzustellen."[61]

Wer die traditionellen Landrechte der indigenen Bevölkerungen Indonesiens oder Amazoniens gegen Modernisierungszwang verteidigt, ist damit noch kein Rechtfertiger der Kopfjagd, so wie gewiß auch umgekehrt, wer auf die Gefahren des Denkens in Kategorien der Ethnizität hinweist, noch kein rücksichtloser Modernisierer ist.

7. Lokalität und Modernität

Tribalisierung[62] läßt sich, argumentiert man mit dem Hintergrund der Politökonomie, auch als Weltmarktfolge verstehen. Und sie findet in anderer, kaum weniger gefährlicher Weise auch in den höchst „modernen" Strukturen der Informationsgesellschaft im Internet statt. Viele Formen des neuen Regionalismus haben dagegen in ihrer Kombination von Lokalität und Modernität überhaupt keinen Bedarf an ethnischer Grundierung.

Eine „rationale Sicht" (also gibt es jenseits der Konstruktionen noch etwas anderes?), eine „neue Aufklärung" verlangt Konrad Köstlin.[63] Wenn man aktuelle sozialkulturelle Prozesse in den Regionen betrachtet, dann lassen sich mögliche Ansätze dafür bereits in einem weder antidemokratischen noch antiaufklärerischen Diskurs von „Lokalität und Modernität" finden. Dort bündeln sich auch jene Erscheinungen des Zerfalls gewohnter Gewißheiten und Orientierungen, die Werner Schiffauer nur negativ als Verlust der Perspektive, als Machtzerfall, als Polyzentrismus der Macht und der Interpretationen empfindet[64], während Edward W. Said sie als „neue Allianzen" jenseits von alten Verbindlichkeiten und Dogmen beschreibt.[65] Er tut dies auf eine Weise, die auch den „hybriden" Kulturen, wie sie aus der Begegnung der Sphären entstehen, eine wichtige positive Rolle zuschreibt. Bei Schiffauer sind es die „halfies", die in den Raum „zwischen den Kulturen"[66] gehören, bei Said spielen die Migranten und Asylanten diese positive Rolle, Kaschuba zitiert „Kreolization" und „Interkulturalität".[67]

Während der neue Regionalismus sich in seinen verschiedenen militanten oder nichtmilitanten Versionen auf das Versagen von Modernisierungsversprechungen bezieht und daraus lebt, wird die „dekonstruktivistische" Kritik daran zur willentlichen oder unbewußten Affirmation einer aus dem Ruder laufenden „Modernisierung" und ihren Wachstumszwängen. Und die Ethnie der Verfassungspatrioten muß sich dem Verdacht stellen, daß sie eigentlich auch nur ihre Version von Besonderheit mit einem universalistischen Anstrich versieht.[68]

Statt hinter jeder Berufung auf Region, Ethnos oder Kultur die potentiellen „ethnischen Säuberungen" zu wittern, würde es mehr bringen, sich mit der Dialektik der Differenz zu beschäftigen und sie als (wegen der Nichtübertragbarkeit der industriegesellschaftlichen Lebensweise aufgrund der ökologischen Grenzen der Modernisierung z.B.) notwendigen Aspekt der Krise der Moderne, ja wegen der „Ressource Vielfalt" oder wegen der „Lebensqualität" als Positivum zu empfinden.

1 Vgl. zur Auseinandersetzung mit Samuel P. Huntingtons Thesen z.B. das Themenheft 4/1994 der Zeitschrift für Kulturaustausch.

2 Vgl. Schiffer, Eckart: „Ein Modebegriff geht um in Europa: die multikulturelle Gesellschaft." In: Frankfurter Rundschau v. 15. August 1991. Ein Leiter der Verfassungsabteilung des Bundesinnnenministeriums evoziert ein „übergreifendes Grundmuster von identitätsstiftenden gemeinsamen Erinnerungen, Werthaltungen und Vorstellungen", die die „meisten Deutschen als Angehörige einer Nation verbinden und die sie von Angehörigen anderer Nationen ... unterscheiden".

3 Wieseltier, Leon: Against Identity. Wider das Identitätsgetue. In: Die Zeit v. 17.2.1995. Vgl. auch Hoffmann, Hilmar und Dieter Kramer (Hg.): Anderssein, ein Menschenrecht. Weinheim/Basel 1995, S. 161 f.

4 Vgl. Said, Edward W.: Kultur und Imperialismus. Frankfurt/M. 1994. Vgl. auch in diesem Band S. Beitrag 8 und Vf.: Interkulturelle Beziehungen. Zur Dialektik globaler und regionaler Prozesse. In: epd Entwicklungspolitik 19/1993, S. 12-20. Erweitert unter dem Titel: Interkulturelle Beziehungen. Zur Dialektik globaler und regionaler sozialkultureller Prozesse. In: Entwicklungsethnologie. Zeitschrift der Arbeitsgemeinschaft Entwicklungsethnologie e.V. H. 2/1993, S. 4-20.

5 Kaschuba, Wolfgang: Wiedergewinnung der Gemeinschaft: Ethnisierung als Identitätsstrategie? In: Ethnologia Europaea. 5. Internationaler Kongreß der SIEF. Plenarvorträge. Wien 1995 (Veröff. des Instituts für Volkskunde der Universität Wien Bd. 16/II), S. 123 - 142 (zit. Kaschuba 95), S. 123.

6 Viele Beiträge in diesen Bänden sind sicher sehr wertvoll, aber die Massierung kann den Eindruck des Opportunismus nicht verleugnen. Vgl. z.B. Eichel, Hans (Hg.): Hass & Gewalt. Frankfurt am Main 1994 (Brovi Konzepte); ders.: Mir fremd, doch nah. Vom Miteinander in Hessen. Ein Lesebuch. Frankfurt/M, Leipzig 1993; Facetten des Fremden. Europa zwischen Nationalismus und Integration. Argon Verlag Berlin 1992; Vgl. als älteres Beispiel politedukativer Literatur: Bibby, Cyril: Rassen, Gruppen, Vorurteile und Erziehung. Ein Handbuch für Erzieher und Jugendleiter. Berlin, Frankfurt am Main 1959. Grundlagend immer noch: Bade, Klaus J. (Hg.): Deutsche im Ausland – Fremde in Deutschland. Migration in Geschichte und Gegenwart. München 1992. Als Versuch der Grundlagenarbeit für internationale Organisationen vgl.: Internationale Konferenz „Gegen Rassismus, Gewalt und Diskriminierung. Burg Schlaining, Burgenland/Österreich 8.-11. Juni 1995, Conference Reader und: Friedensforum. Hefte zur Friedensarbeit. Österreichisches Studienzentrum für Frieden und Konfliktlösung Stadt Schlaining 5/1995.

7 McLaren, Peter: Die Politik eines kritischen Multikulturalismus. In: Widersprüche (Offenbach) H. 51 (2/1994), S. 29-38.

8 Vgl. Vf.: Global Players mit Bodenhaftung. Zeitschrift für Kulturaustausch (IfA Stuttgart) 2/1994, 37-40.

9 Vgl. z.B. Welsch, Wolfgang: Transkulturalität – Gestaltungsaufgaben für die Welt von morgen. In: Kunst und Kultur (Stuttgart)

9/1995, S. 11-17, und die Antwort darauf in Vf., Die Ressource „kulturelle Vielfalt" und die Transkulturalität. In: Kunst und Kultur 9/1996, 14-15.

10 Vgl. z.B. Lemberg, Eugen: Nationalismus. I. Psychologie und Geschichte. Reinbek 1964 (rde 197/198).

11 Für mich immer noch wegweisend: Fielhauer, Helmut P.: Kinder-„Wechsel" und Böhmisch-Lernen. In: Österreichische Zeitschrift für Volkskunde, NS XXXII/1978, 115-148, oder Gyr, Ueli: Welschlandaufenthalte 87: Kontakte und Verhaltensmuster im interkulturellen Alltag. Basel 1991 (Nationales Forschungsprogramm 21), und Schenk, Annemie und Weber-Kellermann, Ingeborg: Interethnik und sozialer Wandel in einem mehrsprachigen Dorf des rumänischen Banats. Marburg 1973 – aber wahrscheinlich habe ich da einiges übersehen.

12 Die Zeitschrift Das Argument hat sich diesbezüglich Verdienste erworben, vgl. z.B. H. 200 (1993) „Brauchen wir einen neuen Antifaschismus?" und Sonderheft 5 (1993): „Anti-Rassismus Methodendiskussion."

13 Köstlin, Konrad: Das ethnographische Paradigma und die Jahrhundertwenden. In: Ethnologia Europaea 24/1994, S. 5-20 (zit. Köstlin 94), S. 14, S. 19.

14 Vgl. z.B. Orywal, Erwin und Katharina Hackstein: Ethnizität: Die Konstruktion ethnischer Wirklichkeiten. In: Handbuch der Ethnologie: Festschrift für Ulla Johansen. Hg. v. Thomas Schweizer, Margarete Schweizer und Waltraud Kokot. Berlin: Reimer, 1993, S. 593-609. Vgl. auch Thiemer-Sachse, Ursula: „Ethnos" und „ethnische Identität" als wissenschaftliche Kategorien. In: Info-Blatt der Gesellschaft für Ethnographie e.V. Nr. 7 (1993), 17-23.

15 Welsch (s. Anm. 9), S: 13.

16 Köstlin 94, S. 13.

17 Schiffauer, Werner: Die Angst vor der Differenz. Zu neuen Strömungen in der Kulturanthropologie. Zeitschrift für Volkskunde 92. Jg. 1996 H. 1 S. 20-31, S. 20/21.

18 A.a.O. S. 23.

19 A.a.O. S. 23.

20 A.a.O. S. 23.

21 Köstlin 94, S. 19.

22 Köstlin 94, S. 9.

23 Vgl. Kaschuba, Wolfgang: Kulturalismus. Zeitschrift für Volkskunde 91/1995, S. 27-46.

24 Barloewen, Constantin von: Gibt es ein Weltdorf? Frankfurter Allgemeine Zeitung v. 8.3.1996.

25 A.a.O.

26 [Statt auf die sozialen und politischen Ursachen einzugehen, die ethnisch-kulturellen Unterschiede erst Bedeutung verleiht; vgl. jetzt Vf., „Ethnische" Konflikte?, in: epd Entwicklungspolitik 1/1997, 32-36.]

27 Neben den hier zitierten Artikeln vgl. z.B. Schuhladen, Hans: Wieviel Vielfalt ertragen wir? Zeitschrift für Volkskunde 90. Jg. 1994, S. 37-58 (der die historische Dimension einbezieht); Wimmer, Andreas: Der Appell an die Nation. Kritische Bemerkungen zu vier Erklärungen von Xenophobie und Rassismus. In: Das Fremde in der Gesellschaft. Migration, Ethnizität und Staat. Bern: Haupt 1995. Kulturwissenschaftler sind auch vertreten in: Parabel. Gegen die Restauration der Geopolitik. Zum Verhältnis von Ethnie, Nation und Globalität. Gießen 1996 (Schriftenreihe des Evangelischen Studienwerks Villigst Bd. 17).

28 Kaschuba, Wolfgang: Wiedergewinnung der Gemeinschaft: Ethnisierung als Identitätsstrategie? In: Ethnologia Europaea. 5. Internationaler Kongreß der SIEF. Plenarvorträge. Wien 1995 (Veröff. des Instituts für Volkskunde der Universität Wien Bd. 16/II), S. 123-142, S. 138.

29 Vgl. Radtke, Frank-Olaf: Die Wiederkehr des „Volkes" in den politischen Diskurs. In: Mittelweg 36, Okt./Nov. 1993, S. 89-95, und das in Anm. 3 genannte Buch.

30 Vgl. z.B. Finckielkraut, Alain: Wer will denn schon Kroate sein? In: Die Neue Gesellschaft 1993 (H. 12), S. 1114-1123.

31 Köstlin, Konrad: Das ethnographische Paradigma und die Ethnologia Europaea. In: Ethnologia Europaea. 5. Internationaler Kongreß der SIEF. Plenarvorträge. Wien 1995 (Veröff. des Instituts für Volkskunde der Universität Wien Bd. 16/II), 9-29 (zit. Köstlin 95), S. 21/22.

32 Köstlin 94, S. 5.

33 A.a.O. S. 5, S. 11/12.

34 Kaschuba 95, S. 131.

35 Kaschuba 95, S. 132.

36 Köstlin 94 S. 11.

37 Köstlin 94, S. 11.

38 Köstlin 94, S. 7.

39 Beck, Ulrich: Reflexive Modernisierung. Frankfurt/M. 1991.

40 Vgl. auch Lindner, Rolf: Zum neuen Interesse an Regionalkultur. In: Info-Blatt der Gesellschaft für Ethnographie e.V. Nr. 10 Okt. 1995, 9-11, S. 10.

41 Vgl. Interkulturelle Kommunikation und Interkulturelles Training. Problemanalysen und Problemlösungen. Institut für Aus-

landsbeziehungen Stuttgart 1994 (Materialien zum internationalen Kulturaustausch Bd. 33), und: Interkulturelle Kommunikation und der Auslandseinsatz vonn Fach- und Führungskräften. Annotierte Literaturauswahl aus dem Bestand der Bibliothek und Dokumentation ab Erscheinungsjahr 1980. Zusammenstellung Udo Rossbach, Elke-Karina Rothbart. Schriften des Instituts für Auslandsbeziehungen Reihe Dokumentation Bd. 20, Stuttgart 1993.

42 Miegel, Meinhard u.a.: Wirtschafts- und arbeitskulturelle Unterschiede in Deutschland. Zur Wirkung außerökonomischer Faktoren auf die Beschäftigung. Gütersloh 1991 (Bertelsmann Stiftung).

43 Kaschuba 95, S. 134.

44 [Vgl. jetzt Reusswig, Fritz: Lebensstile und Ökologie. Frankfurt/M. (Sozial-ökologische Arbeitspapiere: AP 43).]

45 Vgl. Wentz, Martin (Hg.): Region. Campus Verlag Frankfurt/New York 1994 (Die Zukunft des Städtischen, Frankfurter Beiträge Bd. 5).

46 Kaschuba 95, S. 130.

47 Köstlin 94, S. 14.

48 Bauer, Otto: Die Sozialdemokratie und die nationale Frage. 2. Aufl. Wien 1924, S. XX.

49 Köstlin 95, 26.

50 Vgl. Nuscheler, Franz: Lern- und Arbeitsbuch Entwicklungspolitik. 4. Aufl. Bonn 1995.

51 Schiemann Rittri, Catharine und Günter Bächler: Jedes neue Gemetzel erhält sogleich das Etikett ethnisch. In: Frankfurter Rundschau v. 27. April 1995, S. 11.

52 Kurz, Robert: Der Kollaps der Modernisierung. Vom Zusammenbruch des Kasernensozialismus zur Krise der Weltökonomie. Frankfurt/M. 1991. Vgl. Vf., Vom Regionalismus zu neuen Nationalismen? In: Utopien leben: kulturelle Provokationen in gesellschaftlichen Krisenzeiten? Hrsg.: Bundesvereinigung sozio-kultureller Zentren e.V., Essen 1993, S. 90-101.

53 Hoffmann, Hilmar und Dieter Kramer: Das verunsicherte Europa. Frankfurt/M. 1992, S. 163f.

54 Konrád, György: An Europas Horizont kichert der Wahnsinn. In: Hoffmann/Kramer (s. voherige Anm.), S. 32-44.

55 Kurz, Robert: One World und jüngster Nationalismus. In: Frankfurter Rundschau v. 4.Januar 1992, ZB 3.

56 [Vgl. inzwischen das Kapitel Lebensplätze statt Arbeitsplätze in Vf.: Aus der Region, für die Region. Konzepte für einen Tourismus mit menschlichem Maß. Wien 1997.]

57 Hobsbawm, Eric J.: Nationen und Nationalismus. Mythos und Realität seit 1780. Frankfurt/New York 1990, S. 7.

58 Gellner, Ernest: Nationalismus und Moderne. Berlin 1991.

59 Vgl. Statement on Human Rights. American Anthropologist Vol. 49/1947, 539-543, deutsch in: Info-Blatt der Gesellschaft für Ethnographie 9/1994, S. 2-6.

60 Ich verzichte hier auf die eigentlich notwendige Differenzierung der Begriffe.

61 Erdheim, Mario: Das Eigene und das Fremde. Über ethnische Identität. In: Fremdenangst und Fremdenfeindlichkeit. Hg. v. Mechtild M. Jansen und Ulrike Prokop. Basel, Frankfurt/M.: Stroemfeld Verlag, 1993, S. 163-182, S. 181.

62 Vgl. Köstlin 94, S. 18

63 Köstlin 94, S. 19.

64 Schiffauer (s. Anm. 17), S. 22/23.

65 Vgl. Said, Edward W.: Kultur und Imperialismus. Frankfurt/M. 1994. Vgl. auch Enderwitz, Susanne und Dieter Kramer: Edward Saids „Kultur und Imperialismus“. In: epd Entwicklungspolitik 20/1995, S. 47-50.

66 Schiffauer (s. Anm. 17), S. 26, 28.

67 Kaschuba 95, S. 140.

68 Vgl. Vf.: Menschenrechtsdiskussion und Ethnologen. Info-Blatt der Gesellschaft für Ethnographie 9/1994, S. 27-42 [s. Beitrag 8 in diesem Band]. Wie schwierig das ist, zeigt Brunkhorst, Hauke: Gefährliches Denken und die Zeit des Vergessens. Der Verdacht gegen den Verfassungspatriotismus. In: Frankfurter Rundschau v. 27. Aug. 1994, ZB 3: „Die Linke gewinnt geschichtliche Kraft nur dort, wo sie den Anspruch auf unbedingte Wahrheit nicht einfach von der Tagesordnung nimmt, wo sie die Idee der Gleichheit, die alle bestehenden Institutionen transzendiert, nicht reflexionslos zugunsten des heidnischen Bürgerbundes aus Hannah Arendt und Michal Walzer provinzialisiert. Strikter Universalismus ist, wo es um Moral und Recht geht, auch dann noch unverzichtbar, wenn man eingesehen hat, daß es Unrecht war und Unrecht bleibt, anderen, die das nicht wollen und lieber in einer sinnfesten Folter- und Sklavenhaltergesellschaft leben, unsere westliche Lebensform von außen aufzuzwingen.“.

10. Wem nützt Volkskunde? (1969)[1]

1.

Wem außer denen, die sich und ihre Familien schlecht und recht durch öffentlich besoldetes Forschen, Lehren und Konservieren in dieser Wissenschaft ernähren, sowie den von ihnen abhängigen Sekretärinnen, Verlegern und Druckern nützt Volkskunde?

Diese Frage soll hier nicht unter Bezugnahme auf die Praxis der gegenwärtigen Wissenschaft mit dem Namen „Volkskunde" beantwortet werden. Es geht vielmehr um die gesellschaftliche Bedeutung, die unsere Wissenschaft erhalten kann, wenn sie sich der sie früher beherrschenden ideologischen Prämissen entledigt, die Verselbständigung der Teilbereiche rückgängig macht, die Flucht ins Marginale, Unverbindliche aufgibt und sich ihrer gesellschaftlichen Verantwortung bewußt wird.

Wenn man die wissenschaftliche Tätigkeit nicht bloß als austauschbares Mittel zum Erwerb der materiellen Existenzmittel betrachtet, wenn der Wissenschaftler, wie in dem Degenhardt'schen Lied der Chemiker, der die Seife mit den hundert Weißmachern herstellt, fragt, „warum er solchen Unsinn macht"[2], dann wird die Rechtfertigung der eigenen Arbeit zur existenziellen Notwendigkeit. Gleichzeitig aber wird mit der Frage, wozu eine Wissenschaft dient, die Frage nach der Rechtfertigung ihres öffentlichen Betreibens gestellt.

Die frühe „Volkskunde" des Absolutismus und der Aufklärung war bereits weitgehend „administrative Hilfswissenschaft" – allerdings im Interesse einer auf sozialen Wandel, „Verbesserung der Zustände" ausgerichteten Politik.[3] Seit der Romantik aber ist die Ideologiegeschichte der Volkskunde, mit der wir uns hier nicht weiter auseinandersetzen können[4], reich an engen Verknüpfungen des Wissenschafts-Selbstverständnisses mit sozialem Engagement im Dienste konservativer Gesellschaftsvorstellungen, entweder in Übereinstimmung mit herrschenden Formen autoritärer Machtausübung, oder orientiert an konservativen Gesellschaftsutopien – am deutlichsten in W. H. Riehls Konzeption der Volkskunde als „Polizeiwissenschaft" des Obrigkeitsstaates.[5]

Die gegenwärtige Unruhe in unserer Wissenschaft ist nicht zuletzt darauf zurückzuführen, daß die traditionellen Antworten auf die Grundsatzfrage des „Warum" der wissenschaftlichen Arbeit[6] trotz aller Differenzierungen nicht mehr befriedigen. Die Diskussion um die Volkskunde während des Nationalsozialismus ist wieder aufgelebt, die Universitäts-Reform-Diskussion hat die öffentliche Aufgabe der Wissenschaften insgesamt zur Debatte gestellt und die Position unserer Wissenschaft verunsichert, die allgemeine gesellschaftspolitische Diskussion zwingt zur Stellungnahme, und eine neue, politischere Generation von Wissenschaftlern und Studenten ist in unserem Fach herangewachsen. All diese Faktoren machen eine neue Orientierung über Sinn und Aufgabe unserer Wissenschaft notwendig.[7]

2.

Das irgendwie entstandene Interesse an einer Sache rechtfertigt noch keine öffentlich finanzierte Wissenschaft an Universitäten und Museen. Auch der Briefmarkensammler ist vital an seinen Objekten interessiert, und obwohl eine ganze Schar von Briefmarkenhändlern (die vermutlich größer ist als die Zahl der von der Volkskunde materiell erhaltenen

Personen) sich durch diese Liebhaberei ernährt, erheben die Briefmarkensammler nicht den Anspruch, Briefmarkenkunde als wissenschaftliche Disziplin an der Universität lehren zu lassen.

Im Zustand extremer Arbeitsteilung zwischen Wissenschaft und Gesellschaft wird die wissenschaftliche Tägigkeit in den Geisteswissenschaften zur „praktisch folgenlosen Verwaltung einer unverbindlich gewordenen Überlieferung".[8] (Wie sehr unsere Wissenschaft noch in den Geisteswissenschaften steckt, merkt man daran, wie sehr dieser Satz ihre Arbeit trifft.) Oder sie wird, in den empirisch-analytischen Wisenschaften, „definiert durch das gesellschaftliche Bedürfnis nach technisch verwertbarem Wissen", wobei „die Entscheidung darüber, welche unmittelbaren oder mittelbaren Zwecke durch Anwendung wissenschaftlicher Resultate realisiert werden *sollen*, außerhalb der spezialwissenschaftlichen Kompetenz der Forscher liegt".[9] Das Stadium technokratischer Verwertbarkeit hat unsere Wissenschaft im Gegensatz zu anderen Sozialwissenschaften (glücklicherweise?) noch nicht erreicht.

Die gleichzeitige Aufsplitterung der Disziplinen und die Spezialisierung in ihnen verringert die Chance, die gesellschaftliche Funktion der eigenen Forschungsarbeit zu erkennen.[10]

Das Betreiben „reiner Wissenschaft" als gesellschaftlich folgenlose, positivistische Beschreibung und Erklärung von Sachverhalten bedeutet entweder Flucht vor gesellschaftlicher Verantwortung oder ist Ausdruck eines saturierten Bewußtseins, das die Verhältnisse für nicht mehr veränderungsbedürftig (oder zynisch für nicht veränderungsfähig) hält. Ob sie will oder nicht, „reine Wissenschaft", „reine Erkenntnis" als Befriedigung eines abstrakten, praxislosen, diffusen Erkenntnisdranges trägt zur Verewigung des Bestehenden bei. Sie verfestigt die Arbeitsteilung zwischen Wissenschaft und gesellschaftlicher Praxis, wobei die Wissenschaft ohne jeden gesellschaftlichen Einfluß ist - es sei denn, sie stellt sich in den Dienst der Stabilisierung und Effektivierung des bestehenden Systems.

Administrative Hilfswissenschaft, technokratische Wissenschaft, Herrschafts- und Manipulationstechniken, Volkskunde als „Vorhalle zur Staatswissenschaft"[11], oder zur Inauguration manipulativer „volkstümlicher" Darbietungen zwecks Hebung des Fremdenverkehrs oder der Verstärkung des „Heimatgefühls"[12], Volksforschung für die Auswertung durch Werbung und Propaganda – alle diese Formen angewandter Wissenschaft stellen partikulare Ergebnisse der Forschungsarbeit direkt oder indirekt ideologischen, herrschaftlichen oder kommerziellen Interessen zur Verfügung, ohne sich Rechenschaft über Funktion, soziale Bedeutung und Folgen dieser Anwendung zu geben. Wenn Wissenschaft sich lediglich als Lieferant verwertbarer Ergebnisse und einsetzbarer Spezialisten im technokratischen System betrachtet, ohne über die Zwecke, zu denen beide verwandt werden, bestimmen zu können, verzichtet sie bewußt darauf, den Bereich ihrer eigenen Praxis unter die wissenschaftsimmanent notwendige, die Folgen bedenkende kritische Rationalität zu stellen.

3.

„Wissenschaft ist die gemeinsame Anstrengung von Menschen, das Verhältnis aller Menschen zur natürlichen und sozialen Welt zum Zweck der vernünftigen Einrichtung der Menschheit unter die Form universaler Rationalität zu bringen".[13] So verstandene Sozialwissenschaft – und wir rechnen unsere Wissenschaft zu den Sozialwissenschaften – kann sich nicht mit bloßer Beschreibung begnügen, sondern zielt auf gesellschaftsverändernde, die sozialen Bedingungen und Beziehungen humanisierende Praxis.

Auch innerhalb unserer Wissenschaft wäre wahrscheinlich leicht ein Konsens darüber herzustellen, daß das eigene wissenschaftliche Arbeiten auch aktiv den Menschen dienen soll. Hermann Bausinger z.B. sagte in einem Referat über „Sinn und Aufgabe volkskundlicher Forschung in unserer Zeit“ vor der Jahresversammlung der Schweizerischen Gesellschaft für Volkskunde: „Wer sich mit dem 'Volk' beschäftigt, muß wie in den Anfängen der Aufklärungszeit die Armut und die Not des Volkes sehen, statt für die 'ursprünglichen Lebensformen' zu schwärmen, und muß bereit sein, nötigenfalls helfend einzugreifen.“[14] Arnold Niederer meint, die Volkskunde könne neben der Soziologie „einen wertvollen Beitrag leisten“ bei „der Lösung der Probleme, die bei der heutigen wachsenden geographischen und sozialen Mobilität in der Form von Kulturzusammenstößen zuweilen Krisencharakter annehmen“, wie auch bei den Problemen „innerhalb der einzelnen Ethnien“, z.B. indem sie „mehr als bisher versucht, Unverständnis und Vorurteile zu bekämpfen“[15] – eine Konsequenz, die sich z.B. auch für I. Weber-Kellermann aus ihren jüngsten südost-europäischen Minderheitenforschungen ergibt.

Ein bloßer Konsens darüber, dem Menschen zu helfen, genügt allerdings nicht. Die Nazis, indem sie die Deutschen zum Herrenvolk erklärten und die Juden ermordeten, behaupteten, der Menschheit am besten zu dienen, indem sie alle Nicht-Arier zu den dienenden Ausführern der großen Gedanken der Herrenrasse machten. Die inhaltliche Bestimmung dessen, was „Helfen“ heißt, ist entscheidend, genau wie die verbale Deklaration, die Volkskunde solle der Emanzipation des Bewußtseins, dem Menschen dienen, nicht ausreicht. Die inhaltliche Füllung dieser Formeln aber verlangt eine genauere Verständigung über unsere Wissenschaft unter Berücksichtigung dessen, was über technokratische Wissenschaft gesagt wurde.

4.

Wenn Sozialwissenschaft interpretierend oder mit praktischen Intentionen irgendwelcher Art zum sozialen Prozeß Stellung nimmt, gerät sie bei der Wahl zwischen Alternativen sozialer Entwicklung ins Interessen-Kollisionsfeld sozialer Gruppen, somit in den politischen Bereich.

Es gibt keine unpolitische Wissenschaft. Das brachte nicht zuletzt die Diskussion über unsere Wissenschaft während des Faschismus in Erinnerung. Auch der Rückzug auf den angeblich „unpolitischen“ Bereich „reiner Wissenschaft“ hat seine politische Funktion. Er ist Alibi für das Bestehende[16], neutralisiert potentiell kritische, systemgefährdende Intelligenz und Erkenntnis, und die Propagierung „unpolitischer“ Wissenschaft und Erkenntnisziele liegt im Interesse einer Politik, die sich nicht durch rationale Erkenntnis in ihrer Praxis stören läßt, sondern sich lediglich partialer wissenschaftlicher Ergebnisse als Mittel bedienen will.

Konservative Wissenschaft erhebt mit ihren gesellschaftspolitischen Prämissen den Anspruch, das Volk zu lehren, „was ihm frommt“.[17] Daß sie dem „Volke“ indirekt vorschreiben will, daß es in seinen zerfallenden Ordnungen bleiben soll oder ihm faschistoide Ordnungen verschreiben will oder es in bestehende irrationale Ordnungen zu integrieren intendiert, gerade das ist das eigentliche Skandalon. Weist man derartige Bevormundungen als unwissenschaftlich, weil die eigenen sozialphilosophischen Prämissen nicht kritisch überprüfend, zurück, ergibt sich als Alternative eine radikal demokratische Konzeption: in ihr geht es nicht darum, spezifische Strukturen und „Ordnungsvorstellungen“ zu postulieren und zu rechtfertigen bzw. zu empfehlen, sondern – negativ – darum, jene Strukturen zu enthüllen und aufzuheben, die eine Einschränkung der Freiheit der Entfaltung bedeuten – mit der Voraussetzung, daß rational nicht zu rechtfertigen ist, daß

Einzelnen oder Gruppen das Recht zugestanden werden sollte, die Entfaltung anderer Gruppen bzw. Personen einzuschränken.

Diese Probleme besitzen in der Gegenwart – wie die jüngsten Diskussionen in den Sozialwissenschaften zeigen – eine Aktualität, vor der die ängstliche Distanzierung vor dem politischen Engagement in den Hintergrund tritt. Max Weber konnte noch versuchen, den Bereich der Politik streng von dem seiner Wissenschaft zu trennen, obwohl auch ihm das nicht gelang. Die Einsicht in die gesellschaftliche Verantwortung der Wissenschaft, die in der Zwischenzeit durch negative Erfahrungen wie Verdun, Auschwitz, Hiroshima und Vietnam geweckt wurde, verlangt konsequente Berücksichtigung.

Der Anspruch der Sozialwissenschaften auf rationale Erkenntnis und kritische Erklärung sozialer Sachverhalte erschöpft sich nicht in der kritischen Detailforschung, sondern intendiert die kritische Reflexion und rationale Gestaltung des gesamten sozialen Lebens. Damit ergibt sich die Option für eine rationale, demokratische Gesellschaftsordnung zwingend aus diesem Wissenschaftsbegriff. Ein formaldemokratisches Mäntelchen für elitäre Theorien, deren ideologiekritische Analyse ihre soziale Interessen-Funktion rasch enthüllen würde, genügt nicht. Konzeptionen, die antiaufklärerisch-elitär die Bevölkerung als angeblich nichtlogisch sich verhaltendes „Volk" in Unwissenheit halten wollen[18], müssen sich gefallen lassen, undemokratisch und gleichzeitig unwissenschaftlich, weil ihre eigenen Prämissen nicht reflektierend, genannt zu werden.

5.

Unsere Wissenschaft als Teil kritischer, die Gesellschaft humanisierender Sozialwissenschaften zu verstehen, kann nicht folgenlos bleiben. Bereits die traditionelle Bezeichnung muß auch unter diesem Gesichtspunkt fragwürdig werden: in einer demokratischen Gesellschaft gibt es kein „Volk", von dem man sich „Kunde" verschaffen kann. Es gibt nur Bevölkerung und Bevölkerungsgruppen, die sich durch verschiedene Merkmale unterscheiden, und die innerhalb übergreifender Kulturen Subkulturen (Sonderkulturen)[19] mit spezifischen Normensystemen und Verhaltensweisen bilden, und deren Lebensweise und -bedingungen im Zusammenhang mit ihrer gesellschaftlichen Lage und ihren Problemen untersucht werden müssen.

Wie der Volksbegriff, so muß das gesamte Vokabular unserer Wissenschaft und müssen die in ihr verwandten Theorien einer kritischen Prüfung unterzogen werden, mit der die Erarbeitung neuer Theorien im Zusammenhang mit konkreten Sachproblemen einhergehen muß. Das bedeutet, daß unsere Wissenschaft ihre Aufgaben nicht mehr in der Schließung von Informationslücken in einem tradierten Kanon von Stoffen[20] („Stoffhuberei") zu sehen hat, sondern in der Lösung von Problemen, die mit Rücksicht auf ihre gesellschaftliche Bedeutung ausgewählt werden.

Die Auswahl der Probleme ist dabei integraler Bestandteil der wissenschaftlichen Arbeit und kann nicht außerwissenschaftlichen Instanzen überlassen werden. Nur aus der kritischen Analyse der sozialen Wirklichkeit ergeben sich die wirklichen Ursachen der Probleme und die Rangfolge der einzelnen Teilprobleme. Allein der Forscher bzw. wegen der heute technisch meist notwendigen Kollektivität wissenschaftlicher Arbeit das Kollektiv der Wissenschaftler (in dem selbstverständlich demokratisch auf Grund von Sachargumenten entschieden werden muß, nicht kraft Amtsautorität) kann die zu bearbeitenden Probleme auswählen. In diesen Entscheidungsprozeß müssen wegen der unaufhebbaren Verschränkung von Forschung und Lehre auch die Lernenden integriert werden.

6.

Die traditionelle Volkskunde hat sich, unabhängig von ihrem wechselnden Selbstverständnis, in der Praxis seit ihrer Entstehung vor allem mit sozialen Lebensformen, kulturellen Äußerungen und Bewußtseinsinhalten der nicht zu den herrschenden Schichten gehörenden Teile der Bevölkerung beschäftigt.[21] Unsere Wissenschaft im Sinne des erläuterten emanzipatorischen Wissenschaftsbegriffes zu verstehen, hat zur Folge, daß diese Stoffe im Vollzug der kritischen Reflexion über ihre gesellschaftliche Bedeutung eine neue Brisanz erhalten. Bevölkerung erscheint vor allem in ihrer Rolle als Objekt von Herrschaft und Subjekt der Geschichte. Die spezifischen Auswirkungen von Herrschaftsstrukturen auf die Subkulturen von Bevölkerungsgruppen auf dem Hintergrund der spezifischen Art und Weise der Erzeugung und Aneignung des gesellschaftlichen Mehrprodukts werden stärker ins Zentrum rücken. Noch wichtiger aber ist die Erforschung der selbständigen Reaktionen der Beherrschten, sei es die Entwicklung von Gegenkultur-Formen oder seien es Emanzipations-Aktionen und -Bewegungen (dazu gehört auch die Frage der Initiativ-Personen und ihres Verhältnisses zu den die Initiativen aufgreifenden Bevölkerungsgruppen).

„Volk", Bevölkerung ist ja nicht nur der passive Lieferant dessen, was die Herrschenden benötigen[22], den man mit manipulativen Sozialtechniken und Herrschaftstechniken umgarnt (wenn man glaubt, des offenen Terrors entraten zu müssen). Mit dem „Volk", der Bevölkerung und ihren unberechenbaren kollektiven Lebensäußerungen mußten sich Administration, Verwaltung, Regierung und Polizei seit Jahrhunderten mehr oder weniger erfolgreich auseinandersetzen. Und der „große Lümmel" Volk[23] wirft immer wieder alle Pläne und Berechnungen über den Haufen, wie etwa im Juni 1969 in Hannover, als die Bevölkerung in solidarischer Aktion erst das gesamte öffentliche Verkehrswesen desorganisierte und dann aus eigener Initiative ein neues funktionierendes Personenbeförderungssystem schuf.[24]

Zum Bereich unserer Wissenschaft als Subkulturforschung gehören derartige Bewegungen und Erscheinungen insofern eindeutig, als es sich um Lebensäußerungen von Bevölkerungsgruppen handelt, die in einer spezifischen Situation auf Grund gemeinsamer Interessen – und seien sie auch nur temporär – zu gemeinsamem Handeln gedrängt werden. Mit Berufung auf die formalen Kriterien von „Gemeinschaft" und „Tradition" läßt sich dieser Komplex des Verhaltens von Bevölkerungsgruppen nicht ausklammern: es geht um kollektives Handeln, und es gibt auch revolutionäre Traditionen.

Unter solchen Perspektiven wandelt sich auch der traditionelle Ort der Untersuchungsobjekte unserer Wissenschaft. Möglicherweise wird man das, was man früher als „Volkskultur" regionaler Gruppen untersuchte, heute in den schöpferischen Subkultur-Formen sozial- und altersspezifischer Gruppen wie etwa der Studenten-, Schüler- und Lehrlingsbewegung sehen müssen.

Die spontanen Reaktionen der Bevölkerung, die in Revolutionen kulminiren, aber bei der Herausbildung „sozialadäquater"[25] Normen und Verhaltensweisen sozialer Gruppen beginnen, sind für emanzipatorische Wissenschaft das interessanteste Forschungsobjekt. Es versteht sich von selbst, daß wir zur Untersuchung derartiger Prozesse eine neue, in Zusammenarbeit mit der Psychologie und anderen Disziplinen zu erarbeitende Theorie der kreativen Prozesse in sozialen Gruppen und der Spontaneität im sozialen Handeln brauchen, wie auch andere Probleme dieser Art der intensiven Zusammenarbeit mit den Nachbardisziplinen bedürfen. Denn es geht nicht darum, in diesen Prozessen krampfhaft etwas „Volkskundliches" zu suchen, sondern es geht um adäquate Erklärungen für sie, und zwar mit der Intention, einerseits Kreativität freizusetzen und andererseits ihren Mißbrauch im Dienste partialer Interessen zu verhindern.

Um Mißverständnissen vorzubeugen: es geht nicht um eine Neuauflage der romantischen Kreativitätstheorie. Eine moderne Kreativitätstheorie muß die Ursachen kollektiven Handelns kritisch aus der Dialektik zwischen schöpferischen Individuen und sozialer Situation von Schichten und Gruppen erklären, und nicht in irgendwelchen mystischen Ideen oder Volksgeistern suchen. Sie wird sich aber andererseits absetzen müssen von allen – ebenfalls idealistischen – elitären Theorien des bloßen „gesunkenen Kulturgutes" und des bloß „reproduzierenden" Volkes.

7.

Für die Gegenwart sind die Formen verschleierter Ausübung von Herrschaft durch Manipulation am aktuellsten. In formaldemokratischen Gesellschaften, in denen die Fiktion der selbständigen, freiwilligen Entscheidung des Individuums aufrecht erhalten werden soll, können Partialinteressen, auch wenn sie herrschend sind, nicht mehr repressiv auftreten, sondern müssen sich manipulativer Formen der Beeinflussung bedienen.[26]

Das Problem der kommerziellen Werbung (auf das sich Manipulation natürlich keinesfalls beschränkt) ist in der jüngeren volkskundlichen Literatur zwar nicht völlig außer acht gelassen[27], meist aber recht unkritisch behandelt worden. Karl Veit Riedel z.B. scheint es zu bedauern, daß die Volkskunde noch nicht zum Lieferanten für Mittel zu derartiger Manipulation geworden ist, wenn er schreibt: „Die Volkskunde hat sich bisher in der Werbeforschung kaum zu Wort gemeldet, und das ist ebenso zu bedauern wie der Umstand, daß die Werbeforschung nicht auf die Volkskunde zurückgegriffen hat."[28] Er fällt ansonsten recht unkritisch auf die Selbstrechtfertigungen der Werbung herein, etwa wenn er ihr die indirekte Funktion der Sicherung von „Expansion und Wohlstand" zuschreibt[29], wenn er meint, Werbung sorge dafür, „daß begehrt wird, was den allgemeinen Möglichkeiten, und zur Norm wird, was den allgemeinen Bedürfnissen entspricht"[30], und wenn er ihr gar „pädagogische und kulturelle Funktionen"[31] zuschreibt.

Werbung wird in anderer Weise als bisher für uns relevant, wenn wir unsere Wissenschaft im Dienst der Emanzipation des Bewußtseins betreiben: Nicht die bloße Beschreibung der Wirkungsmechanismen (und der Nachweis, daß Werbung Versatzstücke aus dem Kulturgut der Bevölkerung übernimmt und es ihr gelingt, ihre Slogans ins „Volksleben" einzuschmuggeln), sondern die Möglichkeiten zur Befreiung aus dem Manipulationsprozeß sind von Bedeutung. So wäre z.B. das u.a. von Rühmkorf und Röhrich[32] aufgegriffene Phänomen der „Antireklame" daraufhin zu untersuchen, ob und inwieweit es diesen Regelkreis der Manipulation durchbricht. Im Gegensatz zu den zweckgerichteten, zum Teil Sprichwortstruktur nachahmenden Slogans der professionellen Werbetexter handelt es sich bei den Anti-Reklame-Sprüchen wie bei Schlagerparodien in der Tat um sozialadäquate, schöpferische Leistungen aus der betroffenen Bevölkerung, unserem Untersuchungsobjekt.

8.

Wenn unsere Wissenschaft „Muster kultureller Normen und Formen und kulturellen Verhaltens innerhalb der differenzierten europäischen Zivilisationswelt"[33] untersucht und als Bildungsinformation zur Verfügung stellt, so kann das bereits ein erster Schritt in die emanzipatorische Praxis sein: durch die kritische Analyse der Entstehung, der historischen und ideologischen Funktion und der praktischen Veränderbarkeit sozialer und kultureller Erscheinungen können Bewußtseinsveränderungen erreicht werden, die das

Durchbrechen traditioneller, scheinbar „naturgesetzlicher" Ordnungen erlauben und die Möglichkeiten menschlichen Handelns erweitern.

Damit werden keine unzulässigen Vorentscheidungen über Menschenbild, Ziel oder Sinn menschlicher Evolution getroffen. Es geht im Gegenteil gerade darum, solche Ideologien zu enthüllen und anzuklagen, die im subjektiven oder objektiven Herrschaftsinteresse gesellschaftlicher Teilgruppen von vorwissenschaftlichen Entscheidungen über das Menschenbild ausgehen, z.B. von der angeblichen Unabänderbarkeit sozialer Ordnungen und Zustände, von der Unvollkommenheit oder Sündhaftigkeit der menschlichen Natur (durch die den im Besitz der umfangreichsten Information Befindlichen die Legitimation der Herrschaft verliehen wird), oder von dem „vorrationalen" Denken des „Volksmenschen" (wodurch die Herrschaft der angeblich rational denkenden Elite gerechtfertigt wird).

Die Erarbeitung von Materialien, die auf diese Weise im demokratischen Bildungsprozeß Jugendlicher und Erwachsener verwendet werden können, gibt einigen traditionellen Sachgebieten unserer Wisenschaft, wenn sie mit Hilfe kritischer sozialer Theorie untersucht werden, spezifische Bedeutungen. Die Untersuchung historischer Techniken und Produktionsformen in ihrem Zusammenhang mit den gesellschaftlichen Strukturen z.B. hat im Rahmen einer gegenwartsbezogenen Informationsvermittlung neben anderen historischen Stoffen einen wichtigen Platz: Sie liefert historische Paradigmen zur Erweiterung der Erklärungsmöglichkeiten gegenwärtiger Strukturen. Die Untersuchung und museale Ausstellung von Arbeitsgeräten und -prozessen wird dann Mittel zur Erkenntnis und Veranschaulichung ökonomischer und sozialer Strukturen vergangener oder gegenwärtiger Gesellschaften. Die kulturgeschichtlichen und volkskundlichen Museen können ihre Sammlungen und Ausstellungen erst dann optimal für den demokratischen Informationsprozeß auswerten, wenn sie sich Rechenschaft darüber abgeben, welche Bewußtseinsprozesse sie mit ihren Ausstellungen in Gang setzen wollen: ob sie emotionale Identifikations- oder Distinktions-Erlebnisse hervorrufen sollen (wie die alten National- und Heimatmuseen, die unkritische Identifikation mit einem Territorium erzeugen wollten, oder wie eine schlechte Ausstellung über die Armut, die nichts über die Ursachen und ihre Überwindung sagt, und nur das schöne Gefühl hervorruft „Wie herrlich weit haben wir es doch gebracht"), ob sie affirmatives „Geschichtsbewußtsein" vermitteln wollen, oder ob sie Denkprozesse in Gang setzen, d.h. die Einsicht in soziale Zusammenhänge und deren Veränderbarkeit vermitteln und somit zur Erweiterung des Handlungsspielraums der Menschen indirekt beitragen wollen. Das hat nichts zu tun mit der falschen Alternative zwischen „Lehrschau" und Museum: ein kulturhistorisch-volkskundliches Museum hat anders als ein Kunstmuseum immer pädagogische Aufgaben, die es gut oder schlecht erfüllen kann, mit langweiliger Stoffhuberei, psychotechnischer Manipulation oder mit Mitteln, die fruchtbare Denkanstöße provozieren. Auch die „rein wissenschaftliche" Sammelaufgabe eines Museums darf der Reflexion über ihren Sinn gerade als wissenschaftliche Aufgabe nicht entbehren.

Wissenschaft zu betreiben mit dem Ziel der Vermittlung von Informationen, die zur Erklärung und bewußten praktischen Gestaltung des sozialen Prozesses befähigen, wäre eine wesentliche Aufgabe unserer Wissenschaft. Die Stoffe solcher Forschung müssen ausgewählt werden nach dem Grad der mit ihrer Hilfe erreichbaren Einsicht in relevante soziale Zusammenhänge, und nicht nach Lücken in der bisherigen Stoffsammlung oder dem Platz im Kanon.[34]

9.

„Kritische Vernunft muß auf die Initiierung vernünftiger Praxis drängen."[35] Der Anspruch kritischer Wissenschaft führt bei gegenwartsbezogener Forschung von selbst über die Kritik des Bestehenden hinaus zur Entwicklung von Vorstellungen, wie man es besser machen könnte.

Dieser Schritt in die Praxis wird unwillkürlich dann nahegelegt, wenn bei primär zum Zweck der Informationsaufbereitung und -vermittlung unternommener Forschung Erkenntnisse über Vor- und Nachteile konkreter sozialer Maßnahmen gewonnen werden. Wenn in unserer Wissenschaft auf der Basis kritischer theoretischer Reflexion solche praktisch relevanten Ergebnisse erzielt werden, warum sollte man nicht versuchen, mit den gewonnenen Erkenntnissen Einfluß auf die Praxis zu nehmen? Beim Betreiben von „Großstadtvolkskunde" stießen Richard Dorson und Linda Dégh in den Vereinigten Staaten auf die sozialen Probleme „of the ghetto, urban relocation, and ethnic tensions", und ahnten die Bedeutung der „unofficial culture of modern society" für „all aspects of the humanities".[36] Warum soll man nicht aktiv bei der Lösung solcher Probleme mitarbeiten?

Denkbar für unsere Wissenschaft ist neben der Funktion im aufklärerischen Informationsvermittlungsprozeß und der angedeuteten zufälligen Berührung mit der Praxis auch der systematische Zugang zur Praxis. Für die Humanmedizin ist es selbstverständlich, daß sie sich ihre Aufgaben von den aktuellen Problemen der menschlichen Physis stellen läßt, und ihre Grundlagenforschung wird nicht reiner Erkenntnis wegen betrieben, sondern um Einblicke in die Gesetzmäßigkeiten physiologischer Prozesse zu gewinnen, damit man sie beeinflussen kann. Naturwissenschaften betreiben ihre Forschung ebenfalls orientiert an konkreten Aufgaben der Beeinflussung der Natur – bei uns heutzutage auf Grund der spezifischen gesellschaftlichen Struktur allerdings vielfach orientiert an Partialinteressen mächtiger gesellschaftlicher (ökonomischer) Gruppen.

Beim unmittelbaren Herausgreifen lösungsbedürftiger Probleme und dem Erarbeiten von Lösungsmodellen in permanenter Vermittlung mit der Praxis geht es nicht um Lösungen etwa für die Frage, wie man mit der Werbung Bevölkerungsgruppen noch effektiver manipuliert, oder wie man oppositionelle Gruppen möglichst reibungslos integriert, oder wie man aus Arbeitern optimale Leistungen herausholt. Zur Erarbeitung von Herrschafts- und Manipulationstechniken kann sich eine Wissenschaft, die der „vernünftigen Einrichtung der Menschheit" dienen will und die sich als Teil des menschlichen Emanzipationsprozesses betrachtet, nicht mißbrauchen lassen.

Die Perspektiven einer emanzipatorischen Praxis in den Sozialwissenschaften sind aber noch unklar auf Grund der vorherrschenden, wissenschaftssoziologisch begründeten formalen Trennung zwischen Theorie und Praxis und wegen des niedrigen Standes der Diskussion zu diesem Problem. Auch in unserer Wissenschaft wird die Auseinandersetzung darüber intensiv geführt werden müssen.

Während des regional motivierten Neyrpic-Streiks in Grenoble/Frankreich 1962 diskutierten die Wissenschaftler des gesamten soziologischen Institutes der Universität Grenoble mit den Arbeitern über die Lösung der Probleme des Streiks und arbeiteten gemeinsam mit ihnen Modelle antikapitalistischer Strukturreformen aus – nicht um den Arbeitern irgendwelche Rezepte unterzuschieben, oder weil die Soziologen froh gewesen wären, endlich einmal Verbindung mit der Praxis zu bekommen, sondern um gemeinsam vernünftige, praktikable Lösungen zu finden.[37] Soll man in unserer Wissenschaft Projektgruppen bilden, die unmittelbar „in die Praxis" gehen, Forschung, Lehre und Praxis miteinander verbinden und etwa Strategien zur Weckung von Bildungsreserven auf dem Lande entwikkeln, Aufklärungsaktionen gegen Vorurteile, die NPD etc. durchführen? Oder wie die „Narodniki" teilnehmende Beobachtung und soziale Praxis miteinander verbinden? Soll man gemeinsam mit der betroffenen Bevölkrung Techniken zur kollektiven Überwindung autoritärer und manipulativer Strukturen in der Gesellschaft, am Arbeitsplatz und im öffentlichen Leben entwickeln? Oder soll man sich darauf beschränken, Informationen für emanzipatorische Bildungsprozesse zu erarbeiten und zu vermitteln, und allenfalls noch Denkschriften und Gutachten für die Praxis zu erarbeiten, mit denen man Gefahr läuft, überhaupt nicht beachtet zu werden oder tatenlos zusehen zu müssen, wie emanzipatorische Konzepte technokratisch unterlaufen werden?

An Experimenten solcher Art wird es vermutlich in Zukunft in unserem Fach nicht fehlen, und sie sind auch gegen die verschiedensten Widerstände notwendig. Heute ist es unmöglich, konkretere Perspektiven über den richtigen Weg zu entwickeln. Die weitere Entwicklung innerhalb unserer Wissenschaft wird auch bei bestem Willen und größter Reformbereitschaft ihrer Mitarbeiter von der weiteren gesellschaftlichen Entwicklung abhängen. Und unsere Wissenschaft wird selbständig kaum solche Aufgaben wahrnehmen können, allenfalls mit anderen Sozialwissenschaften zusammen. Aber der Perspektive der zukünftigen Entwicklung wegen wird man solche Möglichkeiten diskutieren und reflektieren müssen.

10.

In der jüngeren Geschichte unserer Wissenschaft führte der Versuch, die Verbindung zwischen gegenaufklärerischer, antirevolutionärer Romantik aufzulockern, zuerst einmal zu einer älteren Stufe der „Volkstumswissenschaften“: zur aufklärerischen, etatistischen „Volkskunde“, die in der Tat „Ansätze“ bietet, „die für unser Fach wahrscheinlich ergiebiger gewesen wären als die jahrzehntelangen Auseinandersetzungen um mehrdeutige Volksbegriffe.“[38] Eine konsequente Wiederaufnahme solcher Traditionen und ihre Fortentwicklung würde zwar zusammen mit der Rezeption moderner sozialwissenschaftlicher Methoden das Bedürfnis nach Wissenschaftlichkeit in unserem Fach befriedigen, das nach irrationalistischen Eskapaden der Vergangenheit manifest geworden ist. Aber mit der „Volkskunde“ der späten Aufklärung ist die Tradition der „administrativen Hilfswissenschaft“ verknüpft. Man läuft Gefahr, den Teufel der irrationalistischen Integrationsideologie auszutreiben mit dem Beelzebub der technokratischen Manipulationswissenschaft, deren partiale Rationalität in dem Dienst eines irrationalen Ganzen steht.

In diesem Aufsatz wurde versucht, jene Konsequenzen anzudeuten, die zu ziehen sind, wenn man unsere Wissenschaft als Teil des menschlichen Emanzipationsprozesses und der Humanisierung der Lebensverhältnisse versteht. Im Augenblick ist der wichtigste Beitrag, den unsere Wissenschaft in diesem Sinne bieten kann, die aufklärerische, das Bewußtsein befreiende Information über Kräfte, Strukturen und Mittel, mit denen die Bevölkerung manipuliert, beherrscht und ausgebeutet wurde und wird – und die Mittel und Wege, wie sie sich emanzipiert hat und emanzipieren kann. Als notwendig zu reflektierendes Problem steht aber auch die Frage der gesellschaftlichen Praxis unserer Wissenschaft auf der Tagesordnung – vorläufig ohne eingängige, einfache Lösungen.

Wenn unsere Wissenschaft sich ihrer gesellschaftlichen Verantwortung bewußt wird und kritische soziale Analyse liefert, dann könnte Subkulturforschung, Volksforschung, Kultur- und Sozialanthropologie, mitteleuropäische Ethnographie oder -soziologie oder wie immer unsere Wissenschaft in Zukunft heißen möge, in Zusammenarbeit mit verwandten Disziplinen von wirklichem gesellschaftlichen Nutzen sein: nicht für Partialinteressen, nicht zur Verschleierung von Herrschaftsverhältnissen und zur Verewigung bestehender Zustände, sondern für die Humanisierung unserer sozialen Welt, für die Emanzipation des Menschen aus sozialer Abhängigkeit und Manipulation.

1 Überarbeitete Fassung des Referates auf der wissenschaftlichen Arbeitstagung der Deutschen Gesellschaft für Volkskunde in Detmold am 23.9.1969.
Für ermutigende Anregungen und Diskussion zu dieser Überarbeitung danke ich neben meiner Frau Margot Kramer vor allem Hermann Bausinger, Ina-Maria Greverus, Wolfgang Jacobeit, Arnold Niederer, Kai Tjaden, Ingeborg Weber-Kellermann.

2 Franz Josef Degenhardt: Ballade von den Weißmachern. In: Degenhardt Live. Polydor 249 268 B (1968).

3 Vgl. Helmut Möller: Aus den Anfängen der Volkskunde als Wissenschaft. A. Volkskunde, Statistik, Völkerkunde 1787. Zs. f. Volkskunde 60. Jg. 1964, S. 218-233, bes. die Bemerkungen über Niemann und Fink S. 225 und S. 228 f. Vgl. außerdem Ingeborg Weber-Kellermann: Deutsche Volkskunde zwischen Germanistik und Sozialwissenschaften. Stuttgart 1969, Kap. II S. 4-10 und die dort angegebene Literatur.

4 Wir weisen nur auf die wichtigste jüngste Veröffentlichung hin: Wolfgang Emmerich: Germanistische Volkstumsideologie. Genese und Kritik der Volksforschung im Dritten Reich. Tübingen 1968 (Volksleben Bd. 20); dort auch weitere Literatur.

5 „Der höchste Triumph der inneren Verwaltungskunst würde dann darin bestehen, jeden polizeilichen Akt so sicher der Natur des Volkes anzupassen, daß es auch bei den lästigsten Dingen glaubte, die Polizei habe doch eigentlich nur ihm aus der Seele heraus verfügt und gehandelt." Wilhelm Heinrich Riehl: Die Volkskunde als Wissenschaft. Zuerst in W. H. Riehl: Culturstudien aus drei Jahrhunderten. Stuttgart 1859, S. 205-229; S. 225. Auch in: Gerhard Lutz (Hg.): Volkskunde. Ein Handbuch zur Geschichte ihrer Probleme. Berlin 1958, S. 23-36; S. 34. Heinz Maus (Geschichte der Soziologie. In: Handbuch der Soziologie, hrsg. v. W. Ziegenfuß, Stuttgart 1956, S. 1-120, S. 19) hat m. W. dieses Zitat in der neueren Diskussion zuerst zur Kritik Riehls herangezogen. Vgl. instruktive andere Beispiele aus den Sozialwissenschaften (Lorenz von Stein, Gustav Schmoller u.a.) in dem Kapitel „Historismus und soziale Frage" in Friedrich Jonas: Geschichte der Soziologie II, Reinbek 1968 (rde 304/305), S. 115-145.

6 Auch wenn sie über den traditionalistischen Rahmen dessen, was etwa Herbert Freudenthal in dem Kapitel „Der kulturpolitische Auftrag" seiner „Wissenschaftstheorie der Volkskunde", Hannover 1955, S. 165-194 zusammengefaßt hat, hinausgehen.

7 Die angedeuteten Faktoren machen deutlich, daß die spezifischen Inhalte der notwendigen Auseinandersetzung erst einmal auf die Verhältnisse in der Bundesrepublik bezogen sind. Der Stand der Diskussion unserer Wissenschaft in der DDR ist infolge der unterschiedlichen gesellschaftlichen Entwicklung der beiden deutschen Staaten von ganz anderen Faktoren geprägt, und wir müssen uns eine Auseinandersetzung mit den anders gearteten spezifischen aktuellen Problemen der Beziehung zwischen Wissenschaft und Gesellschaft in jenem Staat ersparen.

8 Albrecht Wellmer: Unpolitische Universität und Politisierung der Wissenschaft. In: Jürgen Habermas: Protestbewegung und Hochschulreform. Frankfurt 1969 (edition suhrkamp 354), S. 252.

9 Wellmer (Anm. 8), S. 252.

10 Vgl. Werner Hofmann: Die Krise der Universität. In: W. Hofmann: Universität, Ideologie, Gesellschaft. Beiträge zur Wissenschaftssoziologie. 2. Auflage Frankfurt 1968 (edition suhrkamp 261), S. 9-34, bes. S. 13-15.

11 W. H. Riehl (Anm. 5) a.a.O., zit. nach Lutz a.a.O., S. 32, Vgl. auch die ähnliche Ortsbestimmung – allerdings im Rahmen einer „fortschrittlichen" Politik – in den aufklärerischen „Volkstumswissenschaften", Möller (Anm. 3), bes. die Zitate von Niemann S. 228 und Fink S. 229.

12 Auf die interessanten Aspekte, die die „Folklorismus"-Diskussion in diesem Zusammenhang ergibt, kann hier leider nicht eingegangen werden. Vgl. zu dieser Diskussion: H. Bausinger: Folklorismus in Europa. Eine Umfrage. Zs. f. Volkskunde 65. Jg. 1969, S. 1-8 und die darauf folgenden Länder-Beiträge.

13 Kreuznacher Hochschulkonzept. Reformziele der Bundesassistentenkonferenz. 2. Auflage Bonn 1968 (Schriften der Bundesassistentenkonferenz 1), S. 11. Auch in: Thomas Kiesebach/Peter Marwedel: Emanzipation oder Disziplinierung. Zur Studienreform 1967/68. Köln 1969, S. 41-44, S. 41.

14 Zitiert nach der Zusammenfassung in Schweizer Volkskunde 59. Jg. H. 4 (1969) S. 57.

15 Arnold Niederer: Zur gesellschaftlichen Verantwortung der gegenwärtigen Volksforschung. Kontakte und Grenzen. Festschrift für Gerhard Heilfurth. Göttingen

1969, S. 1-10, S. 9.

16 Vgl. das faschistische Beispiel bei Wolfgang Fritz Haug: Der hilflose Antifaschismus. Frankfurt 1967 (edition suhrkamp 236), S. 90.

17 Vgl. Lutz Mackensen: Volkskunde in der Entscheidung. Tübingen 1937, S. 24. Siehe auch Freudenthal (vgl. Anm. 6) S. 169.

18 Vgl. solche Tendenzen z.B. exemplarisch in Walter Hävernicks Rezension von Johann Kruse: Hexen unter uns? Hamburg 1951, in: Beiträge zur deutschen Volks- und Altertumskunde (Hamburg) I/1954, S. 193-194, wo Hävernick u.a. schreibt: „Nur wenigen ist es beschieden, ihre Gehirnfunktion zum Teil und für längere Zeit auf das rein Logische umzustellen“ (S. 193), und: „... das primitive Denken läßt sich nicht generell beseitigen, es läßt sich nur erfüllen durch adäquate Anschauungen und Assoziationen, die ihm einen neuen Gehalt mit Richtung auf höhere Ziele geben“ (S. 194). Oder der gleiche Autor in seinem Aufsatz „Volkskunde und Verhaltensforschung“, a.a.O. X/1966, S. 135-137, wo er die Ergebnisse der Tier- und Verhaltnesforschung auf den Menschen überträgt, ohne dessen extreme Instinktunsicherheit zu berücksichtigen, und damit sozialen Immobilismus rechtfertigt: „Daher haben (vom Standpunkt der Naturwissenschaft wie der Volkskunde) Bestrebungen wie 'Aufklärung‘ und 'Belehrung‘ negative Bedeutung. Ein Zerfall des Ritensystems einer Gruppe führt fast immer zu Katastrophen“ (S. 137).

19 Der Terminus „Subkultur“ scheint sich auch in der Volkskunde durchzusetzen, so daß „Sonderkultur“ für Kategorien des agrarischen Bereichs wie Tabak, Wein etc. reserviert bleiben kann. In anderen Bereichen der Sozialwissenschaft ist er ohnehin weitgehend rezipiert, aus der politischen Diskussion kaum noch wegzudenken. H. Bausinger (Kritik der Tradition. Anmerkungen zur Situation der Volkskunde. Zs. für Volkskunde 65. Jg. 1969 S. 232-250, S. 242) nennt ihn als eine, von ihm nicht akzeptierte Möglichkeit der Umschreibung der Aufgaben der Volkskunde. Aber die Begründung seiner Ablehnung ist nicht ganz einleuchtend: Gerade vor dem Hintergrund der jüngsten Diskussionen um Subkulturen im vor-politischen Raum (vgl. z.B. Hartmut Sander, Ulrich Christian (Hg.): Subkultur Berlin. Selbstdarstellung. Text-, Ton-, Bilddokumente. Esoterik der Kommunen, Rocker, subversiven Gruppen. Darmstadt: März Verlag 1969) wird die – von ihm auch nur eingeschränkt zitierte – These, die Industriegesellschaft besitze keine Subkulturen, fragwürdig. Und sein anderes Argument, die „enge Verflechtung sozialer und kulturaler Daten“ mache es fraglich, „ob die Zielsetzung Erforschung von Subkulturen überhaupt aus dem Gesamtbereich der Soziologie sinnvoll ablösbar ist“ (S. 243), ist eher ein Argument für die intensive Integration der gesamten bisherigen Volkskunde in die übrigen Sozialwissenschaften. Es wäre überlegenswert, ob man das, was bisher Volkskunde genannt wurde, nicht schlicht „Subkulturforschung“ nennen sollte – als Teilbereich der Sozialwissenschaften und als Bindeglied zu den „Kulturwissenschaften“. Gewisse Höhenflüge und -wege der traditionellen Volkskunde wären dann – und gewiß nicht ohne Vorteil – nicht mehr in der Bezeichnung der Wissenschaft inbegriffen, aber die Bezeichnung hätte wenigstens einen informativen Wert.

20 Vgl. den Anhang „Zur Sache“ in dem „Offenen Brief“ der Tübinger Studenten vom 26.9.1968, S. 3.

21 Wenn sie ihre Fäden zumindest theoretisch auch zu den privilegierten Schichten ausstreckte, sei es, daß sie die „volkstümlichen“ Komponenten in den Normensystemen der Herrschenden aufsuchte, sei es, daß sie die Existenz von spezifischen Subkulturen auch bei den privilegierten Schichten andeutungsweise zugrundelegte.

22 Wie etwa bei dem faschistischen Autor Paul Bommersheim: Heimatgeschichte und Weltgeschichte. In: P. Bommersheim: Heimat und All. Leipzig 1936: Für ihn ist die Heimat nur „durch das Erleiden von der Weltgeschichte unterschieden und zugleich in sie verflochten“ (a.a.O. S. 85). Und: „Die politischen und militärischen Unternehmungen sind angewiesen auf das Erforderliche aus den Heimatgebieten“ (S. 86).

23 Heinrich Heine: Deutschland. Ein Wintermärchen. Caput 1.

24 Vgl. Straßenbahnaktionen '69. München: Verlagskooperative Trikont 1969 (Agitation 1). Wer behauptet, derartige Aktionen würden von Minderheiten vorbereitet und geleitet, sollte sich darüber klar werden, daß es ein äußerst bedeutsames sozialwissenschaftliches Forschungsproblem ist, wieso Minderheiten in bestimmten Situationen solche Wirkungen erzielen können, in anderen dagegen nicht – ein Umstand, der darauf hindeutet, daß letzten Endes die Bevöl-

kerung doch entscheidend ist. Mit derartigen Problemen gerät natürlich die ganze Organisations- und Spontaneitäts-Diskussion in das Interessengebiet unserer Wissenschaft – womit wieder einmal die Untrennbarkeit der Sozialwissenschaften deutlich wird. Vgl. als jüngste Quellenveröffentlichung: Rosa Luxemburg: Schriften zur Theorie der Spontaneität. Hg. von Susanne Hillmann. Reinbek 1970 (Rowohlts Klassiker).

25 Mit „sozialadäquat" soll umschrieben werden, daß die Reaktionen einer Gruppe in Übereinstimmung stehen mit ihrer sozialen Lage, d. h. den Möglichkeiten und Erfolgschancen des Handelns in der jeweiligen spezifischen Lage der entsprechenden Gruppe. Die Verwendbarkeit dieses Begriffes und die Implikationen seiner Verwendung, insbesondere die Denkanstöße, die er in Richtung auf das Problem der Korrespondenz zwischen materiellen Voraussetzungen, sozialer Struktur und Kultur von Subkulturen impliziert, verdienten eine genauere Prüfung. Wir verwenden den Begriff als Übertragung aus dem Bereich des Arbeitsrechtes (bzw. des Arbeitskampfrechtes), wo er benutzt wird z.B. zur Charakterisierung von Streiks als die der sozialen Situation der abhängig Arbeitenden angemessene Form der Interessenvertretung, allerdings in der herrschenden Arbeitsrechtslehre vielfach mit sehr enger, restriktiver Interpretation.

26 Vance Packard erwähnt in seinem Buch „Die geheimen Verführer" (Düsseldorf 1958, S. 14) beiläufig, daß in den Wissenschaftlerstäben der amerikanischen Marktforschungsinstitute auch Anthropologen sitzen. Daß entsprechende Versuchungen an die Volkskunde noch kaum herangetreten sind, liegt sicherlich weniger an grundsätzlichen Erwägungen, als vielmehr an den Leistungen unserer Wissenschaft.

27 Karl Veit Riedel: Werbung und Reklame als volkskundliche Probleme. Beiträge zur deutschen Volks- und Altertumskunde (Hamburg) X/1966, S. 93-117; Helmut Herles: Sprichwort und Märchenmotiv in der Werbung. Zs. für Volkskunde 62. Jg. 1966, S. 67-80. Vgl. auch Lutz Röhrich: Gebärde – Metapher – Parodie. Düsseldorf 1967, S. 38, S. 144 (Rotkäppchen in der Sprache der Werbung), S. 186 (Reklameslogans und Antireklame).

28 Riedel (Anm. 27) S. 96.

29 Riedel (Anm. 27) S. 112.

30 Riedel (Anm. 27) S. 113.

31 Riedel (Anm. 27) S. 114.

32 Vgl. auch Röhrich (Anm. 27) S. 186; Peter Rühmkorf: Über das Volksvermögen. Exkurse in den literarischen Untergrund. Reinbek b. Hamburg 1967, S. 243-246.

33 Ina-Maria Greverus: Zu einer nostalgisch-retrospektiven Bezugsrichtung der Volkskunde. Hess. Blätter für Volkskunde 60. Jg. 1969, S. 11-28, S. 23.

34 Es erübrigt sich fast der Hinweis auf die Übereinstimmung dieser Konsequenzen des Autors mit den Thesen des bereits erwähnten Anhangs „Zur Sache" des „Offenen Briefes" der Tübinger Studenten vom 26.9.1968.

35 Wellmer in Habermas (Anm. 8) S. 257.

36 Richard M. Dorson: The Ethnic Resarch Survey of Northwest Indiana. In: Kontakte und Grenzen. Festschrift für Gerhard Heilfurth. Göttingen 1969, S. 65-69, S. 68/69.

37 Vgl. Walter Kreipe: Spontaneität und Organisation. Lehren aus dem Mai-Juni 1968. Kursbuch 16/1969, S. 38-75, S. 63. Ähnliches ereignete sich im Mai/Juni 1968 in Frankreich mehrfach.

38 Möller (Anm. 3) S. 218. Nicht einverstanden ist Verf. allerdings mit dem zweiten Halbsatz Möllers, daß sich dadurch „überdies die Legitimierungsversuche als Wissenschaft durch verfehlte Anleihen bei der Soziologie überflüssig gemacht hätten" – schließlich läßt sich jene statistisch-soziographische Literatur auch als Vorläufer der Soziologie betrachten, und außerdem verlangen verwandte Problemstellungen auch enge Kooperation der betreffenden Disziplinen.

11. Wem nützt Volkskunde? Gefühle beim Wiederlesen nach 19 Jahren

1. War da was?

Zuerst kommen die Erinnerungen. Natürlich arbeitet das Gedächtnis höchst selektiv, bewahrt emotional stark besetzte Szenen: Bei der Detmolder Arbeitstagung der DGV 1969, in einer Diskussion am Tage nach meinem Vortrag „Wem nützt Volkskunde", zupft meine Frau mich am Ärmel, während ich rede: Sie hat besser als ich gemerkt, wieviel an Aggression sich inzwischen im Auditorium gegen mich angesammelt hat. Ein paar Stunden später trinken wir mit Hermann Bausinger (den ich bis dahin nur aus der Ferne kannte) Kaffee und reden über die Veröffentlichung des Vortrags.

Eigentlich hatte ich damals – und habe heute immer noch – so eine Art „Parzifal"-Gefühl: Als „tumber Tor" habe ich doch nur das gesagt, was diejenigen, die mir Denken und Wissenschaft eingeübt haben, von mir erwarteten. (Dies waren, muß ich zugeben, freilich nicht nur Volkskundler, sondern auch Politologen wie Wolfgang Abendroth und Soziologen wie Heinz Maus). Eigentlich waren das alles für mich Selbstverständlichkeiten (und das Gefühl, schöpferisch etwas Neues gebracht zu haben, das entstand für mich eigentlich erst bei späteren Aufsätzen). Deshalb konnte ich – meinem Gefühl nach – in der mündlichen Diskussion unmittelbar nach meinem Detmolder Vortrag eher nicht souverän auf die Argumente eingehen, weil ich sie nicht richtig verstanden hatte.

Einiges kapierte ich damals so wenig wie heute – so die Frage danach, wo denn in meinem „Nutzen"-Konzept die Grundlagenforschung bliebe. Als ich 1986 versuchte, dem Zusammenhang von Kultur und Erhaltung bzw. Schutz der eigenen Lebenswelt nachzugehen, wurde ich gefragt, ob dies eine Form der „angewandten Volkskunde" sei. Für mich war dieser Versuch höchst fundamental, Grundlagenforschung im intensivsten Sinne, weil hier für mich heute wichtige neue Zugänge (teilweise auch falsche, fehlerhafte, wie ich zugeben muß) zu empirischen Erscheinungen der Geschichte der „Volkskultur" sich eröffneten. Das Instrument *Wissenschaft* als das gesellschaftliche Leben begleitender, eine aktive Rolle darin spielender Bestandteil von Reproduktion und von Entscheidungen über Zukunftsperspektiven (neben anderen, ihrerseits autonomen Kräften wie Künsten, Politik, Kommunikation usf.) funktioniert nur, wenn es in der für es wichtigen, notwendigen Art sich entfalten kann: wenn Ergebnisse und Thesen, gemessen am jeweils erreichten Standard der Wissenschaft, „richtig" sind, wenn die in ihnen tätigen Kräfte in eigener freier Entscheidung in der Lage sind, die von ihnen aus immanenten Gründen für wichtig gehaltenen Spuren zu verfolgen, usf.

Wir haben in der Zwischenzeit erlebt, wie dieses Instrument Wissenschaft zu entwerten versucht wurde: Durch Berufsverbote, die in ihrer Auswirkung in vielen Bereichen zur höchst wirkungsvollen „Schere im Kopf" mit dem Ergebnis des Denk- und Realitätsverbotes wurden (und die Flucht in beschauliche Detailgenügsamkeit beförderten), aber auch durch modische Relativierungen, Pseudophilosophien, in denen die immer vorhandene *Relativität* wissenschaftlicher (menschlicher) Erkenntnis mit deren *Beliebigkeit* verwechselt wurde, womit den Menschen ein für sie lebenswichtiges Arbeitsmittel aus der Hand geschlagen wurde (und wenn später Ulrich Beck z.B. herausarbeitet, wie im aktuellen Prozeß von wissenschaftlichen Gutachten und Gegengutachten Wissenschaft scheinbar sich selbst aufhebt, so wird doch auch dabei das Instrument erst recht nicht überflüssig).

„Gestalthaftes Sehen" auszuspielen gegen Rationalismus, wie dies in der Diskussion um „Wem nützt ..." geschah, ist sicher heute angesichts der neueren rationalen Diskussionen über die Grenzen von Aufklärung und Fortschritt auch nicht mehr so einfach. In der Bewertung der Künste als spezifischer, von derjenigen der Wissenschaft unterschiedener, gleichwohl legitimer und wichtiger Erkenntnisform, spielt für mich derartiges heute eine wichtigere Rolle als damals – aber die Relativität auch der wissenschaftlichen Erkenntnis ist noch lange keine Legitimation für Irrationalismus.

Auch die Planungs-Euphorie von einst ist nicht nur bei mir überwunden – trotz des aufrechtzuerhaltenden Anspruchs, auch gesellschaftliche Prozesse bewußt zu gestalten, statt nur Objekt und Opfer auch Subjekt zu sein.

Mein naives Erstaunen von damals war vielleicht auch deswegen so intensiv, weil ich ja die Frage auf ziemlich allgemeiner Ebene, abstrahiert von der konkreten Arbeit des Faches anging. Dessen konkrete Verfassung war (und ist in vielem noch heute) mir relativ gleichgültig gegenüber dem, was ich von ihm erwarte und in ihm sehe. Ich gestehe zu, daß mir in der Zwischenzeit viele der klassischen Kanon-Elemente wieder interessanter geworden sind (zum Beispiel habe ich nie zuvor so viele Sagen und Erzählungen gelesen wie in den letzten Jahren, und sie sind mir nicht nur in ihrem Quellenwert für Bewußtsein und Haltung wertvoll geworden, sondern auch in ihrer „Poesie" als Formen ästhetischer Welt-Aneignung). Nur: Wenn ich damals Albrecht Wellmers Vorwurf der „folgenlos gewordenen Verwaltung einer unverbindlich gewordenen Überlieferung" auf die Volkskunde anwandte, so hat das in der „Postmoderne" ja wohl in vielen Bereichen nicht nur unseres Faches an Aktualität eher noch gewonnen. Dekoration, von Marmor- oder Sandsteinplatten vor Betonskeletten über nur dekorative Zitate aus der Stilgeschichte in der Architektur bis zum internationalen Kulturerbe als „Rohstoff Kultur" für die Ausstattung von „Lebensstilen" in Mode und Duftmarken „feiner Unterschiede" – das alles ist zwar, perspektivisch gesehen, sicher nicht folgenlos für den Versuch, eine menschenwürdige Zukunft auf der Erde zu sichern, wohl aber höchst unverbindlich und hat meist nicht einmal positive Folgen.

Daß der Wissenschaftsbetrieb in den Nachfolge-Institutionen der Volkskunde so viel relevanter geworden sei, läßt sich kaum sagen. Darüber täuscht auch die modische Aufmerksamkeit für Alltag, Gefühle, Düfte oder Lebenswelten nicht hinweg. Öffentliche „Probleme", wie sie zu Zeiten des „Abschieds vom Volksleben" als Ausgangspunkt für wissenschaftliches Arbeiten empfunden wurden, spielen keine Rolle. In welche bedeutenderen öffentlichen Diskussionen, Diskurse, Aktionen ist denn diese Wissenschaft mit wievielen ihrer Vertreter heute einbezogen?

Frieden, Umwelt, Sinnkrise, Zukunftsperspektiven: wo sind die Volkskundler geblieben? Für „linkstechnokratische Auftragsforschung", wie W. Brückner einst polemisierte, fehlte (im Gegensatz zu anderer, z.B. in der „Heimatpflege") eigentlich immer der Auftraggeber. Aber die Alternative muß ja nicht Bedeutungslosigkeit sein.

Wo, außer in Zeitungsredaktionen in der Rubrik „Vermischtes" und „Unterhaltung am Wochenende", achtet man denn auf sie? Gut, Ausnahmen bestätigen die Regel – ich will keine nennen, sonst vergesse ich zuviel. Aber die Themen der universitären Lehrveranstaltungen und Arbeiten zeigen doch, wie sehr der akademische Betrieb mit seinen Themen- und Formalqualifizierungszwängen die Oberhand (wieder?) gewonnen hat. Gewiß, das hängt sicher auch mit den „Überlastquoten" zusammen, auf die sich die deutschsprachigen Universitäten in Zeiten stockender Expansion, großer Studentenzahlen, einer Bugwelle unbeschäftigter Jungakademiker und geringer Berufsaussichten einstellen mußten. Und vielleicht muß man wie einst auch dankbar sein, daß sie nicht als Markterschließungs-Wissenschaft oder als Mittel zur Kompensation der für die Individuen nicht mehr verkraftbaren Zumutungen der Moderne sich angedient hat. Aber muß deswegen die Unverbindlichkeit der 238. Alltags-Studie die Alternative sein (heute wissen wir über den Alltag der einfachen

Leute ziemlich viel; interessanter wäre es heute, die Mechanismen zu analysieren, die diesen Alltag, die „Lebensweise" prägen und verändern. Aber wer fragt schon danach?) Die großen Felder der *Analyse* (und nicht bloß Beschreibung) der Lebensweise in Konsum, Mode, Tourismus, Kommunikation, Verkehr usw., die großen Wandlungen der Lebensweise, kulturelle Prozesse in ländlichen Regionen usf. – da gibt es so viele Bereiche, in denen mehr und anderes zu wissen interessanter wäre als viele Beschreibungen hergeben können. Aber die Lektüre der Wiederbelebung des „Kanons", des „Grundriß der Volkskunde" von 1988, ist kaum mehr als eine eher langweilige Pflichtlektüre, interessant nur als Quelle dafür, was die Kolleginnen und Kollegen inzwischen so treiben (das gilt selbst für so vielversprechende Themen wie Frauenforschung).

Intensiver als damals, vielleicht als je zuvor, werden heute Verantwortung, Universalität und Interdisziplinarität in der Wissenschaft diskutiert. Je mehr sie verloren gehen, desto mehr werden sie zum Gegenstand, und nicht nur das: der Prozeß der immer stärkeren Spezialisierung wird nicht mehr als irreversibel hingenommen (auch wenn die *Formen* ihrer Aufhebung neu sein werden), sondern neue Bemühungen um Integration werden erkennbar – von den Zonen der Berührung mit irrationalistischen, spiritualistischen „New Age"-Visionen bei F. Capra und anderen bis zu (technokratischen) Klagen über den Verlust an Effizienz durch Spezialisierung. Es entsteht „eine Etage nach der anderen im Turme Babylon, die Fahrstühle aber haben längst aufgehört zu funktionieren" (Erwin Chargaff, Vergeudetes Erbe, frontal 4/1988. Dem abzuhelfen bemühen sich manche.

2. *„Nubiculum est, transibit"*

Ja, Latein müßte man können, denn mit diesem Zitat schloß einst einer seinen Beitrag zur Diskussion von „Wem nützt Volkskunde", in dem er die dort vertretenen Positionen als „ephemäre Gestaltung einer politischen Zeitmode" beurteilte. Es schrieb dies einer, der auch einmal empfahl, wissenschaftliche Literatur wieder in Latein abzufassen, um Mißbrauch zu vermeiden – vielleicht tat er es, weil er sein Werk „Schläge als Strafe" allzuoft in den Schaufenstern von Sex-Shops gesehen hatte. Es tat mir leid, daß er so verständnislos blieb, fand man ihn doch gleichzeitig in sehr illustrer Gesellschaft unter den Unterzeichnern von Aufrufen gegen die Aushöhlung der bundesrepublikanischen Demokratie durch die Notstandsgesetze. Ich habe deswegen nie begriffen, wieso er den „Jüngeren" gegenüber so verständnislos war.

Nun, manches war „Wölkchen", ist inzwischen vorübergegangen. Wie eigentlich fühle ich mich, wenn ich merke, daß dieser Text von 1969 immer noch beachtet wird, für manche ein Grundlagentext ist? Bin ich stolz, weil ich damals Richtiges oder Wichtiges gesagt habe, oder bin ich enttäuscht, weil sich so wenig geändert hat?

Ich habe überhaupt keine Lust, rückblickend in Gefühlen zu wühlen. Mich interessiert eher, wie's weitergeht – für mich, für meine wissenschaftliche Arbeit. Sie ist – und diesen Luxus kann ich mir, so paradox es sich anhört, derzeit vielleicht als abhängiger Kulturbeamter, für den die Wissenschaft in hohem Maße Privatvergnügen ist, eher leisten – für mich ein Teil meiner Lebenspraxis, Identitätssuche und Selbstverwirklichung, und zwar als gesellschaftliches Individuum, dessen Engagement eigentlich aus Egoismus entspringt: Motiv ist, nicht zufrieden leben zu können, wenn ich mich nicht einbezogen fühle in jenen grandiosen Prozeß, der „Leben" auf diesem Planeten heißt.

Was würde ich heute anders formulieren? Kaum, daß es mir peinlich wäre, das eine oder andere damals *so* formuliert zu haben. Es war mir einmal etwas unangenehm, als bei einem Bewerbungsgespräch in einer mitteldeutschen Mittelstadt ein CDU-Ratsherr mich fragte, ob ich meine positive Einschätzung der Protestaktionen gegen Preiserhöhungen der

Verkehrsbetriebe (von denen diese Stadt einst auch betroffen war) noch aufrechterhalten würde – heute bin ich angesichts der Umweltbelastungen durch den privaten Verkehr eher bestürzt darüber, wie weitsichtig diese Aktionen waren. Sicher bin ich immer noch nicht einverstanden mit der Revitalisierung des Begriffes „Volkskunde“ (ein Prozeß, in dem das Erlahmen der Reformbewegung am augenfälligsten wurde). Sicher ist mir schon lange „Subkulturforschung“ zu eng geworden, sicher ist mir auch heute die enge Anlehnung an die Sozialwissenschaft (die mir nie für eine Fetischisierung ihrer empirischen Methoden gut war) suspekt, und am liebsten nenne ich mich unverbindlich-offen „Kulturwissenschaftler“ – auch, weil die Spezial-Kulturwissenschaften Kunst-, Literatur- usw. Wissenschaft das, was ich in der Analyse des Kulturprozesses für übergreifend wichtig halte, nicht bringen.

Die Zielformulierungen müßten für mich heute gleichzeitig präziser, aber auch allgemeingültiger sein: Zu unspezifische Formulierungen wie „helfen“ (den Menschen? Aber welchen? Auch den Bankern? In ihrem Job, oder „als Mensch“? usf.), oder von der „Sozialpflichtigkeit“ der Wissenschaft (die auch der baden-württembergische Ministerpräsident Späth einklagen konnte) reichen nicht aus. Wenn als Adressat positiven Engagements einst „die Beherrschten“, wenn überhaupt die Frage von Herrschaft und Unterdrückung, damit die Aufgabe des Enthüllens von Einschränkungen der Freiheit eine zentrale Rolle spielten, so sind (unabhängig davon, daß auch sie noch wichtig sind) heute weitere, umfassendere Zielperspektiven dazugekommen: „Freiheit“, damals eher als fetischisierter Begriff verwendet, ist nicht mehr denkbar ohne globale Verantwortung (im Sinne des Slogans „global denken, lokal handeln“). Neben die „Emanzipation des Menschen aus sozialer Abhängigkeit und Manipulation“ sind die globalen Probleme und die Suche nach einem Überleben in Würde für das Individuum und für die Gattung getreten. Stand einst das kollektive Verhalten von Bevölkerungsgruppen im Vordergrund, so heute Lebensweise und Lebenstätigkeit im formationsspezifischen Kontext.

Die demokratische Option ist heute eher verstärkt. Wenn selbst eine Studie wie der Brundtland-Bericht „Unsere gemeinsame Zukunft“ im Zusammenhang mit globalen Problemen – anders als ephemäre Gurus wie Rudolf Bahro – demokratische Entwicklungspfade unter aktiver Beteiligung breiter Massen der Bevölkerung für den dauerhafteren und sichereren Weg halten, wenn für Michail Gorbatschow Demokratie so wichtig „wie die Luft zum Atmen“ ist, dann besteht kein Anlaß, diese Option zu relativieren – trotz der negativen Erfahrungen, die immer wieder auch mit Massenbewegungen zu machen sind, wenn diese allzu kurzfristige oder egoistisch-nationalistische Interessen in den Vordergrund stellen.

Ich merke, daß ich eine Menge Aggressivität in diesen Text habe miteinfließen lassen. Ist dafür verantwortlich die Frustration darüber, daß ich immer noch kein Professor bin, sondern nur gerade erst habilitiert? Ich weiß nicht – eigentlich fühle ich mich auch in meiner jetzigen Lebensform ganz wohl, und ich weiß, daß mein Wunschbild von universitärer Lehre sicher ganz schön weit entfernt ist von dem, was mich in solcher Position wirklich erwarten würde. Für mich entspringt die Aggressivität eher der Enttäuschung darüber, mit nur so wenigen produktiv-diskurisv arbeiten zu können über das, was mir wichtig und notwendig erscheint.

12.
Aufforderung zur Nestflucht

Motto: Soziologie ist die Antwort. Was aber war die Frage?
(Ulrich Beck beim Frankfurter Soziologentag 1990)
Mutatis mutandis. Oder: To whom it may concern.

1. Lockende Wissenschaftsterritorien

Seit Lutz Röhrich, damals noch bei der Germanistik in Mainz, mein Interesse für die Volkskunde weckte, beschäftige ich mich mit den Gegenständen dieses Faches in erster Linie, weil (und sofern) sie etwas mit mir selbst und den für mich als gesellschaftliches Individuum wichtigen Fragen zu tun haben: mit meiner eigenen Identität, der Qualität meines Lebens und meinen Zukunftsvorstellungen. In diesem Rahmen und mit diesem Maßstab ist das Fach mir wichtig geworden.

Das Festhalten an der Bezeichnung „Volkskunde" führt alllerdings leicht in eine Nest-Falle: Man beschäftigt sich statt mit Themen und Fragen primär mit den Repräsentanten des Faches – bei denen man ja schließlich auch lernen und Examina machen, sich in Bewerbungen und Berufungsverfahren und auf Kongressen auseinandersetzen muß, und die einem mancherorts immer noch die eigenen Bemühungen mit dem Verdammungsurteil „Nicht volkskundlich" vor die Füße werfen können. Darüber gehen leicht Wert und Attraktivität des Faches und seiner Gegenstände verloren.

Im folgenden möchte ich Ihnen dieses Fach als Kulturwissenschaft mit aktuell äußerst spannenden Möglichkeiten vorstellen. Ich möchte Sie auffordern, mindestens zeitweise das warme, aber stickige Nest „Volkskunde" zu verlassen – das nicht deswegen zu eng geworden ist, weil das Baumaterial zu alt oder unzureichend ist, sondern weil die Nestinsassen auf die Nestwärme oder den Nestgeruch nicht verzichten wollen, sich nur an den Eltern- und Geschwister-Komplexen abarbeiten, statt das Nest immer wieder zu verlassen und mit Erfahrungen, Eindrücken und Erkenntnissen reich beladen den eigenen Bau zu erweitern.

Auffordern möchte ich Sie, aus dem Nest zu flüchten und mit mir neue Wissenschaftsterritorien zu erkunden, geheimnisvolle Kräfte zu erforschen und wilde Abenteuer des Denkens zu bestehen. Gilt das wissenschaftliche Interesse doch unter anderem heute solchen Kräften, die einerseits die soziale Welt zusammenhalten helfen, und die andererseits ganze Staatensysteme und Gesellschaftsordnungen zusammenbrechen lassen und damit unerwartete neue Spielräume eröffnen. Diese Kräfte helfen Grenzen überwinden und können neue wieder aufrichten, wecken Hoffnungen und bedeuten Gefahren. Es sind Kräfte, an denen die schönsten Pläne, die bestgemeinten Ideen der bedeutendsten Philosoph/inn/en, Sozialingenieur/inn/en und Politiker/inne/n zuschanden werden, die aber vielleicht auch die Existenz der Gattung Mensch bis heute erst gesichert haben.

2. Die Kräfte des Wünschens und Begehrens

Ich rede, wie Sie unschwer feststellen können, von der Kultur, genauer: von dem durch das kulturelle System der Menschen geprägte Gefüge der Normen und Werte des Wünschens und Begehrens.

Ein bis heute früh mir noch völlig unbekannter, ja bis dahin einer literarischen Öffentlichkeit überhaupt nicht zugänglicher Autor hat in unübertrefflicher Weise am winzigen Beispiel der Mode dargestellt, wie eine eigene private bescheidene Ökonomie völlig durcheinandergebracht wird durch eben jene Kräfte des Wünschens und Begehrens. Er hat es getan nicht in der unbestechlichen Sprache der Wissenschaft, sondern eher derjenigen des Feuilletons, dafür aber hat er umso vorurteils- und erfahrungsgesättigter für die Jahre des Ersten Weltkrieges beschrieben, was ich meine:

„Die *Verkommenheit* eines großen Teils unserer *Frauen und Mädchen* namentlich in den Städten zeigt sich in der so ernsten Zeit des Weltkriegs in hässlicher Weise. Sie füllen die Theater und Konzerträume, sie füllen die Kaffeehäuser, die früher einmal die Domäne des der Häuslichkeit entratenden Junggesellen waren, sie rauchen Zigarren und Zigaretten, spielen Karten, promenieren zu allen Tageszeiten auf den Gassen. Sie schämen sich nicht, als Sklavinnen der Mode, die (...) Spekulanten in tollster, oft unverschämter Weise ersinnen und durch Theater- und Halbweltdamen einführen, wie Faschingsnarren herumzugehen, unbekümmert, ob die viermal im Jahr wechselnden Ausschreitungen ihrer Bekleidung für den Gatten, für den Vater erschwinglich sind oder nicht. Sie tragen im Winter einen offenen Halsausschnitt des Kleides, der bis in die Brust reicht, im Sommer dagegen hüllen sie den Hals in eine Pelzgarnitur. Sie trugen zur Zeit des Friedens die engsten Röcke, als ob es gelte, an teurem Stoff zu sparen, und verurteilten sich sogar zur Qual des Humpelns beim Gehen; dafür tragen sie in der Kriegszeit, wo die Stoffe ungeheure Preise haben, die weitesten, faltenreichsten Kostüme. Als Frieden war, trugen sie Halbschuhe, jetzt wo man für ein paar Schuhe 40-50 K zahlt, müssen sie hohe, bis zum halben Waden hinaufreichende tragen.“[1]

3. Beispiele aus jüngster Zeit

Natürlich könnte man die entsprechende Dynamik heute auch am Beispiel von jungen Männern und Opel-Mantas oder sonstigen Autos illustrieren, oder könnte sich statt auf die private Haushalts-Mikroökonomie auch beziehen auf Umwelt und Ressourcen der Lebensqualität: Die Dynamik ist ubiquitär, und sie ist natürlich auch nicht nur negativ.

Die Dynamik des Wünschens und Begehrens ist längst ein erstrangiger politischer Faktor. Eher fassungslos steht Thomas Schmid vor einigen Aspekten der deutschen Vereinigung (des Anschlusses der fünf Bundesländer der ehemaligen DDR an die BRD):

„Auf dem europäischen Feuer der Freiheit, das ja gewiß nicht in der DDR entzündet wurde, wird heute bei uns eine vornehmlich deutsche Suppe gekocht.“[2]

Wer, was ist daran schuld? Die „politische Klasse“ der BRD „hat den Zug ins Nationale nicht gewollt. Sie *war nur machtlos gegen ihn, sie verfügte über keinen Willen, den sie dagegen hätte mobilisieren können.*“

Für Schmid handelt es sich um eine Selbstabdankung der Politik – die politische Klasse in der BRD ist nur Geisel und ausführendes „Organ einer Entwicklung (...), als deren Akteur sie sich darzustellen versucht“.

Wer aber ist in Schmids Interpretation der Akteur? Es sind die Massen, das Volk. Nicht nur, weil zwecks Vermeidung von weiterer Abwanderung ins DM-Land die Wiedervereinigung rasch zu vollziehen war (dem hätte man steuern können). Nein, es war auch der Totschlag des Diskurses durch „brüllende Massen“ in Leipzig, es war der „zivile Analphabetismus“ des Volkes[3], es war der Souverän Volk, der die Regierenden trieb.

Natürlich, Massenaktionen können sehr unterschiedliche Gewichtung und Konsequenzen haben – das weiß jede/r Schüler/in seit der Shakespeare-Pflichtlektüre. Und man sollte ein wenig relativieren. Helmut Kohl hat vielleicht auf die sich radikalisierenden Leipziger Massen mit opportunistischen Formeln in seiner Rhetorik reagiert, aber er hatte auch andere Berater für die „deutsche Holzhammerpolitik des Jahres 1990".[4] Die politischen Protagonisten *nur* als Getriebene darzustellen, das reicht nicht. Und, ohne daß es ihm bewußt wird, schwankt auch Schmid selbst in seiner Einschätzung: In seinem Text tritt die „politische Klasse" ja auch als Akteur auf, der das Tempo vorschreibt.[5] Schmid schreibt: Die politische Klasse „begibt (...) sich ihrer zivilen, innerstaatlichen, gesellschaftlichen Souveränität"[6] – aber tut sie das jetzt erst? Hat nicht Ulrich Beck aufgezeigt, wie heute die zentralen gesellschaftlichen Entscheidungen längst in den Vorstandsetagen der Kapitalverwertung und praxisnahen Forschung gefällt und von der Politik nur nachvollzogen werden?[7]

Aber trotz solcher Einschränkungen bleibt die Dynamik des Wünschens und Begehrens geschichtsmächtig. Das Private, der Alltag schlägt um ins Politische. Ulrich Beck hat dies bezüglich des Heirats- und Fortpflanzungsverhaltens thematisiert; Jürgen Kuczynski meint, daß das Brennmaterial für die Feuerwerke der Geschichte, für die Revolutionen, im Alltag gesammelt wird.[8] Der Alltag, die nicht befriedigten Kräfte des Wünschens und Begehrens, können eine destabilisierende Macht werden – für autoritäre Regimes vom Muster marktwirtschaftlicher Repressionssysteme[9], zum Beispiel im Chile Pinochets, wo sie den Durchmarsch der sozial amoralischen „Deregulierung" behinderten, oder in den „Erziehungsdiktaturen" Osteuropas, wo der autoritäre Sozialismus weder starke und dauerhafte Ökonomien zustandebrachte noch den Lebensbedürfnissen der Menschen gerecht wurde. Zeitweise läßt sich die destabilisierende, akzeptanzmindernde Wirkung solcher Widersprüche mit Gewalt und Terror kaschieren – aber die sich zuspitzenden Konflikte können schließlich, wier Marx und Engels im „Kommunistischen Manifest" für die Klassenkämpfe zu bedenken gaben, ganze Gesellschaften zerstören. In der günstigen Situation der Gorbatschow'schen Reformen kam es für die Länder Osteuropas zu einem gewaltlosen Übergang in eine neue Form (wie auch in den andersgearteten Übergängen in Spanien, Griechenland, Argentinien, Chile, wo von innen heraus erodierte marktgesellschaftliche Diktaturen sich umformten – im späten 20. Jahrhundert dominiert anscheinend ein anderer Typus von Revolution als im 19. Jahrhundert.)

4. „Zivile Gesellschaft" und „Wohlstandschauvinismus"

Auch für jenes positive Bild der „zivilen Gesellschaft", das Thomas Schmid in der BRD vor dem Novmber 1989 schon fast verwirklicht sah, spielt diese Alltagsdynamik eine Rolle: Sie minderte den Erfolg der „Wende", und gleichsam hinter dem Rücken eines eher konservativen politischen Willens setzten sich die liberalen Tugenden der bürgerlichen „zivilen Gesellschaft" durch. „Ich habe die Bundesrepublik als eine bei allen Unvollkommenheiten doch zivile Gesllschaft schätzen gelernt."[10] Es hat sich hier, nicht zuletzt dank der „langsameren Gangart" der Demokratie, auch anscheinend dank der zwar Besonderheiten zerstörenden, aber auch zivilisierenden Kräfte des Kommerzes, nach Thomas Schmid eine akzeptable Lebensform herausgebildet, in der *Gesellschaft* als etwas vom Staat *Geschiedenes* akzeptiert wird; der Vorrang der zivilen Gesellschaft scheint eine Perspektive der „klassenlosen Bürgergesellschaft" denkbar werden zu lassen, für die nicht mehr kollektiver Fortschritt, sondern die Rechte des Individuums das Kostbarste sind. „Wir haben eine räsonierende Öffentlichkeit, und diese war allmählich stark genug geworden, das Land mitzuregieren."[11]

Aber diese „zivile Gesellschaft" hat, scheint mir, auch offene Flanken für die Angriffe eines „Wohlstandschauvinismus", der seine materiellen Privilegien gegen Ansprüche der Ökologie und der gerechteren Weltwirtschaftsordnung verteidigt. Die Dynamik des Privaten, die Grundlage der „zivilen Gesellschaft" ist – das sind ja auch die „Massen", die in Leipzig und anderswo die „politische Klasse“ vor sich hertrieben (oder das Feuer zum Kochen des Süppchens der kapitalistischen Landnahme in der DDR lieferten). Diese Ambivalenz findet sich auch in der Eigendynamik des Privaten in der „zivilen Gesellschaft“.

Natürlich kann der Alltag auch die ökologische Stabilität einer Lebensweise gefährden, wenn den Kräften des Wünschens und Begehrens keine akzeptierten sozialkulturellen Begrenzungen zur Seite stehen. Sie müssen sich allerdings dieser Stabilität nicht zwangsläufig in den Weg stellen: „Leben in seiner Fülle“ (Dorothee Sölle) ist auch mit ökologischer Nachhaltigkeit und dauerhafter Entwicklung, verbindbar – das wird ein Diskurs-Thema der kommenden Jahre werden.

5. Integrale Kulturwissenschaft

Diese Kräfte des Wünschens und Begehrens zu erforschen, das ist für mich eine (nicht die einzige) Aufgabe einer Kulturwissenschaft. Es muß dabei der Ansatz einer integralen Kulturwissenschaft dazu taugen, sowohl vorindustrielle, wenig komplexe Gesellschaften mit hohem Autarkiegrad von Haushalten und eher kleingewerblich-keinräumlicher Produktion zu beschreiben wie auch die Verhältnisse in hochkomplexen Industriegesellschaften (samt allen Misch- und Übergangsformen). Thema einer integralen Kulturwissenschaft wären Form, Inhalt und Entstehungsweise von Kultur und Lebensweise der Bevölkerung. Damit beschäftigt sich keine andere Disziplin so vollständig und integral, wie dies wünschenswert ist. Es gehören dazu Fragen, wie sie in jüngerer Zeit häufig thematisiert wurden, zum Beispiel auf der Ebene der Lebensweise. Wie strukturiert sich die alltägliche Lebensweise der Bevölkerung? Nicht nur geht es darum, wie sie aussieht – das ist eine banale Frage; die Beschreibung mag zwar teilweise die Voraussetzung sein, um hinter die Strukturen zu kommen; aber wenn ich nicht wenigstens eine Ahnung von den Strukturen habe (das bedeutet konkret: eine Vorstellung habe, mit welchem Interpretationsansatz ich mich einem Bereich oder Thema nähern will), dann kann ich noch nicht einmal die relevanten Elemente beschreiben.

Eine Zeitlang war es üblich, in der empirischen Kulturwissenschaft von „Problemen“ auszugehen, und zwar von solchen, wie sie sich aus der widerspruchsreichen Realität, aus der gesellschaftlichen Real-Dialektik ergaben.

Der Zusammenhang von Wissenschaft und Gesellschaft – womit nicht derjenige mit gesellschaftlichen Partialinteressen gemeint war – wurde thematisiert, es wurde nach dem Ort der Wissenschaft im gesellschaftlichen Lebensprozeß gesucht. Inzwischen ist die Einsicht gewachsen, daß nicht Wissenschaft zeigt, wo's lang geht, daß sie dies prinzipiell nicht zeigen kann (wie die technizistische, szientistische Utopie der Machbarkeit und der Expertokratie der 60er Jahre nahelegte), weil bei kulturgeleitetem Handeln die Kräfte des Wünschens und Begehrens sich nicht von „Sachzwängen“ dominieren lassen.

Die Einsicht in die Grenzen der Wissenschaft braucht nicht zur Resignation zu führen – weder in die Resignation der wissenschaftsimmanenten oder inneruniversitären, an dem zyklischen Modewechsel der Themen oder an den Bedürfnissen der hierarchischen Formalqualifikationssysteme orientierten selbstzufriedenen (um nicht zu sagen selbstbefriedigenden) Praxis, noch in die indirekte Resignation der fröhlich dienstfertigen Praxis der Akzeptanz- oder Markterschließungswissenschaft.

Die Einsicht, daß Wissenschaft, wie die Kunst bei Thomas Mann, „begleiten, doch nicht zu leiten“ vermag, diese Einsicht birgt in sich selbst ausreichend Raum und genügend „Problem“-Legitimation sowie Arbeitsmöglichkeiten. An die Stelle der bevormundenden Ziel-Vorgabe tritt die diskursive Prozeßbegleitung durch die Wissenschaft als Teil der „kulturellen Öffentlichkeit“.

Es geht bei der so in ihren Aufgaben beschriebenen „Kulturanalyse" um die Mechanismen der Entstehung und Absicherung der Werte und Standards des Alltagslebens: Wer hat die „Definitionsmacht"? Wie sehen die Sanktionen aus, mit denen sie gesichert werden? Es geht um Lebensweise und Alltag in all ihrer Komplexität, im Zusammenhang von Produktion und Konsumtion, Regeneration und Reproduktion, Sozialisation und Individuation, Moden und Traditionen. Kultur ist keine automatische Folge materieller Strukturen, kein bloßer „Überbauvollzug" vorgegebener Elemente, sondern eine von handlungsleitenden Wertorientierungen und von Traditionen (insgesamt den Vorstellungen vom „anständigen Leben") geprägte Auswahl von Realisierungen, die ihrerseits wieder sich auswirken auf den weiteren Fortgang der Kultur und der Gesellschaft.[12]

Für die Kulturwissenschaft ist dabei nicht die *Beschreibung* der jeweiligen Auswahl das Interessanteste, sondern die Analyse des Prozesses der Auswahl und des Zustandekommens von Strukturen, Spezifika und Eigentümlichkeiten. Diese Auswahl ist beeinflußt von (historisch ableitbaren) Kriterien wie Traditionen, Werten, Normen und so fort, und von wirkenden Faktoren wie Markt, Politik und so fort. Nicht mechanistische Regeln wie „Kulturfixierung", „Interessendominanz",„Folklorisierung" oder ähnliche, die Einzelphänomene in „Theorien mittlerer Reichweite" zu beschreiben versuchen, sind dabei wichtig, sondern Strukturen und Prozesse.

Einst, in Falkenstein 1970, wurde das diskutiert unter Stichworten wie: „Erkenntnis der Wirkungsweisen von Mechanismen kulturaler Partikularsysteme" oder „bedingende Ursachen" und „begleitende Prozesse" „kulturaler Werte in Objektivationen und Subjektivationen".[13]

Was den allgemeinen Kulturalismus-Diskurs anbetrifft, so ist die Bedeutung des Kulturellen seit 1970 stark gewachsen. Angesichts bedrohlicher materieller Trends, angesichts der unbeherrschten Dynamik materieller Prozesse ist das Interesse an der *aktiven* Rolle kultureller Faktoren gestiegen. Neben das Interpretament von dem Sein, welches das Bewußtsein bestimmt, ist das Interesse an der Dialektik zwischen beiden, an der aktiven Rolle der kulturalen Werte getreten (und entsprechend anders kann der Beitrag der Kulturwissenschaft bei der Diskussion um Strategien heute aussehen).

Es wäre an der Zeit, auch aus der (ehemaligen) Volkskunde heraus Vorstellungen von einer solchen komplexen und integralen Kulturwissenschaft oder Kulturforschung zu entwickeln, deren Wissenschaftspraxis sich nicht auf die *Empirie* beschränken darf, sondern auch eine ausgeprägt theoretische Seite braucht. In diesem Sinne argumentiert auch die „Wahmbecker Resolution" eines Student/inn/entreffens in Wahmbeck bei Göttingen vom 28. Mai 1989, in der auf die kaum eingelösten Versprechungen von Falkenstein 1970 verwiesen wird:

„Für uns heißt Volkskunde endlich Kulturwissenschaft: Kulturwissenschaft muß von gesellschaftlichen Problemen ausgehen und versuchen, Beiträge zu deren Lösung zu liefern. Erkenntnisinteresse kulturwissenschaftlicher Forschung sollte sein, die Kultur und Lebensweise von Menschen in ihrem sozialen Kontext zu erklären. Notwendige Voraussetzung dazu ist, das bestehende Theoriedefizit zu überwinden, indem vorhandene theoretische Ansätze verknüpft und weiterentwickelt werden."[14]

6. Dauerhafte Lebensweisen

Kulturelle Wertsysteme und Bedürfnisentwicklung in Alltag und Lebensweise mit Fragestellungen und Hypothesen anzugehen, die sich auf gegenwärtige Problemlagen beziehen, hat wenig zu tun mit Opportunismus oder Instrumentalisierung von Wissenschaft, schon gar nichts mit deren Politisierung. Sie hat aber sehr viel zu tun mit dem Abschied vom Elfenbeinturm und mit der Abkehr von einem Wissenschafts- und Universitätsbetrieb, der für die Subjekte primär nur interessant ist als Institution, in der mit Hilfe von Formalqualifikationen sowie Wohlverhalten Karriere- und Einkommenschancen zugeteilt werden. Erkenntnis-Interesse und wissenschaftliches Ethos werden wieder neu gewichtet, und mit Selbstverständlichkeit beanspruchen die Forschenden unabhängig von der Verwertbarkeit und vom Wohlverhaltensdruck unbeeinflußt ihre Souveränität über ihre Themen und Ergebnisse. Für mich resultiert dieser Anspruch auch daraus, daß mir meine produktive Zeit zu schade ist für Dinge, die mir nicht wirklich wichtig sind.

Es ist eine Menge produktiver und kreativer wissenschaftlicher Arbeit zu leisten bei der Auseinandersetzung mit der Gegenwart. Es gilt zum Beispiel, ohne die Perspektive „dauerhafte Entwicklung" aus dem Auge zu verlieren, unterschiedliche sozialkulturelle Standards der Lebensweise als Element einer notwendigen Vielfalt der Lebensformen tolerierbar werden zu lassen – auch solcher, die auf den ersten Blick den eigenen Überzeugungen und Wertvorstellungen konträr sind. Es wäre wegzukommen von moralischem Rigorismus, gleichzeitig aber auch zu mitteln zwischen gemeinsamer Verantwortung für den Planeten und missionaristischem Fundamentalismus verschiedenster Art. Wenn auch das gemeinsame Papier von SED und SPD[15] von 1987 inzwischen von der Geschichte überholt ist, so war es doch ein bemerkenswerter Versuch der „transversalen Vernunft"[16], der Brükken-Bildung zwischen Fundamentalisten aus gemeinsamer Verantwortung heraus. In ähnlicher Weise wäre in ergebnisoffenen Prozessen sozialkultureller Art mit anderen, an Bedeutung zunehmenden Fundamentalismen umzugehen: mit neuen völkisch-nationalistischen Bewegungen, mit den Fundamentalist/inn/en der Marktwirtschaft, die außer dem Markt nichts gelten lassen wollen, mit den Fundamentalist/inn/en des Islam oder des Vatikan, denen eine einzige missionarisch-enge Interpretation ihrer Religion über alles geht, und so weiter.

7. Die steckengebliebene Reform

Eine zeitgemäße Kulturwissenschaft entsteht nicht, indem man in einer Art Bricolage, einer Bastel-Wissenschaft, an einen vorhandenen Kanon noch ein neues Teil anfügt oder alte Gegenstände in einem neuen Licht zeigt – eher sollen neue Themen darauf aufmerksam machen, daß alte Strukturen überholt sind.

Nachdem für die ehemalige Volkskunde „Volk" als ideologische (wenn auch unterschiedlich füllbare) Struktur nicht mehr taugt, nachdem auch Hilfsstrukturen wie „Bevölkerung", „Subkulturen", „Klassen" nicht ausreichen, die demographische beziehungsweise soziale Reichweite des Interesses zu umschreiben, muß mehr und mehr der Kulturprozeß in einer Gesellschaft *insgesamt* in den Vordergrund rücken – nicht, soweit er sich auf einzelne Sparten bezieht, sondern in integraler Form: Kultur und Lebensweise *in* einer Gesellschaft (oder *einer* Gesellschaft). Die der Völkerkunde selbstverständliche Komplexität und Integralität, die eine Kultur als relative Einheit betrachtet, kann in der Europäischen Ethnologie nicht auf Teilgruppen einer Gesellschaft beschränkt werden, weil damit der gesamtgesellschaftliche Zusammenhang verloren geht.

Es wäre an der Zeit, eine solche komplexe integrale Vorstellung von Kulturforschung zu entwickeln – vorerst gibt es nur Modernisierungen des Kanons in Einzelstücken, zusammengehalten im wesentlichen allein durch Buchbinderkunstfertigkeit. Die Totalreformer von einst haben sich in Detailreformen festgebissen.

Ich habe überprüft, was ich 1977 in Münster[17] als Perspektive einer Kulturwissenschaft entwickelt habe, die sich beschäftigt mit Kultur in ihrer Koppelung mit der Lebenstätigkeit von sozialen Gruppen „als Einheit materieller und geistiger Prozesse".

Kultur wird dort verstanden als *Entwicklung*, als „Entfaltung der fünf Sinne"[18] mit materiellen und geistigen Komponenten, analysierbar in ihren „formationsspezifischen" Bedingungen – nicht mit plattem ökonomischem Reduktionismus zu verwechseln. „Kulturentwicklung bezieht sich umfassend auf die Entwicklung menschlicher Bedürfnisse, Fähigkeiten und Fertigkeiten". Es geht um eine „kultursoziologische Wissenschaft, die den Kulturzustand und das kulturelle Leben der Bevölkerung untersucht" und dabei ihre Analyse strukturiert nach „Gesetzmäßigkeiten des kulturellen Prozesses innerhalb des gesamten Gesellschaftsprozesses", statt additiv nach einem Kanon.

Vokabeln wie „kultursoziologische Wissenschaft" oder „Gesetzmäßigkeiten" würde ich heute nicht mehr benutzen. Auch steht in diesen Vorstellungen noch der Kulturzustand im Vordergrund statt des Prozesses. Gefordert wird allerdings ein analysierendes und strukturierendes Vorgehen, das materielle Strukturen (und deren interessegeleitete Dynamik) einbezieht (das so zum Beispiel auch zu *erklären* vermag, wieso Fernsehen als Massenkommunikationsmittel nicht aus dem bloßen Wünschen der Konsumenten hervorgegangen ist).

Analysen dieser Art müssen von der relativen Einheit des Kulturprozesses in einer Gesellschaft, also des „gesamtgesellschaftlichen" Kulturprozesses, ausgehen, in den auch die Kulturen der verschiedenen sozialen Schichten eingebettet sind. Ferner geht es darum, auch ein Instrumentarium zu entwickeln für die Berücksichtigung der qualitativen Veränderungen durch neue Formen von Produktion und Distribution in komplexen Austauschverhältnissen und in Formen der höheren Intensität staatlicher Tätigkeit und staatlichen Einflusses auf das kulturelle Leben, das Alltagsleben und so fort – Markt und Staat prägen heute in wesentlich höherem Maße den Kulturprozeß als früher, die neuen Kommunikationsformen schaffen eine „neue anthropologische Situation", auf die angemessen zu reagieren auch der Kultursoziologie schwer fällt.

In der Gegenwart wird eine tendenzielle Vereinheitlichung des Kulturprozesses heute programmatisch konterkariert durch Lebensstil-Differenzierungen. Deswegen ist „Beschäftigung mit der Kultur der Massen" *nicht* zur „Beschäftigung mit dem Kulturprozeß schlechthin" geworden, wie ich 1977 meinte – eher, wenn auch mit ähnlichen Fehlerquellen verbunden, könnte man sagen, die Bewegungen der kulturellen beziehungsweise kulturindustriellen Märkte sowie derjenigen der Alltagskultur und des Konsums sind zentraler Gegenstand für die Analyse des Kulturprozesses.

8. Konkurrenten und Fallgruben

Die Territorien einer genuin kulturwissenschaftlichen Forschung, reich an wissenschaftlichen Abenteuern und Entdeckungen, gilt es zu verteidigen gegen Usurpatoren, die ebenfalls behaupten, sich darin auszukennen (und auch noch unsere alten Vokabeln benutzen und damit unsere mühsamen Ansätze zu mehr Präzision unterlaufen).[19]

Es gibt aber auch die „Interdisziplinaritätsfalle". Sie verführt dazu, andere, auch die Usurpatoren, wichtiger und ernster zu nehmen, als sie es verdienen: Auch Geographie, Sozialgeschichte, Kunstwissenschaft haben ihre unterschiedlichen Richtungen, ihre Kontroversen, Krisen und Unsicherheiten.

Daneben existiert ferner die Etiketten-Falle: Wie ein apotropäisches Amulett braucht man in manchen Kontexten innerhalb des Nestes nur eine Vokabel, einen Begriff zu verwenden, um seine Modernität zu beweisen, und schon scheint man auf der Höhe der Zeit (so etwas gibt es natürlich in allen Disziplinen). In der Zugluft des mit den realen Prozessen der Wirklichkeit konfrontierten Diskurses (der etwa in der integralen Interdisziplinarität von langfristig angelegten Forschungsprojekten zum Tragen kommen kann) ist dies deutlich schwerer. Ein Beispiel: Daß in der Diskussion um neue Urbanität die Stadtsoziologie im Vordergrund steht, obwohl ihr „Lebensstil"-Konzept dort, wo man es ernst nehmen kann, ein kulturwissenschaftliches Konzept ist, das stimmt an sich schon nachdenklich. Aber ich vermute, daß die „Großstadt-Volkskunde" kaum mit einem eigenständigen Konzept antworten, sondern irgendwann einmal das Etikett „Lebensstile" verwenden wird und dann sämtlicher Herausforderungen ledig ist. In Wirklichkeit käme es darauf an, die Fragwürdigkeiten und Insuffizienzen des „Lebensstil"-Konzeptes auch aus kulturwissenschaftlicher Perspektive genauer zu prüfen.

Der Weg der aus der Volkskunde hervorgehenden Kulturwissenschaft sollte vom Fetisch „Volk" (oder „Stamm") über die „Objektivationen" und die (scheinbar isolierbaren, in einzelnen Linien verfolgbaren) Kultur*prozesse* hin zum Kultur*programm* einer Gesellschaft und seinen Strukturen verlaufen. Daß darin auch wichtige neue Begegnungsmöglichkeiten mit der Nachbardisziplin Völkerkunde liegen, schlägt ein neues Kapitel auf.

1 Franz D. P. Lang: Lebenserinnerungen eines 68-Jährigen. Abgefaßt i. J. 1916 (II. Teil). Vom Vf. selbst im Herbste 1929 getypt (Typoskript erworben im Oktober 1990 auf dem Wiener Flohmarkt). S. 214-215 (eine Veröffentlichung des Skriptes ist geplant).
2 Thomas Schmid: Staatsbegräbnis. Berlin 1990, S. 11. – Die folgenden Zitate S. 93, S. 71.
3 Ebd., S. 35 f., S. 38, vgl. S. 51.
4 Ebd., S. 150.
5 Ebd., S. 150.
6 Ebd., S. 71.
7 Vgl. Ulrich Beck: Risikogesellschaft. Frankfurt a.M. 1986.
8 Vgl. Jürgen Kuczynski: Geschichte des Alltags des deutschen Volkes. Studien 1 - 6. Köln 1980-85, 1, S. 33.
9 Vgl. Elmar Altvater: Die Zukunft des Marktes. Münster 1991.
10 Schmid: Staatsbegräbnis (wie Anm. 2), S. 21, zum folgenden S. 149, S. 157, S. 14.
11 Ebd., S. 65.
12 Vgl. zum „Possibilismus" als Gegensatz zum Umweltdeterminismus: Thomas Bargatzky: Einführung in die Kulturökologie. Berlin 1986, S. 24 f.
13 Vgl.: Wolfgang Brückner (Hg.): Falkensteiner Protokolle. Frankfurt a.M. 1971.
14 Vgl.: Falkenstein vergessen? – Wir erinnern. In: Zsft. f. Volkskunde 86/1990, S. 161-163.
15 Vgl.: Der Streit der Ideologien um die gemeinsame Sicherheit. Vorwärts (Bonn) Nr. 35, 29.08.1987, S. 31-34.
16 Vgl. Wolfgang Welsch: Unsere postmoderne Moderne. 2. Aufl., Weinheim 1988.
17 Verfasser: Kulturgeschichte, Kultursoziologie und Kulturpolitik. In: D. Sauermann, G. Wiegelmann (Hg.): Kulturanalyse und Berufspraxis. Arbeitstagung der Deutschen Gesellschaft für Volkskunde. Münster 1978, S. 23-35.
18 Ebd., S. 26, die folgenden Stellen, S. 33, S. 34.
19 Interessant wäre in diesem Kontext eine Auseinandersetzung mit Tendenzen der Sozialgeschichte: Dort ist heute oft distanzlos von „Volk" und „Volksleben" die Rede (übrigens auch bei Sozialwisenschaftler/inne/n, die diesen Sprachgebrauch aus romanischen Sprachbereichen übernehmen), und gleichzeitig entwickeln sie deskriptive Zugänge, die tendenziell affirmativ wirken und für Fragestellungen im Sinne des „Possibilismus" (siehe Anm. 12) eher desensibilisieren.

13.
DGV und dgv: Volks- und Völkerkunde. Gabentausch zwischen weder verfeindeten noch befreundeten Stämmen

Von der latenten engen Verwandtschaft der beiden Wissenschaften zeugen die Abkürzungen der jeweiligen wissenschaftlichen Vereinigungen: DGV ist das Kürzel für die Deutsche Gesellschaft für Völkerkunde und dgv das entsprechende für die Deutsche Gesellschaft für Volkskunde. Daß diese Akürzungen und Bezeichnungen Verwechslungen verursachen können, scheint seit langem nur ein Problem der Briefträger zu sein. Zwischen den Disziplinen sind die offiziellen Kontakte so selten und gering, daß es diesbezüglich keine Probleme gibt. Deshalb wurde für das Willkommensblatt für ein „Marburger Ethnologiegespräch", bei dem Anfang April 1996 Vertreter beider Fächer miteinander über das Selbstverständnis ihrer Disziplinen diskutierten, mit der Grafik „Begegnung zweier Stämme" aus Hans von Stadens Brasilianischer Reise vielleicht auch eher ein falsches Bild verwendet: Um Krieg miteinander führen zu können, muß man mehr voneinander wissen.

Dieses Gespräch mit 24 Teilnehmern (davon nur sechs einigermaßen eindeutig der Volkskunde zuzuordnen), von Prof. Dr. Mark Münzel (Institut für Völkerkunde Marburg) und Prof. Dr. Josef F. Thiel (Museum für Völkerkunde Frankfurt am Main, Vorsitzender der DGV) vorbereitet und in der Idylle des Marburger Ausflugslokals Dammühle von der DFG finanziert, war so etwas wie ein erster Versuch in hochschulpolitisch ernster Zeit.

Die aktuellen Schwierigkeiten mit den Fachbezeichnungen befördern die Regression auf die alten Namen: Volks- und Völkerkunde schufen auch in der Marburger Diskussion eindeutige Zuordnungen, während Europäische Ethnologie in beiden Fächern, bei den einen als Gesamtbezeichnung, bei den anderen als Teilgebietskennung verwendet wird. „Ethnologie" und „Volkskunde" können nicht als unterscheidende Benennungen verwendet werden, weil Vertreter letzterer Disziplin auch Ethnologen sein wollen. Pragmatisch blieb es daher bei dieser Tagung wie so oft bei den überkommenen deutschen Bezeichnungen.

Was die Volkskunde anbetrifft, so hängt es sicherlich mit der Geschichte dieses Faches zusammen, daß sie sich vom Ballast ihres Namens gern befreien möchte (und ich halte das nach wie vor für sinnvoll, sowohl der „Kunde" wie des „Volkes" wegen). Die Dauerhaftigkeit entsprechender Gewohnheiten hängt von der Attraktivität der Alternativen ab, und für sie bedarf es der inhaltlichen Diskussion.

Die Angst, daß Kulturbürokratien auf die Idee kommen könnten, anscheinend so nahe verwandte Fächer zusammenzulegen und dadurch Mittel einzusparen, ist nicht grundlos. Wenn in Hessen (wieder einmal) darüber nachgedacht wird, kleine geisteswissenschaftliche Fächer demnächst nur noch jeweils an einer der hessischen Universitäten zu dulden, dann bestärkt dies solche Ängste. Über das Argument, daß auf diese Weise wichtiges Anregungspotential auch für die großen Fächer verloren gehen würde, setzt sich eine Bürokratie leicht und gern hinweg.

Es bedarf, wurde in Marburg argumentiert, aus praktischen Gründen einer gewissen Festigkeit von Abgrenzungen im universitären und administrativen Leben, um eindeutige Zuweisungen von Studiengängen, Institutionen, Fördermitteln, Anträgen im Drittmittelbereich (bei der DFG ressortieren beide Fächer in unterschiedlichen Gremien) usf. zu sichern. Auch Interdisziplinarität lebt von der Begegnung unterschiedlicher Zugangsweisen.

Das sind Probleme, mit denen sich die Universitätsvertreter dieser Disziplinen auseinanderzusetzen haben – auch wenn es um das „Binnenmarketing" für das Studium geht: Im akademischen Betrieb gelten als „weiche" Fächer diejenigen, deren Anforderungen leichter kalkulierbar sind als die „harter" Lernfächer. Die Völkerkunde könnte sich durch das Beharren auf der Kenntnis außereuropäischer Sprachen „härten", die Volkskunde vielleicht durch Quellenarbeit oder Statistik und Empirie, aber sie bemüht sich zu wenig um solche Standards. Das gelegentlich geforderte und sicherlich auch sinnvolle gemeinsames Grundstudium z.B. wird oft dadurch unmöglich, daß die Fächer in unterschiedlichen Fachbereichen beheimatet sind.

Abgrenzungen sind Menschenwerk, und anderswo sind sie ganz anders. Die Berliner gfe (Gesellschaft für Ethnographie, nicht verwechslungsgefährdet, seit 1990 bestehend), in deren Infoblatt dieser Text zuerst erschien, zeugt davon, und für mich besteht deren besondere Qualität gerade in der Gemeinsamkeit der beiden Disziplinen. Bei Begegnungen mit Wissenschaftlern aus den meisten außerdeutschen Bereichen sind ohnehin kräftige Interpretationsanstrengungen notwendig, um die Unterschiede zu erklären.

Es gibt, so wurde ausgerechnet, 17 Völkerkunde- und 20 Volkskunde-Institute in Deutschland. Für 1994 hat Mark Münzel ermittelt, daß es in Deutschland 36 Professuren der Völkerkunde gibt, von deren Vertretern elf angeben, daß sie über Europa oder Teile Europas arbeiten. Böse Zungen haben behauptet, Völkerkundler würfen sich auf die eigenen Kulturen und Gesellschaften, weil es keine kulturellen Enklaven mehr gebe und das „Gespenst der Überforschung von Kulturen" umgehe.[1] So soll es über die Lacandonen in Mexiko mehr Arbeiten geben als das Volk noch Köpfe zählt. Würde man sich freilich konsequent auf Kultur*prozesse* beziehen, könnte es solche Probleme kaum geben, denn dann sind die vom Kulturwandel gestellten Themen unerschöpflich.

1983 war eine Begegnung beider Fächer stark geschichts- und institutionenbezogen.[2] In den 90er Jahren verstärkte sich anscheinend die Konkurrenz um die europäischen Forschungsfelder. Auf der Leipziger Tagung der DGVölkerkunde im Oktober 1993 gab es eine Arbeitsgruppe „Organisation – Geschäft – Arbeit (Betriebs-, /Organisations- und Industrieethnologie". Die AG „Migration, Multikulturalität" der DGVölkerkunde bezieht naturgemäß ebenfalls Europa mit ein. Die Tagung „Ethnologie Europas" vom 1.-3. Juni 1993 in St. Augustin bei Bonn, von Thomas Hauschild vorbereitet, beschäftigte sich mit Netzwerkstrukturen und Institutionen in europäischen Insustriestaaten/Städten, mit Flüchtlingen und Migration, mit der Integration regionalwissenschaftlicher und historischer Daten mit ethnologischen Felddaten, mit der „Europäischen Gemeinschaft/Ost-West-Transformation" und mit Standardthemen der selbstreflexiven Ethnologie wie „Ethnologisches Schreiben" – alles Themen, bei denen primäre Forschung mit unterschiedlichen Quellen eine Rolle spielt.

Bei dieser Tagung wurde die Arbeitsgruppe „Europäische Ethnologie und Kulturanthropologie" der DGVölkerkunde gegründet. Stolz kann die Sprecherin Ulrike Krasberg (gerade habilitiert) 1995 vermelden, daß deren Angehörige mit Jürgen Jensen, Maya Nadig, Christian Giordano, Waltraud Kokot, Werner Schiffauer und Thomas Hauschild eine nicht mehr zu übersehende Gruppe unter den deutschsprachigen EthnologieprofessorInnen stellen. 1994 berichtet Thomas Hauschild über die AG Europäische Ethnologie und Kulturanthropologie, daß deren Mitglieder sich u.a. „mit dem starken Vorkommen historischer und volkskundlicher Vorstudien (*sic! dk.*) und der geringen Zahl vorliegender stationärer Feldforschungen" auseinandersetzen wollen und „reziproke Ethnologie" durch Vertreter nichteuropäischer Kulturen in Europa fördern wollen.[3] Bei der Wiener Tagung der DGVölkerkunde 1995 gab es dann eine Arbeitsgruppe „Europäische Ethnologie und Kulturanthropologie", die Ulrike Krasberg und Dorle Dracklé zu ihren Sprechern wählte. Die Gruppe beschloß, sich in Zukunft „Sozialanthropologie Europas" zu nennen und will sich ähnlichen Themen widmen wie die Arbeiten der „European Association of Social Anthropologists" in modernen Industriegesellschaften, aber auch den Export von europäischen Lebenszusammenhängen und die Globalisierung von Kultur thematisieren.[4]

Wenn über die Frage, wem das außerdeutsche Europa „gehört", gestritten wird, dann hat die Volkskunde keine guten Karten. Man kann ihr leicht Etikettenschwindel vorwerfen. Sie nennt sich europäisch, aber Studien über den deutschsprachigen Raum hinaus gehören kaum zur Standardausstattung ihrer Institute. Die Völkerkunde besitzt derzeit ein einheitlicheres Erscheinungsbild als die Volkskunde: Zwar wird kaum irgendwo die Forschung über alle Kontinente hinweg gleich intensiv betrieben, aber jeder erkennt an, daß dies bei außereuropäischen Schwerpunkten auch nicht der Fall sein kann.

Die Fremdheit ist für die Völkerkunde konstitutiv, sagt man, während die Volkskunde die Kritik am Eigenen betreibt (und dabei das Fremde bei uns selbst entdeckt).[5] Die öffentliche Aufmerksamkeit schreibt beiden Disziplinen gern einen auf das Pittoreske verkürzten Kern zu. Dem „fremden Blick" und den daraus ableitbaren komparativen Fragestellungen steht die radikalisierte Verstehensfrage gegenüber: Nur die Angehörigen der eigenen Gesellschaft könnten ihre eigene Gesellschaft interpretieren, wird auf der einen Seite gesagt. Wegen der Konzentration auf die eigene Gesellschaft wird der Volkskunde von Völkerkundlern auf der anderen Seite vorgeworfen, sie betreibe „Heimatkunde". Diese aber könnte sich selbstbewußt dazu bekennen: Auch Kulturprozesse in der eigenen Gesellschaft zu analysieren ist aufschlußreich, und die Analyse der eigenen Gesellschaft bietet genügend Stoff auch für die Theorieentwicklung. Nur wenn man diese Analyse gründlich genug betreibt, bringt sie auch etwas – das Problem ähnelt dem der „Landeskunden", mit denen sich jene Teilgebiete der Fächer Anglistik, Romanistik oder Germanistik auseinanderzusetzen haben, die sie sich auf Fremdsprachenvermittlung konzentrieren: Von ihnen wird immer auch eine integrale Regionalkompetenz erwartet.[6]

Den Gegenstandsbereichen (Themen) kommt, so will mir scheinen, eine zentrale Weichenstellungsfunktion zu: Kulturprozesse in europäischen Gesellschaften, sobald sie Traditionskomponenten besitzen, wird man nicht ohne den „Quellenmix" von Sachzeugen, Schriftquellen usf. untersuchen können (und die Anekdote von dem amerikanischen Anthropologen, der ohne ausreichende Sprach- und Dialektkenntnisse und ohne Archivstudien in einem Alpental forscht, deutet an, wie unterschiedlich man die Akzente setzen kann). Und wenn man die europäischen Kulturen als heute noch nachwirkend geprägt von mittelalterlichen und frühneuzeitlichen (vielleicht sogar früh- und vormittelalterlichen?) Einflüssen sieht, dann bedarf es intimer Kenntnisse von Religion, Theologie und Recht und entsprechender Kontakte zu Nachbarwissenschaften, um zu einigermaßen aufschlußreichen Ergebnissen zu kommen, und es bedarf des methodischen Instrumentariums für entsprechende historische Studien (auch die Völkerkunde legt ja inzwischen mehr Wert darauf, die unterschiedlichsten Quellen auszuwerten, z.B. Bodenfunde und Schriftquellen der Kolonialzeit).[7]

Volkskunde hat immer mit komplexen geschichteten und hochgradig arbeitsteiligen Gesellschaften und mit Herrschaftsstrukturen zu tun. Auch wenn sie sich oft genug nicht besonders um gesellschaftlicher Komplexität, Herrschaft, Macht und deren Feinstrukturen gekümmert hat, so ist doch ihr Material davon geprägt. Für die Völkerkunde gilt dies zwar im Prinzip ähnlich, wird aber z.B. bei der Analyse von Grundfragen der Kultur und der Gesellschaftsorganisation anders zu gewichten sein.

Methoden ändern sich. Feldforschung ist kein Privileg der Völkerkunde, und sie ist kein universelles Erkenntnismittel für Kulturprozesse. Ich verstehe nicht, wie man die Feldforschung nach den Diskussionen um Margret Mead und Bronislaw Malinowski noch so in den Mittelpunkt der Erkenntnisweise stellen kann. Für viele Themen ist sie gewiß eine angemessene Zugangsweise, und sie muß mit entsprechendem Werkzeug (in das die Sprachbeherrschung wohl eingeschlossen sein sollte) auch in Europa angewandt werden. In der Volkskunde war die Befragung von „Gewährsleuten" und „Experten" üblich, bei der einer repräsentativ für alle spricht, während die später üblichen Methoden der empirischen Sozialforschung die Repräsentativität statistisch erst ermitteln wollen. Das ist mit der Feldforschung nicht vergleichbar, aber auch bei ihr ist die Repräsentativität ein Konstrukt. Feldforschung kann aufmerksam machen auf Aspekte, die anders nicht erkennbar sind. Nicht zuetzt Re-Studies aber haben auf die epistemologischen Grenzen aufmerksam gemacht, sodaß es einer Sackgasse gleichkäme, würde man die Methode verabsolutieren, ohne über das bei ihr angewandte Methodenmix genauer nachzudenken.

Feldforschung als teilnehmende Beobachtung läßt sich auch in Organisationen moderner Gesellschaften betreiben, aber wer eine wirtschaftliche Organisation ohne ökonomische Analyse beschreiben möchte, würde wohl genauso unvollständig bleiben wie jemand, der moderne Kulturprozesse ohne Einschluß der ökonomischen Analyse der Kulturindustrie zu bewältigen versuchte. Die Beobachtung z.B., wie in einer Zeitungsredaktion in einer Diskurs- und Bewertungsgemeinschaft aus eingehenden Nachrichten Meinungen und Bewertungen werden, ist *eine* Sache; wie der Eigentümer einer Zeitung durch Personalauswahl, direkte Einflußnahme und informelle „Organisationskultur" die Richtung seines Blattes als „Tendenzbetrieb" vorgibt, ist eine vorausgehende *andere* Entscheidung – und eine dritte vielleicht, wie Journalisten in diesem System Interpretationspielräume oder -korridore entwickeln, so sie denn überhaupt daran interessiert sind.

Bei Lichte betrachtet braucht man sich gegenseitig keine Defizite vorzuwerfen. Wenn ein Völkerkundler berichtet, daß er seine Theoriekenntnisse im Nebenfach Volkskunde erworben hat, dann mag das für einen Volkskundler so verwunderlich sein wie für einen Völkerkundler der Hinweis darauf, daß das „Handbuch der Ethnologie" und die „Grundzüge der Ethnologie" für mich als Volkskundler sehr wichtig und anregend waren.[8] Wieso stehen unter meinen wissenschaftlichen Büchern so wenig fremdsprachige Werke, hat sich jemand gewundert. Internationale Optik und internationale Theoriediskussion sind in der Völkerkunde eher präsent. Aber, wie von Völkerkundlern selbst kritisiert, sind sie dies leider oft genug auch nur virtuell und gehen bei der Konzentration auf die jeweilige Forschungsregion wieder verloren.

Eine Gemeinsamkeit in Bezug auf Kultur/Kulturen bei deutlicher Differenzierung durch Themen und Schwerpunkte, das ließe sich für die Charakteristik der beiden Disziplinen an der Oberfläche sagen.

Öffentlicher Bedarf

Wenn zwei Orchideenfächer sich gegeneinander stärker abgrenzen, hilft ihnen das weder in der wissenschaftlichen Arbeit noch bei der Existenzsicherung. Interessanter wäre es, gemeinsam auf den unterschiedenen Sektoren nachhaltig und wirkungsvoll dafür zu sorgen, daß die Öffentlichkeit (und dann auch Politik und Verwaltung) die Bedeutung kultureller Faktoren in der Gegenwart zur Kenntnis nimmt. Abgrenzungen schaffen keine Sicherheit. Aber die Angst vor der Auflösung im Nirwana der allgemeinen Kultur- oder Geisteswissenschaften ist ebenfalls kein guter Wegweiser. Vorwärtsverteidigung wäre interessanter: Statt Selbstbescheidung zu üben käme es darauf an, wahrzunehmen, daß es ein neues Interesse am Kulturellen gibt und z.B. eine gemeinsame Offensive zur Aufwertung beider Fächer im Rahmen der Kulturwissenschaften zu unternehmen.

Es gibt ein Leben außerhalb der Universität. Dort besteht, behaupte ich, ein öffentlicher Bedarf für ethnologisch orientierte Kulturwissenschaften. Die Kulturwissenschaften allgemein können deshalb mit Gründen mehr Selbstbewußtsein zeigen.[9] Dabei kommt es kaum darauf an, welcher Disziplin jemand angehört. Wichtig ist allein, daß in den von Wissenschaft begleiteten Diskursarten der kulturellen Öffentlichkeit (damit sind nicht die Gewäschsalons der Talkshows gemeint) die aktiven und aktuellen Kulturwissenschaften präsent sind. Ihre besondere Qualität und ihr unersetzbarer Beitrag besteht darin, daß sie über empirische Erfahrungen zu Vielfalt und Variationsmöglichkeiten kulturellen Lebens und kultureller Prozesse verfügen, die mit einer Vielzahl von Methoden gewonnen sind und theoretisch reflektiert werden (ohne Theorie keine Empirie).

In den Debatten der kulturellen Öffentlichkeit sind zwar oft genug Themen aus beiden ethnologischen Disziplinen präsent, viel weniger aber deren Vertreter.[10]

Themen wie Menschenrechtsdiskussion zwischen Universalismus und kultureller Kontextualisierung[11], Wachstumszwänge und Nichtübertragbarkeit der industriegesellschaftlichen Lebensweise, kulturelle Vielfalt als Ressource, kulturelle Krise der wachstumsorientierten Moderne, kultureller oder sonstiger Determismus versus Spielräume dank der Unterschiede des Kulturellen; Vielfalt der (persistenteren) Kulturen und der (fluktuierenden) Lebensstile; Neubewertung des Ethnischen und Regionalen, statische und dynamische bzw. multiple Identitätskonzepte, indigene Bevölkerung und traditionelle Landrechte im UNESCO-Jahr der indigeneous people und im Zusammenhang mit „Nachhaltiger Entwicklung", Gleichheit in der modernen Welt der Ungleichheit, Sprachgesetze und Sprachzwang, Normkonflikte mit kulturellem Hintergrund: Das alles sind Themen, bei denen die kompetente Präsenz von empirisch orientierten Kulturwissenschaften von großem Interesse für die Öffentlichkeit wäre.

Warum auch nicht die Bälle aufgreifen, die von anderen Disziplinen oder öffentlichen Diskursen zugespielt werden, wie z.B. aus der Kontroverse um den „Zusammenprall der Zivilisationen"[12], aus der gewachsenen Bedeutung des Kulturdialogs und der Forderung nach „Kulturimport"[13], aus der Diskussion um die kulturelle Kontextualisierung der Menschenrechte[14], aus der Debatte um den Stand der „Zivilisation" und die Rolle der Kulturwissenschaften[15] und aus anderen Bereichen.

Günther Busch, einst Lektor bei Suhrkamp, z.B. spricht von „Disziplinen, die sich Wissenschaften vom Gebiet und vom Menschen nennen und die ich unter dem Titel 'Kulturwissenschaften' zusammenfasse". Sie dürfen, meint er 1990, nicht „das Themengelände räumen, auf dem heute die Konflikte schwelen und die wirkungsvollen ideologischen Täuschungen inszeniert werden", sonst drohe ihnen „geistige Selbstentmündigung".[16] Sie dürfen auch nicht nur nachbuchstabieren, was anderswo diskutiert wird und sollten genügend Selbstbewußtsein haben, um zu erkennen, daß sie dies auch nicht zu tun brauchen. „In dem Maße, wie die Kulturwissenschaften sich von den Zusammenhängen verabschieden, in denen die modernen Gesellschaften über ihre regulativen Normen und Haltungen verhandeln, in dem Maße verringert sich ihre kritische, aufklärende Kraft."[17] Die Schule der französischen „Annales" mit Lucien Febvre untersucht, so zitiert Busch, „jene Veränderungen, die die verschiedenen Gruppen der Menschheit voneinander differenziert haben (und noch immer differenzieren)." Mit ihrer „entschränkten, ja entfesselten Aufnahmebereitschaft" bleibt diese Schule der Geschichtswissenschaft freilich „bis heute ohne ein theoretisches Fundament" – vielleicht eben gerade weil sie eine historische und und keine Kulturwissenschaft ist, sonst müßte sie auch Kulturtheorie treiben und z.B. bei der Kulturphilosophie Anleihen machen.

Begriffe wie Mentalitäten, lange Zeitabläufe, kollektive Raumerfahrungen sind kein Theorieersatz, auch wenn sie oft genug als solcher verwendet werden. „Die Kulturwissenschaften sind Interpretationswissenschaften. Ihr ausgezeichnetes Thema ist das Ensemble aller Ausdrucksformen, in denen und mittels derer eine Gesellschaft oder eine Gruppe von Gesellschaften ihr Lebensverständnis, ihre Imaginationen, ihre Geschichte, ihre Vorstellungen von Wahrheit, Freiheit, Gerechtigkeit, Schönheit, Dauer, Vergänglichkeit, kurz, ihre 'Weltansicht', wie es Wilhelm von Humboldt genannt hat, und ihre Selbstanschauung formuliert."[18]

Daß auch den jüngeren VolkskundlerInnen solche Gedanken nicht fremd sind, belegt Anita Bagus, wenn sie sich wünscht, daß die „Volkskunde" „ihre Kompetenzen im Diskurs über die Kulturwissenschaften stärker einbrächte".[19]

Allen Kulturwissenschaften sind die anthroplogischen Grundfragen nicht fremd: Was ist der Mensch, was kann er, was will er. Und sie gehen an diese Fragen nicht spekulativ heran, sondern mit weit ausgefächerten empirischen Studien (sich der historischen und sozialwissenschaftlichen Methoden ebenso bedienend wie der Feldforschung). Daraus resultiert die Bedeutung der Disziplinen im Gefüge des Erkenntnisinteresses, und da liegen auch die primären Motive, sich mit ihren Themen und Ergebnissen zu beschäftigen.

Historiker und Soziologen wissen zu wenig von der Eigendynamik des Kulturellen und haben es deshalb in der Vergangenheit so unterschätzt, wie sie jetzt dazu neigen, es zu überschätzen. Kulturwissenschaft hätte zu zeigen, wie Menschen den spezifischen materiellen (natürlichen, historischen, ökonomischen, politisch-sozialen) Rahmenbedingungen ihre kulturelle Prägung geben, oder, integral gedacht, wie kulturelle Systeme und Strukturen in inniger Verschränkung mit sozialen, ökonomischen und politischen Strukturen bzw. Systemen die je kulturspezifische Gestaltung einer Lebenswelt herstellen, die Dynamik ihrer Veränderung eingeschlossen. Das bezieht in europäischen Verhältnissen Kulturgeschichte ein, legt aber das Schwergewicht auf die unterscheidenden kulturellen Formen und nicht auf die Zeitabläufe. Die Zusammenhänge des Kulturellen mit den materiellen Verhältnissen werden dabei nicht geleugnet, aber es wird davon ausgegangen, daß sie sich wechselseitig beeinflussen und nicht das eine das andere determiniert.

Es scheint sinnvoll, daß eine Wissenschaft existiert, bei der die Dimension Kultur (des Kulturellen), empirisch und bezogen auf gesellschaftliche Konnotationen und Prozesse, im Zentrum steht, abseits von (aber *nicht unverbunden mit*) den Spezialdisziplinen der kulturellen Sparten von Kunst bis Literatur und Sprache.

Bei den Ethnologen gibt es Ansätze in Richtung auf eine solche allgemeine Kulturwissenschaft. Möglich wäre es, meint z. B. Justin Stagl, „daß Völkerkunde, Volkskunde und deskriptive Sozialforschung einmal auf der Grundlage der *interkulturellen Hermeneutik* in Richtung auf eine *empirische Gesellschafts- und Kulturformenkunde* konvergieren können." Eine *„allgemeine und vergleichende Wissenschaft vom Menschen als Kulturwesen"* könnte dabei herauskommen.[20] Der zentrale Bereich der *Ethnologien*, d.h. der Volks- und Völkerkunde, unter dem Gegenwarts- und Geschichtsstudien sich treffen, ist und bleibt so Kultur – schwierig zu definieren, aber eine notwendige Kategorie, um der Beliebigkeit zu entkommen.

Gefragt ist dabei allerdings die Kompetenz vor allem auch der Universitätswissenschaft, und es ist zu hoffen, daß die Krise der Universität entsprechende Anstrengungen nicht verhindert. Kürzlich hat Joachim Fritz-Vannahme die Bildungspolitik und die deutschen Universitäten heftig kritisert: „Das Mittelmaß ist seßhaft geworden an der Alma mater, die Impulse für die großen Debatten kamen in jüngerer Zeit nicht von dort. Ökologie, Europa, Einheit, Krise des Sozialstaates, digitale Gesellschaft – dazu fiel den Universitäten immer erst hinterher etwas ein. Sie sollen die Gesellschaft auf die Zukunft vorbereiten und werden oft der Gegenwart nicht gerecht."[21]

Zur gleichen Zeit setzt Wolfgang Frühwald wieder einmal dazu an, den Geisteswissenschaften mehr Selbstbewußtsein zu verschreiben. Sie sollen sich als „Kulturwissenschaften", „als Wissenschaften vom Menschen und der von ihm gestalteten Welt" verstehen, das kulturelle Gedächtnis der Menschheit bewahren und damit „ein Stück jenes Definitionsmonopols zurückholen, das sie als Geisteswissenschaften verloren haben."[22] Man kann den Ball auch wieder zurückspielen an die Politik: „Welche Parteien formulieren ihre Erwartungen an die Hochschulen? Genannt wird nur der Zwang zu sparen. Ich erkenne keine inhaltliche Diskussion darüber, was die Politik von den Universitäten will."[23] Aber in erster Linie käme es denn doch, nimmt man die Autonomie der Wissenschaften ernst, auf potente Wissenschaftler an.

In einem Beitrag für den von Olaf Bockhorn und Helmut Eberhard herausgegebenen Band „Volkskunde in Österreich" (Dieter Kramer: Umrisse einer zeitgenössischen Europäischen Ethnologie als Kulturwissenschaft) habe ich u.a. folgende Vorschläge gemacht:

Das Feld konkurrierender Disziplinen in den Kulturwissenschaften

Es schält sich in den Geistes-und Gesellschaftswissenschaften eine ganze Gruppe von Disziplinen heraus, denen das Kulturelle in besonderer Weise eigen ist: Es gibt für einzelne Bereiche der ästhetischen Kultur spezialisierte Fachdisziplinen wie Kunst-, Literatur- oder Musikwissenschaft; es gibt die theoretisch-systematische Beschäftigung mit Kultur (als der *Natur* des Menschen usw.) in der Philosophie und Kulturphilosophie. Und es gibt schließlich eine Gruppe von Wissenschaften, denen das Kulturelle vorwiegend als *empirischer* Gegenstand eigen ist (und die folgenden tentativen Abgrenzungen sind nur ein Diskussionsvorschlag):

– die Völkerkunde/Ethnologie, die Ethnien als relativ stabile Formen von Kulturen *weltweit* zum Thema hat (traditionellerweise, aber nicht zwingend vor allem schriftlose Kulturen), sich dabei sowohl mit ihrer Kohärenz wie ihrem Wandel beschäftigt, über Definition und Struktur ihres Gegenstandes nachdenkt und herausarbeitet, wie Menschen mit dem und dank des Kulturellen je spezifische Nischen in Ökotopen besetzen und gestalten sowie darin relativ stabile Vergesellungsformen ausarbeiten. In den gängigen dynamischen Ethnizitäts-Konzepten bezieht sie sich auch auf den endogenen und exogenen Wandel und seine Faktoren.

– die historische Anthropologie, die sich mit den historischen (phasen-, formationsspezifischen) Manifestationen der Plastizität des Kulturellen beschäftigt (während z.B. die Humangeographie vor allem mit der Verteilung menschlichen Lebens im Raum und mit den anthropogenen Veränderungen der Erde). Während die *Mentalitätsgeschichte* die vorherrschenden sozialkulturellen Faktoren und subjektiven Haltungen und Motivationen in den Vordergrund stellt, fragen andere Richtungen der historischen Anthropologie nach den anthropologischen (demographischen, medizinischen, usf.) Faktoren als aktiven Komponenten des Geschichtsprozesses. Immer geht es um die aktive Rolle dieser Faktoren, nicht um die Illustration der allgemeinen Geschichte durch Kulturgeschichte, auch nicht um den bloßen kulturellen Nachvollzug objektiver Gegebenheiten im Sinne eines Basis-Überbau-Schemas, und gefragt wird auch nicht einfach nach dem *passiven* Sich-Einrichten in historischen Nischen (Lepenies, Groh).

– die Europäische Ethnologie/Volkskunde als empirische Kulturwissenschaft *europäischer* Gesellschaften, die historische und gegenwärtige kulturelle Strukturen erforscht und sich dabei nicht auf einzelne Phasen oder Schichten begrenzen läßt, sondern die empirische Seite dieser Kulturprozesse in komplexen und geschichteten Gesellschaften in den Vordergrund stellt;

– die Kultursoziologie, die in neuerer Zeit wieder stärker in Erscheinung tritt und sich (vielleicht?) auf die sozialen Triebkräfte und Bedeutungen des Kulturellen konzentrieren wird (oder sollte) – wiewohl auf diese Komponenten auch keine der genannten anderen Disziplinen verzichten kann (vgl. Lipp, Berking u.a., Bühl). Auch die soziologische Analyse bezieht sich seit Ende der 70er Jahre wieder häufiger auf den *Erklärungsfak-*

tor Kultur und die Untersuchung der *kulturellen Bedingheit* sozialen Geschehens (Haferkamp).

Die Aufzählung ist ergänzbar und modifizierbar, wenn man z.B. das Begriffsfeld Anthropologie mit Sozial-, Kultur-, physischer, biologischer, psychischer und philosophischer Anthropologie einbezieht und dabei die Berührungsflächen zwischen Natur- und Kulturwissenschaften stärker berücksichtigt (Gadamer/Vogler; auch die jüngere neurologische Forschung wäre da einzubeziehen), oder wenn man von anderen Wissenschaftstraditionen ausgeht (Religionswissenschaft z.B. ließe sich als eigener Zweig aufführen).

Genaue Fachabgrenzungen sind unmöglich. Es wird immer wieder Überschneidungen geben, aber Gedanken über die Spezifik des eigenen Zuganges sind unerläßlich, will man mit den anderen Disziplinen in souveränen Austausch eintreten.

1 Adams, Marco Montani: Ethnopop. Frankfurter Allgemeine Zeitung v. 24. Aug. 1994, N 5.
2 Europäische Ethnologie: Theorie- und Methodendiskussion aus ethnologischer und volksksundlicher Sicht, Hg. v. Heide Nixdorff, Thomas Hauschild. Berlin: Reimer 1983. [nach einem gleichnamigen Workshop; Fachgeschichte und Fächerabgrenzung am Bsp. von Museen, Feldforschung mit regionalen Beispielen]
3 DGV Mitteilungen Nr. 23, April 1994.
4 Vgl. DGV Mitteilungen Nr. 25, März 1996, S. 21.
5 Vgl. z.B. Heinrichs, Hans-Jürgen: Die Wissenschaft vom anderen. Neue Züricher Zeitung Nr. 45 v. 24.2.1997, S. 21, oder: Fremde. Die Herausforderung des Anderen. Museum für Völkerkunde Frankfurt am Main 1995, oder: Nahe Fremde – Fremde Nähe. Frauen forschen zu Ethnos, Kultur, Geschlecht. Wien: Wiener Frauenverlag 1993 (Reihe Frauenforschung Bd. 24).
6 Vgl. Brückner, Wolfgang: Kulturwissenschaft(en), Cultural Studies, Volkskunde. In: Bayerische Blätter für Volkskunde 23/1996, S. 150-187, 173.
7 Vgl. Wernhart, Karl R. (Hg.): Ethnohistorie und Kulturgeschichte. Wien, Köln: Böhlau 1996.
8 Vgl. die Rezension in Zeitschrift für Volkskunde 1994, S. 265-271.
9 Vgl. Geisteswissenshaften heute. Eine Denkschrift von Wolfgang Frühwald, Hans Robert Jauß, Reinhart Koselleck, Jürgen Mittelstraß, Burkhart Steinwachs. Frankfurt/M. 1991, vgl. den Beitrag 1 in diesem Band.
10 Vgl. die Artikel 1, 8 und 9 in diesem Band.
11 Vgl. Info-Blatt der Gesellschaft für Ethnographie Nr. 9, 1994.
12 Vgl. das Themenheft „Kulturenkonflikte", Zeitschrift für Kulturaustausch (Stuttgart) 1994/4.
13 Vgl. Lepenies, Wolf: Selbstkritische Moderne. Neue Leitbilder im Kontakt der Kulturen. In: Internationale Politik/Europa Archiv (Bonn) 51. Jg. 1996 H. 3, S. 3-14.
14 Vgl. Anderssein, ein Menschenrecht. Über die Vereinbarkeit universaler Normen mit kultureller und ethnischer Vielfalt. Hg. v. Hilmar Hoffmann und Dieter Kramer. Weinheim: Beltz Athenäum 1995.
15 Vgl. Artikel 1 in diesem Band.
16 Busch, Günther: Zündende Verstöße gegen die Regeln. Ein Plädoyer für mehr Ideen in den Humanwissenschaften. In: Frankfurter Rundschau v. 27.1.1990, ZB 2.
17 Busch a.a.O.
18 Busch a.a.O.
19 Bagus, Anita: Nachgedanken zur Hochschultagung der DGV. ... In: Hessische Blätter für Volks- und Kulturforschung NF 31/1996, S. 195-202, S. 200.
20 Grundfragen der Ethnologie: Beiträge zur gegenwärtigen Theorie-Diskussion. Hg. v. Wolfdietrich Schmied-Kowarzik; Justin Stagl. 2., überarb. u. erw. Aufl. Berlin: Reimer 1993 (Ethnol. Paperbacks), S. 48.
21 Fritz-Vannahme, Joachim: Humboldts Erbe wird verspielt. Die Zeit vom 17. Mai 1996 S. 1.
22 Palimpsest der Bildung. Frankfurter Allgemeine Zeitung 16.5.1996.
23 Käsler, Dirk: Marburg ist nicht Cambridge. In: express. Marburger Magazin Nr.. 22/ 1996, S. 6-7. 89

Veröffentlichungsnachweise

1. Einleitung: Wider den Kleinmut der Kulturwissenschaften. Teile davon erschienen zuerst im Info-Blatt der Gesellschaft für Ethnographie e.V. Berlin, Nr. 8 v. Juni 1994, 11-14, erweitert auch als Stellungnahme zum Memorandum „Forschungs- und Technologiepolitik 1994/95" des BdWi, Forum Wissenschaft 1994-23.

2. Die Kultur des Überlebens. Kulturelle Faktoren beim Umgang mit begrenzten Ressourcen in vorindustriellen Gesellschaften Mitteleuropas. In: Österreichische Zeitschrift für Volkskunde 89/1986, 209-226.

3. Die Pferde der Bauern von Unterfinning. In: Zeitschrift für Volkskunde 86. Jg. 1990, 167-175.

4. Grenzgänge. Die „Tragödie der Gemeindewiesen" und die europäische Kulturgeschichte. In: Häßler, Hans-Jürgen und Christian von Heusinger (Hg.): Frieden, Tradition und Zukunft als Kulturaufgabe. Wie gestalten wir die Zukunft des Planeten Erde? Würzburg 1993, 433-441

5. Stoffströme und Symbolbedeutung. Produktkulturen und Nachhaltigkeit. Eine Kombination aus: Die Dinge und ihr Sinn. Produktkulturen und Lebensqualität im Kulturvergleich. In: Welche Dinge braucht der Mensch? Katalogbuch zur gleichnamigen Ausstellung. Hg. i. A. des Deutschen Werkbundes Hessen von Dagmar Steffen. 2. Aufl. Frankfurt am Main 1996, 150-156, und: Konsummuster und Nachhaltigkeit. Die Kuft zwischen der kulturellen Bedeutung der Dinge und den Stoffbilanzen. In: Entwicklungsethnologie (Saarbrücken), 5. Jg. 1996 H. 1, S. 11-24.

6. Marktstruktur und Kulturprozeß. In: Jeggle, Utz u.a. (Hg.): Volkskultur in der Moderne. Reinbek b. Hamburg 1986, S. 37-53.

7. Innovationen im Kulturprozeß. Aktuelle Überlegungen zu einem alten Thema. In: Österreichische Zeitschrift für Volkskunde Bd. XLVI/95, Wien 1992, 339-353.

8. Menschenrechtsdiskussion und Ethnologen. In: Info-Blatt der Gesellschaft für Ethnographie Nr. 9, 1994, 27-42.

9. Dürfen Ethnien sein? Zur Diskussion um das Recht auf Anderssein. In: Info-Blatt der Gesellschaft für Ethnographie (Berlin) 11/12, Juli 1996, 54-65.

10. Wem nützt Volkskunde? In: Zeitschrift für Volkskunde 66/1970, S. 1-16.

11. Wem nützt Volkskunde? Gefühle beim Wiederlesen nach 19 Jahren. In: Kukkuck (Graz) 2/1988, 9-12.

12. Aufforderung zur Nestflucht. In: Die Volkskunde als Wissenschaft? Wien 1992, 71-80.

13. DGV und dgv: Volks- und Völkerkunde. In: Berliner Blätter. Ethnographische und ethnologische Beiträge 13/14, Juni 1997, 30-40.